그리스·로마 신화 10
전쟁 일리아드 호메로스 트로이

메네라오스 스테파니데스 글 · 야니스 스테파니데스 그림
25년 동안의 신화 연구 끝에 완성한 이 작품은 1989년 세계에서 가장 오래되고 권위 있는 어린이 문학상 피에르 파올로 베르제리오상을 수상했습니다.

정재승 추천
KAIST에서 물리학을 전공하고 예일대학교 의대 정신과 연구원, 컬럼비아대학교 의대 정신과 조교수를 거쳐 현재 KAIST 바이오및뇌공학과 교수와 융합인재학부장으로 연구하고 있습니다. 의사결정 신경과학을 통해 정신질환을 탐구하고 사람을 닮은 인공지능을 개발합니다. 《과학 콘서트》《물리학자는 영화에서 과학을 본다》《인류탐험보고서》《인간탐구보고서》 등을 기획하거나 썼습니다. 책 읽기를 즐기며, 과학적 상상력과 신화적 상상력을 연결하고 싶어 합니다.

그리스·로마 신화 10
전쟁 일리아드 호메로스 트로이

메네라오스 스테파니데스 글 | 야니스 스테파니데스 그림 | 정재승 추천

1판 1쇄 발행 2023년 2월 1일 | 1판 4쇄 발행 2024년 3월 15일
펴낸이 정중모 | 펴낸곳 파랑새 | 등록 1988년 1월 21일(제406-2000-000202호)
편집장 서경진 | 편집 정혜연, 김보라 | 디자인 권순영
마케팅 김선규 | 홍보 최은서, 고다희 | 온라인사업팀 서명희
제작 윤준수 | 관리 고은정, 구지영, 홍수진
주소 경기도 파주시 회동길 152 | 전화 031-955-0700 | 팩스 031-955-0661
홈페이지 www.yolimwon.com | 전자우편 bbchild@yolimwon.com
ISBN 978-89-6155-067-3 74800, 978-89-6155-964-5(세트)

Greek Mythology
Text copyright © Menelaos Stephanides Illustrations copyright © Yannis Stephanides All rights reserved. Korean translation copyright © 2023 by BlueBird Publishing Co. Korean translation copyright arranged with Sigma Publications F.& D. Stephanides O.E. through Shinwon Agency Co., Seoul.

이 책의 한국어판 저작권은 Shinwon Agency를 통한 독점 계약으로 파랑새에 있습니다.
저작권법에 의해 한국 내에서 보호를 받는 저작물이므로 무단 전재와 무단 복제를 금합니다.

어린이제품안전특별법에 의한 제품 표시
제조자명 파랑새 | 제조년월 2024년 3월 | 제조국 대한민국 | 사용연령 12세 이상

그리스·로마 신화 10

전쟁 일리아드 호메로스 트로이

메네라오스 스테파니데스 글
야니스 스테파니데스 그림

파랑새

여러분은 지금
그리스·로마 신화의 클라이맥스인
'트로이 전쟁'의 한 장면을 관통하고 있다.
이제, 사고의 반전이 만들어 낸 기지를
충분히 즐기게 될 것이다.

| 추천사 |

뇌과학으로 신화 읽기: 반전

여러분은 지금 그리스·로마 신화의 클라이맥스인 '트로이 전쟁'의 한 장면을 관통하고 있다. 트로이 목마는 그리스·로마 신화 전체 중에서 가장 유명한 이야기이며, 가장 극적인 서사를 이룬다. 여러분은 앞으로 인생을 살면서 종종 이번 10권을 여러 번 펼쳐보게 될 것이며, 매번 다른 감동을 느끼게 될 것이다.

기지를 발휘해 문제를 해결하기 위해서는 사고를 비틀고 생각의 반전을 꾀하는 능력이 필요하다. 사고의 반전은 기지의 원동력이며 유머의 원천이기도 하다. 기발한 방법으로 문제를 해

결하고 상황을 멋지게 해결하기 위해서는 통념과 다른 접근, 상식적인 관점과는 다른 시야가 필요하다. 독자 여러분은 이제, 트로이 목마 이야기에서 사고의 반전이 만들어 낸 기지를 충분히 즐기게 될 것이다.

 이번 10권에서는 '반전'이라는 개념을 열쇳말로 주목하길 바란다. 그리스·로마 신화에는 매 권마다 사건과 충돌 그리고 갈등이 등장하며, 때로는 그 씨앗이 무시무시한 싸움과 전쟁으로 이

어지기도 한다. 하지만 갈등을 언제나 전쟁으로 키울 수는 없는 법이다. 현실에서는 평화롭고 안전하게 문제를 해결해야 한다. 그렇기에 '반전'은 살아가는 데 아주 중요한 가치이다. 우리는 승패를 넘어 모두가 이길 수 있는 해법, '사고의 반전'이 만들어 내는 솔루션에 주목해야 할 것이다.

뇌과학자들에 따르면, 사고의 반전은 평소 당연하게 생각하는 사고 과정에 의문을 갖고 남다른 관점에서 세상을 관찰하려는 각별한 노력에서 비롯된다. 멀리 떨어져 있는 뇌 영역들이 서로 신호를 주고받으며 뇌 전체를 두루 활성화하여 사용할 때, 사고의 반전이 이루어지는 것이다. 나는 우리 독자들이 자신의 뇌를, 좌뇌와 우뇌 구분 없이 두루 사용하는 성인으로 성장하기를 기대한다. 특별히 그리스·로마 신화에서, 그 특별한 사고 반전의 노하우를 배우기를 고대해 본다.

정재승 (뇌과학자, 『인간탐구보고서』『인류탐험보고서』 저자)

| 차례 |

추천의 글 6

전쟁이 일어나기 전 13

제물로 바쳐진 이피게네이아 99

9년 동안의 전쟁 133

호메로스의 일리아드 이야기 185

트로이 최후의 나날들 355

전쟁이 일어나기 전

지구 위에 영웅 세대가 살고 있던 아득한 옛날, 에게해 동쪽 연안에는 프리아모스 왕이 다스리는 도시가 있었다. 그곳이 바로 전설적인 도시 트로이였다.

그러나 트로이는 그 모든 영광에도 불구하고 신과 인간들의 노여움을 사서 오랜 세월 참혹한 전쟁에 시달릴 운명이었다.

도시 성벽 아래에서 아카이아와 트로이 양 진영의 수많은 영웅이 전투를 하다 쓰러진다. 트로이를 지키는 용감한 군사들은 모두 목숨을 잃고 마침내 강대한 도시는 연기만 피어오르는 잿더미로 변하게 된다.

그러면 이 엄청난 비극의 원인은 무엇이었을까?

그건 바로 스파르타 왕비의 미모 때문이었다!

헬레네를 한 번이라도 본 사람이라면 누구나, 트로이성 탑 위에 서 있는 그녀를 보고 트로이 원로들이 한 말을 그대로 따라 하지 않을 수 없었다.

"저렇게 아름다우니 아카이아 사람들이 그녀를 두고 오랜 세월 전쟁을 하는 것도 당연하지. 물론 트로이 사람들도 마찬가지고!"

아카이아 사람과 트로이 사람

그러면 아카이아 사람이란 누구를 말하는가? 또 트로이 사람이란 누구인가?

아카이아 사람이란 그리스 본토에 살던 사람을 일컫는 말로, 지금은 그리스인 또는 헬레네 사람이라고 부르는 사람들이었다.

그러나 그 당시에는 이런 이름으로 부르지 않았다. 트로이 전쟁에 대한 대서사시를 쓴 위대한 시인 호메로스가

'그리스인'이라고 부른 사람은 아킬레우스와 그의 부하 용사들뿐이었다. 호메로스는 아킬레우스의 곁에서 함께 싸운 다른 사람들을 '아카이아인', '아르고스인' 또는 '다나이드인'이라고 불렀다. '그리스인'이라고 부른 적은 한 번도 없었다.

그러면 트로이 사람이란 누구인가? 그들도 어쩌면 아카이아 사람과 같은 그리스 사람이었는지도 모른다. 오늘날의 학자도 그렇게 말하고, 신화에서도 트로이는 모든 헬레네를 다스리는 전능한 제우스 신이 아끼는 도시였다고 나와 있다.

트로이의 성벽은 아폴론과 포세이돈이 쌓은 것이었다. 또한 트로이를 보호하는 신성한 아테나의 성상도 아테나 여신이 직접 준 것이었다.

트로이 주민은 올림포스 신들을 다 함께 숭배했을 뿐만 아니라, 다른 그리스 사람들과 똑같은 언어를 쓰고 그들과 긴밀한 관계를 맺고 있었다. 당연한 일이었다. 트로이는 헬레스폰토스 해협에 위치하여, 그리스 사람을 키워 준 문명의 요람인 에게만에 자리 잡고 있었으니까.

그러나 이 전쟁에서 트로이군의 동맹군 중에는 가까운 이웃뿐만 아니라 먼 이웃도 포함되어 있었다. 낯선 말을 쓰는 탓에 그리스 사람들이 '야만족'이라고 부른 구석진 아시아 쪽 사람들이었다. 이런 이유 때문에 마치 트로이 사람이 이방인이나 되는 듯이 그리스와 트로이 사이의 전쟁으로 알려지게 된 것이다.

트로이의 초기 시대

그리스 신화에 나오는 트로이의 역사를 살펴보자. 이상하게 여겨지겠지만 트로이의 역사는 크레타섬에서 시작되었다. 아득한 옛날 크레타섬에 가뭄이 들었다. 2년 동안 비가 내리지 않아 섬 주민은 굶주림에 허덕이고 있었다.

그 결과, 수많은 크레타 사람이 새로운 땅을 찾아 배를 타고 떠나게 되었다. 오케아노스 신의 아들인 스카이만드로스의 인도로 헬레스폰토스 해협에 당도한 그들은 그곳의 아름다운 경치와 짙푸른 숲에 매혹당했다.

스카이만드로스가 말했다.

"여기서 새 출발을 합시다. 이 자리에 집을 짓고 신들을 모실 제단을 쌓도록 합시다. 모두들 배에서 내려 먼저 우리의 수호자인 제우스 님께 제물을 바친 다음 일을 시작합시다!"

크레타 주민의 3분의 1이 새로운 고향으로 옮겨 갔다. 그들의 첫 번째 왕이 된 스카이만드로스는 백성들의 가슴속에 영원히 자리 잡았다. 단지 그들을 구해 주었기 때문만이 아니었다.

오케아노스의 아들로서 강의 신이 된 그가 새로운 고향의 농토를 풍부한 물로 적셔 주어 주민들이 다시는 가뭄과 배고픔에 시달리지 않게 해 주었기 때문이다. 강의 신은 처음부터 두 개의 이름을 갖게 되었다. 다른 신들에게는 크산토스로 알려졌지만 주민들에겐 영원히 스카이만드로스로 남았다.

전설에 따르면 이렇게 해서 트로이 사람들은 크레타섬에서 왔다. 이 지역에 남아 있는 스카이만드로스강이니 이다산이니 하는 크레타식 이름을 보면 이 전설이 사실인 것도 같다. 게다가 당시 막강한 해군력을 자랑하던 크레타가 프로폰티스와 에욱신해로 이어지는 해협 옆에 있는 지역을 식민지로 만든 건 너무나 당연한 이야기가 아닐까?

하지만 아테네 사람들도 트로이에 대해 나름대로 주장을 펼친다. 초기 왕들 중 하나인 테우크로스가 아티카의 작은 도시 트로에에서 태어난 아테네인이라는 것이다.

이런 상반된 주장의 진실이야 무엇이든지 간에, 트로이 최후의 왕인 프리아모스 왕에 이르는 트로이 왕가의 시조는 크레타 사람도 아테네 사람도 아니었다. 그의 이름은 다르다노스로, 남부 그리스 아르카디아에서 태어났다고도 하고 트로이에서 태어났다고도 한다.

다르다노스는 평범한 사람이 아니었다. 그의 어머니는 아틀라스의 딸인 엘렉트라였고, 아버지는 제우스 신이었다. 다르다노스는 강력한 국가 다르다니아를 세워 유럽과 아시아를 다스렸다. 그때부터 수도는 그 시조의 이름을 따서 '다르다넬스'라고 불린 해협에 자리잡았다. 헬레스폰토스라는 이름은 뒷날 프릭소스의 여동생 헬레가 빠져 죽으면서 붙은 이름이다.

다르다노스는 원래 도시를 세울 장소로 다른 곳을 골랐

다. 뒷날 그의 후손이 트로이를 세우게 되는 언덕이었다. 그러나 그곳에 도시를 세우면 사람들에게 무시무시한 재앙이 닥치게 된다는 아폴론 신탁을 듣고 마음을 바꾼 것이다. 거짓의 여신 아테가 올림포스산에서 제우스 신에게 쫓겨난 곳이 바로 그 언덕이었다.

트로이의 건설

트로이는 '일리움'이라고도 불렸는데, 트로스의 아들인 일로스와 다르다노스의 손자에 의해 건설되었다. 그런데 그 정황이 참으로 이상했다.

일로스는 프리기아에서 열린 경기에 참가한 적이 있었다. 그가 모든 종목에서 승리의 월계관을 받자, 감탄한 프리기아 왕은 그에게 청년 50명과 처녀 50명을 상으로 내렸다. 그리고 다음과 같이 말하며 얼룩무늬 황소까지 주었다.

"이 황소를 따라가라. 이 신성한 소는 네가 도시를 세워야 할 곳으로 데려가 줄 것이니라."

선물을 받은 일로스는 50명의 청년과 50명의 처녀를 데리고 신성한 황소를 이끌고는 길을 떠났다. 이리저리 발길 가는 대로 헤매던 황소는 아테 언덕에 이르자 헐떡거리며 꼭대기로 올라가더니 지쳐서 땅바닥에 쓰러졌다. 이

곳이 바로 새 도시를 세울 장소라는 뜻이었다.

일로스는 깜짝 놀라 멍청히 서 있었다. 이제 어찌해야 하나? 이곳은 원래 다르다노스가 수도를 세우려고 골랐지만 아폴론의 신탁을 듣고 마음을 바꿨던 바로 그 장소가 아닌가. 여기에 도시를 세워야 할까, 아니면 신성한 소의 선택을 무시하고 다른 장소를 찾아야 할까.

아테 언덕에서

그것은 결코 쉽게 내릴 수 있는 결정이 아니었다. 신탁 내용은 이러했었다.

"아테 언덕 위에 세우는 도시의 성벽 안에 사는 사람들은 무시무시한 불행을 당하리라."

신탁의 경고는 의심할 여지가 없었다. 일로스는 그 말을 머릿속으로 이리저리 곱씹으며 중얼거렸다.

"어쩌면 내가 신탁의 참뜻을 제대로 이해하지 못한 것인지도 몰라."

일로스는 '도시의 성벽 안에 사는 사람들'이 정확히 무엇을 뜻하는지를 놓고 곰곰이 생각에 잠겼다. 마침내 해답이 번개처럼 머릿속에 떠올랐다.

'성벽이 없는 도시도 있어. 그래, 성벽 없는 도시를 세우는 거야. 그리고 사람들이 사는 집을 보호해 주시는 아테나 여신을 수호신으로 삼자.'

일로스는 젊은 남자와 여자를 50명씩 불러 즉각 이 과업을 시작하도록 명령했다. 그에 앞서 먼저 아테나 여신에게 제사를 올렸다. 일로스는 팔을 씻은 다음 두 팔을 하늘로 치켜들고 부르짖었다.

"제우스 신의 따님이시여, 저희들을 굽어살피소서. 저희는 빛나는 신전을 지어 당신께 바치고 영원히 찬미하겠나이다."

도시를 세우기 위한 공사가 즉각 시작되었다. 곡괭이를 높이 쳐들고 땅을 맨 처음으로 찍은 사람은 일로스였다. 그런데 신기한 일이 벌어졌다. 그가 삽으로 흙을 떠냈을 때, 그 안에 나무로 된 조각상이 놓여 있었다. 조각상은 오른손에는 창을, 왼손에는 실패를 든 젊은 여인의 모습이었다. 일로스는 아테나 여신이 자신의 간청을 들었다는 것을 알았다.

새 도시는 성벽 없이 세워질 예정이었지만 아무것도 두려워할 게 없었다. 일로스는 자신이 발견한 조각상에 대해 좀 더 알아내고자 신탁을 들어 보았다.

　마침내 그는 나무 조각상이 팔라스 여신의 성상임을 알아 냈다. 팔라스는 아테나의 둘도 없는 친구였다. 그런데 꽃 같은 젊은 나이에 전쟁놀이를 하다가 아테나가 잘못 던진 창에 맞아 죽었다.

　이 조각상은 아테나가 죽은 팔라스를 기리기 위해 직접 만든 것이었다.

　아테나는 사랑하는 친구의 얼굴과 자태를 잊지 않으려고 나무 조각상을 만들었고, 기억 속에 영원히 간직하기 위해 친구 이름 곁에 자신의 이름을 새겨 넣었다. 그리하여 그때부터 팔라스 아테나로 알려지게 되었다.

　신탁에서 알아낸 더욱 중요한 사실은, 아테나 여신이 새 도시를 지켜 주기로 약속했다는 점이었다. 단, 한 가지 조건이 있었다. 절대로 팔라스 여신의 성상을 잃어버려선 안 되었다. 만일 그랬다가는 온 도시 전체가 사라지게 된다는 게 신탁의 내용이었다.

순식간에 새로운 도시가 세워졌다. 일로스는 아버지 트로스를 기념하여 새 도시 이름을 '트로이'라고 지었다. 그러나 도시를 세운 일로스의 이름을 따서 '일리움'이라 부르기도 했다.

트로이는 널찍한 도로와 멋진 건물이 들어선 아름다운 도시가 되었다. 일로스는 아크로폴리스 언덕에 궁전을 짓고, 언덕에서도 가장 높은 곳에 웅장한 아테나 신전을 세웠다. 그리고 신전 안에 성벽 없는 이 도시를 지켜 주는 팔라스 여신의 성상을 놓았다.

트로이가 세워진 뒤 나라는 두 부분으로 나뉘었다. 일로스는 트로이를 다스렸고 동생인 아사라코스는 그 옆 다르다니아의 왕이 되었다.

일로스가 죽자 아들인 라오메돈이 트로이의 왕위를 물려받았다. 제우스 신은 라오메돈을 무척이나 사랑했다. 그래서 아폴론 신과 포세이돈 신에게 명하여 이 도시에 높다랗고 튼튼한 성벽을 쌓아 주게 했다.

그러나 라오메돈은 신들과 인간들의 위대한 지배자인 제우스의 사랑에 감사하고 아폴론과 포세이돈의 노고에 감사하기는커녕 그들에게 주기로 한 돈도 주지 않았다.

라오메돈은 이런 비열한 짓 때문에 혹독한 대가를 치르게 되고, 끝내 목숨까지 잃게 되었다.

라오메돈은 괴물에게 잡아먹히게 될 딸 헤시오네를 구해 준 헤라클레스에게도 감사할 줄 모르다가, 격분하여 트로이를 공격해 온 그의 손에 죽었다. 이 모든 이야기는 〈그리스·로마 신화 7권〉에서 자세히 나온다.

라오메돈이 죽은 뒤 그 아들 포다르케스가 왕위를 물려받고 '프리아모스'라는 이름을 얻었다.

포다르케스는 헤라클레스에게 사로잡혔다가 누이 헤시오네의 도움으로 풀려나고, 위대한 영웅인 헤라클레스의 자비로 트로이의 왕위도 얻게 된다. 헤라클레스는 트로이 공격에 큰 공을 세운 텔라몬에게 헤시오네를 아내로 주었다. 헤시오네는 텔라몬과 결혼하기 위해 살라미스로 떠나기 전에 오빠를 놓아 달라고 헤라클레스에게 간청했다.

헤시오네는 그 대가로 자신이 지닌 베일을 내놓았다. 그녀의 마음에 감동한 헤라클레스는 포다르케스를 놓아

줄 뿐만 아니라 그를 트로이의 왕으로 앉히고는 '풀려난 사람'이라는 뜻의 '프리아모스'라는 이름을 지어 주었다. 프리아모스는 누이에게 진 빚을 결코 잊지 않았다.

트로이의 마지막 왕 프리아모스는 오랫동안 나라를 다스렸다. 전쟁이 일어났을 때 프리아모스는 이미 노인이었다. 그는 자식을 많이 두었는데, 아들이 쉰 명에 딸이 열두 명이었다. 그중 열아홉 명은 헤카베 왕비에게서 얻은 아들이었다.

맏아들은 트로이군의 용장들 중에서도 가장 용맹스러운 영웅 헥토르였다. 둘째 아들은 미남에다 체격도 좋은 파리스였다.

그러나 프리아모스와 헤카베는 파리스를 두고 자주 한탄하곤 했다.

"나의 둘째 아들 파라스는 차라리 태어나지 않았으면 좋았을 것을……."

트로이의 멸망이 파리스 때문이었던 것이다.

파리스의 탄생

 파리스의 이야기는 극적으로 시작하여 한층 더 극적으로 끝난다. 그가 태어나기 전날 밤, 어머니 헤카베는 트로이시가 엄청난 불길에 휩싸이는 꿈을 꾸었다. 소스라치며 잠이 깬 헤카베는 남편에게 꿈 이야기를 했다.

 왕은 신탁을 들어 보았다. 신탁 내용은 이제 곧 태어날 아기는 참혹한 전쟁의 원인이 될 것이며, 도시를 구하고 싶으면 갓난아기를 죽여야만 한다는 것이었다.

 헤카베는 신탁을 귓등으로도 들으려고 하지 않았다. 그러나 프리아모스 왕은 백성들을 구하기로 마음먹었다. 갓난아기를 '아게라오스'라는 양치기에게 줘서 죽이게 한 것이다.

 그러나 아게라오스는 죄 없는 아기 왕자는커녕 파리 한 마리도 죽이지 못할 정도로 마음 착한 사람이었다. 그는 아기를 죽이는 대신 이다산 기슭의 숲속에 내버렸다. 이것조차도 양심에 걸려 그는 한순간도 마음의 평온을 얻을 수가 없었다.

 아게라오스는 갓난아기가 사나운 짐승들에게 뜯어 먹

했을까 봐 겁이 나서 숲속으로 되돌아가 보았다. 그런데 곰이 아기에게 젖을 먹이고 있었다. 이 광경에 아게라오스는 크게 기뻐하며 안심했다. 이것이야말로 신들이 아기의 목숨을 살려 주려는 증거로 여겨졌다.

아게라오스는 아기를 자신의 오두막으로 데려와 며칠 전에 태어난 자기 아들과 함께 키웠다.

아게라오스와 그의 아내는 왕자를 친아들보다 더 사랑하게 되었다. 아기 이름도 저절로 떠올랐다.

"바구니 잘 봐요."

아게라오스는 양 떼를 돌보러 나갈 때마다 아내에게 이렇게 말하곤 했다. 아기를 바구니 속에 넣어 두었기 때문이었다.

"바구니 조심하세요."

아게라오스가 집에 돌아올 때면 아내는 항상 이렇게 주의를 주었다. 두 사람의 마음속에는 그 바구니가 언제나 가장 중요한 자리를 차지하고 있었다. 그 당시엔 바구니를 뜻하는 낱말이 '파리스'였기 때문에, 아기는 이 이름을 갖고 자라나게 되었다.

파리스의 고귀한 혈통은 이내 우아한 외모와 총명함과 튼튼한 몸 등을 통해 드러나기 시작했다. 파리스가 아직 어린애였을 때, 아게라오스가 소 떼를 도둑맞은 적이 있었다. 파리스는 가축 도둑의 뒤를 밟아서 잃어버린 소 떼를 되찾아왔다. 그때부터 그는 '용감한 보호자'라는 뜻의 '알렉산드로스'라는 이름을 얻게 되었다.

파리스는 자신이 아게라오스의 아들인 줄만 알고 자랐다. 그도 양치기가 되어 가축 떼를 이끌고 이다산 기슭을 돌아다녔다. 요정 오이노네는 파리스의 잘생긴 외모에 반했다. 둘은 시원한 산속 냇물에서 물장구를 치거나 무성한 가지를 드리운 플라타너스 그늘 아래에 앉아 즐거운 시간을 보냈다.

파리스에게 둘의 관계는 가벼운 친구 사이 정도였지만, 오이노네의 감정은 훨씬 더 깊었다. 오이노네는 파리스가 자기 곁에 영원히 머무를 수 없다는 걸 알고 있었다. 그래서 마음이 아팠다. 오이노네는 파리스를 잃게 될 것일 뿐만 아니라, 그가 엄청난 불행을 당하게 될 것을 모두 다 알고 있었다.

앞날을 내다볼 줄 아는 오이노네가 말했다.

"당신이 언제까지나 근심 걱정 없이 행복하길 빌어요. 하지만 혹시라도 상처를 입게 된다면 내게로 와요. 나만이 당신의 아픔을 치유해 줄 수 있어요."

그러나 파리스는 아직 아픔과 고통이 무엇인지 몰랐고, 앞날을 내다볼 수 있는 오이노네의 말을 이해하지 못했다. 그저 사랑스러운 오이노네와 함께, 때로는 가축 떼와 함께 태평한 나날을 보낼 뿐이었다.

파리스가 가장 좋아하는 놀이는 황소들에게 싸움을 시켜 놓고 즐기는 것이었다. 이런 소싸움을 통해 파리스는 언제나 이기는 황소 한 마리를 가려냈다. 그는 이 황소를 극진히 보살폈고 다른 어느 소보다 더 사랑했다.

어느 날, 파리스가 이다산 꼭대기에서 소 떼에게 풀을 먹이고 있을 때였다. 그의 앞에 세 여신과 한 명의 남신이 나타났다. 이들은 헤라, 아테나, 아프로디테 여신과 날개 달린 신발을 신은 헤르메스 신이었다.

네 명의 신은 무엇 때문에 파리스를 찾아왔을까? 그 대답을 얻으려면 몇 년 전 에게해 맞은편 기슭에서 있었던 일로 되돌아가야 한다. 그때 나무가 휘휘 늘어진 페리온 산에서는 바다의 여신 테티스와 아이아코스의 아들인 영웅 펠레우스의 결혼식이 한창 거행되고 있었다.

불화의 사과

펠레우스가 어떻게 해서 테티스와 결혼하게 되었는지는 〈그리스·로마 신화 8권〉에서 이미 나왔다. 여기서는 처참한 트로이 전쟁의 첫 씨앗이 뿌려진 결혼식 이야기만 하기로 하자. 불화의 여신 에리스가 황금 사과를 던진 사건이 바로 이 결혼식에서 일어났다.

결혼식은 상반신은 사람이고 하반신은 말의 모습을 한 켄타우로스족인 케이론의 동굴 바깥에서 열렸다. 에리스를 제외한 모든 신들이 참석했다. 불화와 싸움을 좋아하는 에리스가 결혼식을 망쳐 버릴까 봐 제우스 신이 그녀를 초대하는 것을 반대했기 때문이었다.

시작은 좋았다. 손님들은 즐거워했고 분위기는 따뜻하고 친절했다. 아폴론도 금빛 리라를 퉁기며 흥겨운 노래를 연주하기 시작했다. 뮤즈들은 신랑 신부를 위해 아름다운 목소리로 시를 읊었다. 운명의 세 여신 모이라이도 둘의 결합에서 태어나게 될 영웅의 영광을 예언하는 노래를 불러 주었다. 다름 아닌 용감한 영웅 아킬레우스였다.

다음 날 아침, 손님들은 모두 '에파울리스' 앞을 지나가기 위해 모여들었다. 에파울리스는 그 당시 풀밭 위에 신랑 신부가 첫날밤을 보내도록 세우던 오두막을 말한다. 다만 펠레우스와 테티스의 에파울리스는 그저 허름한 오두막이 아니라 대장장이 신 헤파이스토스가 특별 선물로 지어 준 작은 궁전이었다.

신들은 이곳에 결혼 선물을 놓아두었다. 어떤 것은 값을 매길 수 없을 만큼 귀한 선물이었다. 모든 신들은 다 함께 황금 갑옷을 선물했다. 포세이돈은 사람처럼 말을 하며 죽지 않는 두 마리 말, 크산토스와 바리오스를 선물했다. 케이론은 어찌나 무거운지 펠레우스밖에 들 수 없는 유명한 창을 선물했다. 이 창은 나중에 그 아들 아킬레우스가 마음대로 다룰 수 있게 되었다.

결혼식이 끝나 가고 헤라와 아테나와 아프로디테 세 여신이 사이좋게 이야기를 나누고 있을 때였다. 그들 위로

불화의 여신 에리스가 눈에 보이지 않게 휙 지나갔다. 결혼식에 초대받지 못한 것에 앙심을 품은 에리스는 세 여신의 발치에 황금 사과를 한 알 던졌다. 세 여신은 깜짝 놀라 아래를 내려다보았다. 옆에 서 있던 펠레우스는 허리를 굽혀 사과를 집어 들고는 말했다.

"사과에 '가장 아름다운 여신에게'라고 적혀 있는데요."

"그럼 그 사과는 내 거로군."

헤라가 얼른 말했다.

"아냐, 내 거예요."

아테나가 발끈하며 나섰다.

"글쎄, 가장 아름다운 여신은 나잖아요?"

아프로디테가 애교 섞인 목소리로 말했다.

마침내 세 여신 사이에 싸움이 벌어졌다. 여신들은 저마다 자기가 가장 아름다우므로 사과는 자기 것이라고 주장했다.

결혼식은 험악한 욕설과 함께 끝났다. 더욱 나쁜 것은 여신들이 서로의 적이 되어 버린 것이었다.

세월이 흘렀지만 세 여신 사이의 언짢은 감정은 여전히

남아 있었다. 제우스는 세 여신의 불화를 더 이상 두고 볼 수만은 없었다. 그래서 헤르메스에게 이다산 꼭대기의 파리스에게 가서 셋 중 누구에게 황금 사과를 줘야 할지 결정하고 오라고 명했다. 그럼으로써 화해가 이루어지기를 기대했던 것이다.

파리스의 심판

왜 하필 파리스였을까? 어째서 이 이름 없는 양치기를 골랐을까? 비록 그가 프리아모스 왕의 아들이긴 하지만.

바로 그것이 이유였다. 잔인한 운명의 여신 모이라이는 모든 것을 미리 결정해 두고 있었다. 운명의 여신들은 질투심 때문에 아카이아 사람들에게 불행을 내리고 트로이를 멸망시키려고 했던 것이다.

파리스는 세 여신을 이끌고 찾아온 헤르메스를 보자마자 공포에 사로잡혔다. 달아나려는 파리스를 헤르메스가 살며시 붙잡고 말했다.

"겁내지 마라. 우리는 너를 해치려고 온 게 아니다. 모든 신과 인간들을 다스리는 전능하신 제우스 신께서 너의 뛰어난 외모와 판단력을 보시고 네게 크나큰 영광을 입게 하시려는 것이니라. 이 사과를 받아라. 위대한 제우스 신께서는 이 사과를 세 여신 중에 가장 아름다운 분에게 드리라고 명령하셨다."

파리스는 어리둥절하여 물었다.

"한낱 비천한 양치기인 제게 세 여신 중에서 가장 아름다운 분을 결정하라고요? 차라리 사과를 세 쪽으로 나누고 말겠습니다. 그 길만이 세 여신께 공정한 판단을 내리는 길입니다. 세 분 모두 올림포스의 여신들이며 지상의 어느 여인보다 더 아름답지 않으십니까."

"그러나 제각기 다른 두 여신보다 자신이 더 아름답다고 생각하고 계신다. 그러니 제우스 대신의 뜻에 따라 네가 이 다툼을 해결해 줘야겠다. 제우스 신은 이 다툼에 끼어들 생각이 전혀 없고, 그건 다른 신들도 마찬가지다."

이렇게 해서 파리스는 위대한 세 여신의 아름다움을 가려내야만 했다. 파리스는 여신들을 한 분 한 분씩 자세히 살펴보고 싶었다. 그는 먼저 헤라 여신을 불렀다. 올림포스의 위대한 여신은 위엄 있게 걸어왔다.

"나를 자세히 보아라."

헤라는 몸을 천천히 한 바퀴 돌려 파리스에게 자신의 모든 매력을 보여 주었다. 그러고는 떠나기 전에 이렇게 말했다.

"만일 네가 현명한 판단을 내려 내게 그 사과를 준다면, 너를 아시아의 지배자로 만들어 주는 동시에 세상에서 가장 큰 부자로 만들어 주마."

"죄송합니다만, 저를 매수하려고 들지 마십시오."

헤라 여신이 얼마나 언짢아할지는 미처 생각하지 못하고 파리스가 대답했다.

"어쨌든 감사합니다. 이제 제우스 신의 따님을 만나 보겠습니다."

아테나 여신은 자신감에 넘치는 당당한 걸음으로 다가왔다. 으리으리한 투구가 햇볕에 번쩍거렸다.

아테나가 말했다.

"너는 지혜로운 젊은이니 나를 보고 잘 판단할 수 있겠지? 그러나 그전에 내 말을 들어 보렴. 만일 네가 나에게 사과를 준다면, 너를 무적의 용사로 만들어 주는 동시에 세상에서 가장 지혜로운 사람으로 만들어 주마."

"저는 한낱 양치기일 뿐입니다. 저는 전쟁도 싸움도 좋아하지 않습니다. 프리아모스의 왕국은 힘이 세고도 평화로운 나라입니다."

파리스는 헤라 여신에게 그랬던 것처럼 아테나 여신의 기분을 상하게 하고 말았다. 파리스가 덧붙였다.

"사과 문제는 걱정하지 마십시오. 만일 여신께서 사과를 받을 자격이 있다면 제가 부당하게 판단 내리진 않을 테니까요."

마지막으로 아프로디테 여신이 입가에 매력적인 웃음을 머금고 달려왔다.

"나를 봐, 이렇게 아름답지 않니?"

아프로디테가 우아한 몸짓을 지어 보이며 외쳤다.

"하지만 너도 마찬가지야. 너를 처음 본 순간 이 세상에 너보다 잘생긴 청년은 없으리란 걸 알았어. 이 세상에 행운을 누릴 자격이 있는 사람을 뽑으라면 그건 단연코 너야! 자, 내 말 좀 들어 보렴. 난 너에게 어울리는 신붓감을 마련해 뒀단다. 나 못지않게 아름다운 여왕이지. 그녀가 네 얼굴을 한번 보기만 하면 분명 자기 가족과 궁전과 이 세상의 모든 것을 버리고 너를 따라올 거야. 내가 말하는 여왕이란 미녀 헬레네란다. 헬레네의 여신 같은 미모에 대해선 너도 들어 봤겠지?"

"아뇨, 전혀 못 들어 봤는데요. 어쨌든 좀 더 자세히 말해 주세요."

"그녀의 어머니는 아이톨리아 왕의 딸인 아리따운 레다야. 아버지는 백조로 변한 제우스 신이고. 헬레네가 소녀 적에 그 애의 미모 때문에 스파르타와 아테네 사이에 전쟁이 일어났을 정도라니까. 그리스의 젊은 왕자들이 모두 그녀를 왕비로 맞고 싶어 안달했지만 헬레네는 스파르타 왕 메넬라오스를 남편으로 골랐지. 아무튼 네가 원한다면 헬레네를 네 아내가 되도록 도와주겠어."

"하지만 어떻게 그럴 수가 있어요? 이미 남의 아내가 된 사람인데요. 그것도 왕비라면서요!"

"오, 맙소사! 이런 어린애를 보았나. 넌 내 능력이 어떤지를 도통 모르는구나? 내 임무 중에 연애 문제 해결사 노릇이 있다는 말도 못 들어 봤니? 내가 네 편인 이상 넌 누구든지 아내로 맞을 수 있어. 난 사랑의 여신이잖아. 그게 무슨 뜻인지 알아듣겠지? 자, 그 사과를 내게 주렴."

파리스는 말귀를 알아들었다. 그것은 비천한 양치기가 제우스의 딸이자 세상에서 가장 아름다운 여인을 아내로 맞을 수 있다는 뜻이었다.

"제겐 여신의 제안을 물리칠 힘이 없습니다. 제 가슴은 이미 아름다운 헬레네를 갈망하고 있습니다!"

"그녀와 결혼하게 해 줄게. 맹세하마!"

파리스는 황금 사과를 아프로디테에게 주었다.

이것으로 예언은 실현되었다. 다른 두 여신은 복수를 맹세했다. 트로이 땅에 무시무시한 저주가 내리게 된 것이다.

이런 일이 있고 난 얼마 뒤였다. 프리아모스 왕의 병사 몇 명이 이다산으로 황소를 고르러 왔다. 죽은 트로이의 왕자를 기리기 위해 열리게 될 운동 경기에 상으로 줄 황소였다. 그 왕자란 다름 아닌 파리스였다. 모든 사람이 그가 죽은 줄로만 알고 있었다.

병사들이 고른 황소는 파리스가 애지중지하던 황소였

다. 파리스는 황소와 헤어지느니 병사들을 따라 트로이로 가서 경기에 참가한 다음, 사랑하는 황소를 상으로 받아 올 생각을 했다.

아들의 이야기를 듣자마자 아게라오스는 고함을 질렀다.

"양치기 주제에 경기 참가라니! 안 돼, 그런 경기는 너 따위가 참가하는 데가 아냐!"

그러나 파리스는 황소를 되찾아오기로 이미 결심한 터였다. 더구나 그는 이제 평범한 목동이 아니었다. 제우스의 딸인 헬레네와 결혼하기로 되어 있는 사람이 아닌가! 승리자에게 줄 상은 원래부터 그의 것이었고 말이다!

파리스는 경기에 당당히 참가했다. 그는 대담하게 왕 앞으로 나가, 트로이에서 으뜸가는 레슬러와 맞붙었다. 실력보다는 용기 덕에 그를 이길 수 있었다. 다음번엔 달리기에 참가하여 프리아모스 왕의 발 빠른 왕자들을 제치고 일등으로 들어왔다. 파리스에게 진 왕자들은 모욕감을 느껴 또 다른 경기에 그를 불러 다시 맞붙었다. 그러나 이번에도 파리스가 이겼다. 한낱 양치기 따위에게 세 번씩이나 지다니! 왕자들로선 견딜 수 없는 수치였다.

그들은 화가 나서 양치기가 뭔가 속임수를 써서 이긴 거라며 소리를 질렀다. 그중 데이포보스는 파리스를 죽여 버리겠다면서 덤벼들었다. 파리스는 재빨리 제우스 신의 제단으로 뛰어 올라가 몸을 피했다.

이런 소동이 벌어지자 아게라오스는 프리아모스 왕과 헤카베 왕비에게 달려가 울면서 털어놓았다.

"대체 이게 무슨 일이옵니까? 이 아이는 왕께서 오늘 경기를 통해 추모하고자 하는 바로 그 왕자이옵니다. 저를 용서해 주시옵소서. 수년 전 왕께서 제게 명하신 바를 차마 행할 수가 없었나이다. 제 손에 넘겨 주신 아기 왕자를 차마 죽일 수가 없었던 것이옵니다."

그러자 프리아모스 왕이 물었다.

"네 말이 사실이란 것을 어떻게 증명해 보이겠느냐?"

"아기의 딸랑이면 충분한 증거가 될 것이옵니다."

딸랑이를 본 헤카베는 기쁨의 눈물을 흘렸다. 프리아모스 왕도 마찬가지로 기뻐서 어쩔 줄 몰랐다. 이 소식을 듣고 아폴론 신전의 신관들이 달려왔다. 그러고는 프리아모스 왕에게 오래전의 신탁을 상기시켰다.

"파리스 왕자를 죽이시오. 그렇지 않으면 트로이는 멸망하고 말 것이오."

그러나 프리아모스 왕은 들으려 하지 않았다.

"이렇게 잘생긴 아들을 잃느니 차라리 트로이가 잿더미로 변하는 쪽을 택하겠소."

이렇게 해서 프리아모스 왕과 왕자들은 파리스를 받아들였다. 그들은 파리스에게 결혼을 권했다. 그러나 파리스는 제우스의 딸인 미녀 헬레네 외에는 아무에게도 관심을 두지 않았다.

그러던 어느 날, 뜻밖에도 헬레네의 남편인 메넬라오스가 트로이에 왔다. 델포이 신전의 신탁을 듣고 찾아온 것이었다. 신탁의 내용은 헤라클레스가 트로이를 정복했을 때 죽은 두 명의 스파르타 장군의 유골을 찾아 고향으로 가져오라는 것이었다.

파리스는 직접 나서서 메넬라오스가 머물 곳을 마련해 주고 그가 두 영웅의 유골을 찾을 수 있도록 도왔다. 메넬라오스를 직접 알 수 있는 좋은 기회였으므로 이를 최대한 활용한 것이다. 메넬라오스는 트로이를 떠나면서 파리스에게 진심으로 감사했다.

"언제 스파르타를 꼭 찾아 주십시오. 그러면 왕자께서 내게 베풀어 준 모든 도움과 환대에 보답하겠소."

이것이야말로 파리스가 바라던 바였다. 그가 대답했다.

"저도 꼭 한번 방문하겠습니다."

메넬라오스는 즐거운 추억을 안고 트로이를 떠났다. 그는 파리스 왕자가 무엇 때문에 스파르타에 오려고 하는지는 꿈에도 짐작하지 못했다.

얼마 뒤, 프리아모스 왕은 살라미스로 사절단을 보내게 되었다. 헤라클레스와 텔라몬이 트로이를 침략했을 때 텔라몬이 데려간 누이동생 헤시오네를 돌려달라고 요구하기 위해서였다. 헤시오네는 이제 노인이 되었을 것이지만, 프리아모스 왕은 누이동생을 곁에 데려오고 싶었다. 왕은 누가 자원해서 살라미스로 가겠느냐고 물었다.

파리스가 얼른 나섰다.

"만일 저들이 고모님을 내놓지 않는다면 그 대신 다른 왕녀라도 빼앗아 데려오겠습니다."

물론 아무도 그의 속셈을 눈치채지 못했다. 날쌘 배가 준비되었다. 프리아모스는 살라미스의 왕에게 줄 값진 선물을 챙겼고, 파리스는 함께 갈 용사를 직접 뽑았다. 용사 중에는 아프로디테의 아들인 그의 사촌 아이네이아스도 포함되어 있었다.

　출발 날짜가 다가왔다. 부둣가에는 배가 떠나는 것을 보려고 수많은 사람들이 나와 있었다. 파리스가 환송 인사를 받고 있는데 갑자기 비명 소리가 들려왔다.

　"파리스를 보내면 안 돼요! 이번 여행길은 트로이의 멸망을 가져올 거예요!"

　고함을 지른 사람은 파리스의 누이인 카산드라 공주였다. 그러나 아무도 공주의 말을 듣지 않았다. 이후에도 카산드라의 정확한 예언을 믿는 사람은 아무도 없었다. 항해는 시작될 것이고 이제 트로이의 멸망은 확실했다.

　파리스가 막 배에 오르려 할 때, 사람들 속에서 한 처녀가 달려 나와 그의 품에 뛰어들었다. 숲의 요정인 오이노네였다. 오이노네는 마술의 힘으로 트로이 사람들에게 닥칠 재앙을 예견했다. 그러나 거기에 대해 말해 봤자 아무 소용없다는 것도 알았다. 오이노네는 다만 이렇게 말했을 따름이었다.

"만일에라도 몸을 다치는 일이 생기면……. 그땐 나를 찾아와. 오직 나만이 네 상처를 치료해 줄 수 있어."

파리스는 오이노네에게 이별의 입맞춤으로 대답했다. 그의 뺨에 한 줄기 눈물이 흘러내렸다. 그러나 눈물은 이내 말라 버리고 그의 생각은 금세 미녀 헬레네와 이번 여행으로 되돌아갔다. 파리스가 다음번에 오이노네를 기억해 냈을 때는 이미 너무 늦은 뒤였다.

항구를 출발한 배는 아프로디테 여신이 보내 준 순풍을 타고 이내 목적지에 당도했다. 물론 살라미스가 아니라 스파르타 해안에 말이다.

파리스는 아버지가 맡긴 선물들을 가지고 일행과 함께 메넬라오스 왕의 궁전으로 향했다.

트로이를 떠나오기 전에 파리스는 헬레네에 대해 최대한 많은 것을 알아내려고 노력했다. 그러나 무엇보다 중요한 한 가지 사실은 알지 못했다. 만일 그 사실을 알았더라면 파리스는 절대로 이 여행을 감행하지 못했을 것이다. 여기서 미녀 헬레네의 이야기를 처음부터 시작하기로 하자.

미녀 헬레네

메넬라오스가 왕이 되기 전에 스파르타는 틴다레오스가 다스리고 있었다. 그는 프레브론 왕인 테스티오스의 딸인 아름다운 레다를 사랑했다. 테스티오스에겐 여신처럼 아름다운 두 딸이 있었다. 맏딸인 알타이아는 칼리돈의 오이네우스 왕과 결혼하여 유명한 영웅 멜레아그로스를 낳았다. 작은 딸 레다는 틴다레오스와 결혼했다.

레다 왕비가 아기를 낳을 때가 다가왔을 때, 누구도 믿을 수 없는 일이 일어났다. 먼저 공주를 나은 왕비는 이어 알을 두 개 낳은 것이다! 깜짝 놀란 틴다레오스는 아폴론 신전으로 달려가 신탁을 들어 보았다. 신관들이 들려준 해답은 다음과 같았다.

"네가 결혼한 아름다운 레다는 너의 사랑만 받은 게 아니다. 여러 신과 인간들의 지배자인 제우스 신의 사랑도 함께 입었느니라. 제우스 신은 백조로 변신하여 그녀를

사랑했다. 그 때문에 왕비가 알을 두 개 낳은 것이다. 그중 한 알에서는 온 세상에서도 가장 어여쁜 딸이 깨어날 것이고, 다른 하나에서는 위대한 영웅이 될 두 아들이 깨어날 것이다. 너는 전능하신 제우스 신이 맡긴 자녀들을 네 딸을 사랑하는 것보다 더욱 사랑하고 보살펴야 한다. 제우스의 따님을 혼인시킬 때가 되면 주의에 주의를 기울여서 배필을 골라야 하느니라. 그 아이의 빼어난 미모 때문에 길고 참혹한 전쟁이 일어나게 될 것이기 때문이다."

이 딸이 바로 미녀 헬레네다. 두 아들은 카스토르와 폴리데우케스였는데, 같은 알에서 깨어났기 때문에 '쌍둥이'라고 불렸다. 혹은 제우스의 두 아들이란 뜻의 '디오스크로이'란 이름으로 불리기도 했다.

레다가 알을 낳기 전에 낳은 딸, 즉 틴다레오스가 아버지인 딸은 클리타임네스트라였다.

헬레네는 제우스가 인간 여인의 몸에서 얻은 유일한 딸이었다. 헬레네의 상상할 수조차 없는 아름다움은 온 세상 구석구석까지 퍼져 나갔다.

그녀가 열두 살밖에 되지 않았을 때, 영웅 테세우스가

그녀를 한 번 보고는 사랑에 빠지고 말았다. 테세우스는 헬레네를 궁전에서 몰래 데리고 나왔다. 그 때문에 스파르타와 아테네 사이에 전쟁이 일어나고 말았다.

나중에 헬레네가 꽃봉오리 같은 여인으로 자란 뒤 틴다레오스가 남편감을 구하기 시작하자, 그리스의 젊은 왕자들이 그녀와 결혼하고 싶어 온갖 진기한 선물을 싸 들고 스파르타로 모여들었다.

틴다레오스는 근심 걱정에 사로잡혔다. 예전에 아폴론의 신관들이 무서운 전쟁이 일어날 거라고 예언한 것이 이제 현실로 닥칠지도 모르기 때문이었다.

"온 세상을 불질러 버릴 듯한 미모를 지닌 헬레네보다는 차라리 아무도 탐내지 않을 못생긴 딸을 두었으면 훨씬 더 좋았을 것을!"

틴다레오스는 이렇게 탄식하곤 했다.

이런 걱정 때문에 그는 어떤 결정도 내리지 않았고, 아무 선물도 받지 않았다.

한 사람의 선물을 받으면 나머지 구혼자들의 분노를 살까 두려웠기 때문이었다. 이런 곤경에서 그를 구해 준 것은 이타케의 왕 오디세우스였다.

오디세우스도 다른 구혼자들처럼 스파르타로 찾아왔다. 그러나 그는 헬레네와 결혼하고 싶은 욕심이 없었기 때문에 선물도 가져오지 않았다.

오디세우스는 곰곰이 따져 보았다.

'헬레네는 메넬라오스 차지가 될 거야. 그가 가장 부자인데다 가장 미남이니까 말이지. 게다가 그의 뒤엔 미케네 왕인 형님 아가멤논이 있는데 그와 겨룰 자가 누가 있겠나? 행운의 신랑감은 메넬라오스가 될 게야. 하지만 정말 그렇게 될지 안 될지는 두고 보면 알겠지.'

오디세우스는 헬레네의 마음을 얻으려는 젊은 왕자들 중에서 그녀가 메넬라오스를 가장 좋아한다는 것을 눈치챘다.

오디세우스가 틴다레오스에게 말했다.

"제 말씀을 어떻게 받아들이실지 모르겠습니다만, 저는 따님을 얻으려고 찾아온 게 아닙니다. 솔직히 말씀드리자면 저는 세상에서 제일가는 미인과 결혼하고 싶은 욕심이 별로 없습니다."

틴다레오스가 대답했다.

"그 말에 내가 기분이라도 상할 줄 아오? 나는 언제나 명민한 사람들을 존경해 왔소. 보아하니 그대는 다른 사람들보다 훨씬 더 지각이 있는 사람이구려. 내가 혹시 그대 눈에 우유부단한 사람으로 보였다면 그건 신탁 때문이오. 헬레네의 미모가 길고 참혹한 전쟁의 원인이 될 거라는 예언 말이오. 솔직히 말해 나는 겁이 난다오."

"저라도 그랬을 겁니다. 그 때문에 저는 폐하의 아름다운 따님과 혼인하려는 구혼자 대열에 끼어들지 않는 것입니다."

"그럼, 스파르타엔 무엇 하러 오신 거요?"

"두 가지 이유가 있습니다. 제가 페넬로페 공주와 결혼할 수 있도록 폐하께서 힘닿는 대로 도와주시도록 청하려는 게 그 하나지요. 폐하의 아우 되시는 이카리오스 님의 따님 페넬로페 말씀입니다. 둘째로는 폐하를 괴롭히고 있는 이 문제의 해결책을 찾도록 도와드리고 싶어서지요. 저를 위해 가능한 모든 힘을 써 주신다면 말입니다."

틴다레오스는 즉각 대답했다.

"내 약속하겠소."

두 사람은 악수를 나누었다.

오디세우스는 말을 이었다.

"모든 구혼자들에게 엄숙한 맹세를 하게 만드는 것입니다. 누가 헬레네와 결혼하든지 간에, 혹시라도 누군가 그녀를 빼앗아 가려고 할 때, 다른 모든 구혼자들이 그를 보호해 주도록 말입니다. 필요하면 전쟁을 해서라도 말이지요. 그리고 폐하께 개인적으로 적이 되는 것을 막기 위해 따님에게 직접 신랑감을 선택하도록 하는 겁니다."

틴다레오스는 오디세우스의 지혜로운 말에 깊은 감명을 받았다. 그는 즉각 구혼자들을 모두 한자리에 불러 모았다. 구혼자들은 이 제안에 동의할 수밖에 다른 도리가 없었다.

말을 잡아 희생물로 바친 다음 구혼자들은 피가 흐르는 제물의 살에 오른손을 얹고 서서 오디세우스가 부르는 대로 맹세를 따라 했다.

영리한 오디세우스가 예상한 것처럼, 헬레네는 금발의 미남 메넬라오스를 남편감으로 골랐다.

사라진 헬레네

헬레네와 결혼한 메넬라오스는 스파르타의 왕이 되었다. 사랑스러운 아내와 함께 평온하고 행복한 몇 해가 흘렀다. 둘 사이에선 딸 헤르미오네가 태어났고, 메넬라오스는 그 누구보다도 행복한 남자였다.

그러던 어느 날, 두 명의 외국인 전령이 찾아왔다.

전령 중 한 명이 말했다.

"강대한 스파르타의 존경하옵고 위대하신 왕이시여, 저희들은 전설의 왕국 일리아드에서 온 사람들입니다. 저희 뒤를 이어 트로이 왕의 아들이신 늠름한 알렉산드로스, 파리스 왕자가 오고 계십니다. 파리스 왕자는 전에 대왕께서 트로이를 찾아 주신 데 대한 답례를 하고자 하십니다."

메넬라오스는 기뻐서 어쩔 줄을 몰랐다. 그는 왕비를 불러 즉각 이 기쁜 소식을 알렸다. 헬레네는 가장 아름다운 옷을 차려입고 온갖 보석으로 단장한 다음, 왕과 함께 트로이의 젊은 왕자를 맞이하러 왕궁 문까지 걸어 내려갔다.

잠시 기다리자 이쪽으로 다가오는 방문객들이 눈에 들어오기 시작했다. 헬레네는 기쁨과 뿌듯함으로 가득 차서 메넬라오스 옆에 서 있었다. 헬레네도 여신 못지않은 미모로 축복을 받았지만, 그 남편 역시 마찬가지였기 때문이었다. 메넬라오스는 그리스의 모든 왕들 중에서도 얼굴이 가장 잘생기고 체격 또한 가장 좋은 사람이었다.

그러나 손님들이 가까이 다가오고 헬레네의 눈길이 하늘의 신과도 같은 미남 왕자 파리스의 눈길과 마주친 순간, 그녀의 가슴은 그만 타오르는 사랑의 불길에 휩싸이고 말았다. 아프로디테 여신의 날개 달린 아들 에로스가 화살로 그녀의 심장을 찔렀던 것이다.

파리스를 처음 본 순간부터 헬레네는 그에게 사로잡혔다. 마치 매력적인 금발의 남편 따위는 처음부터 없었던 것처럼 말이다.

파리스 역시 첫눈에 매혹당했다. 눈앞에 보이는 이 여인은 혹시 하늘의 여신이 아닐까?

'내가 그토록 꿈에 그리던 미녀가 여기 있구나.'

파리스는 속으로 중얼거렸다. 믿을 수가 없었다. 그러

나 아프로디테 여신의 약속을 기억하고는 생각을 다잡았다.

"하지만 이 여인은 나와 결혼하게 될 거야."

파리스는 이렇게 중얼거리고 난 뒤 단호한 걸음으로 앞으로 나아가 헬레네에게 인사했다. 반갑게 맞이한 메넬라오스는 파리스와 일행을 궁전으로 안내했다. 메넬라오스는 파리스가 가져온 귀한 선물에 깊은 감동을 받았다.

메넬라오스는 저녁 만찬에서 파리스를 자기 오른쪽, 자신과 헬레네 사이의 주빈 자리에 앉혔다. 그리고 아이네이아스를 자기 왼쪽에 앉힌 다음 이내 그와 이야기하기 시작했다. 그동안 사랑의 열병에 사로잡힌 파리스와 헬레네는 달콤한 사랑의 말을 속삭였다.

다음 날 파리스는 홀로 앉아 있는 헬레네를 발견하고는 말을 걸었다.

"제가 이번 여행을 떠나온 것은 오직 당신을 만나기 위해서입니다. 나는 당신을 모셔가려고 왔습니다. 아프로디테 여신은 내 가슴속에 뿌리뽑을 수 없는 욕망의 꽃을 심어 놓았습니다. 하지만 이것은 단지 아프로디테 여신의 뜻만은 아닙니다. 헤라, 아테나, 아프로디테 세 여신 중 누가 가장 아름다운지를 결정짓는 사람으로 저를 선택하셨을 때부터 전능하신 제우스 대신이 먼저 그리 선포하신 것입니다. 저는 그 상을 아프로디테에게 드렸고, 여신은 제게 세상에서 가장 아름다운 여인과 결혼시켜 주겠다고 약속하셨습니다. '그녀의 이름은 헬레네다. 그리고 그녀는 제우스의 딸이다.'라고 말이지요. 저는 모든 장애를 물리치기로 마음먹었습니다. 제가 먼바다를 건너온 것은 오직 당신 때문입니다. 제 사랑을 물리치지 말아 주십시오. 부디 저와 함께 트로이로 갑시다."

헬레네는 파리스의 구애를 거절할 힘이 없었다. 아프로디테가 그녀의 가슴에 지른 불은 아무 생각도 떠오르지 않게 만들었다. 사랑하는 남편도, 항상 곁에 데리고 있고 싶은 딸, 그녀를 찬미하고 존경하는 백성들도 떠오르지 않았다.

헬레네가 대답했다.

"내가 이제부터 하려는 일이 잘못이라는 건 알고 있어요. 하지만 내 힘으론 어쩔 수가 없어요. 당신을 처음 본 순간부터 나는 주술에 걸려 버렸어요. 난 한순간 아폴론 신이 내 앞에 나타나신 줄만 알았어요. 그다음엔 디오니소스 신으로 보였다가, 또 그다음엔 에로스 신이 직접 오신 게 아닌가 싶었어요. 지금 당장엔 메넬라오스의 분노가 하나도 두렵지 않아요. 당신과 강대한 일리아드가 나를 보호해 줄 거니까요."

이런 동안에도 마음이 따뜻하고 손님에게 친절한 메넬라오스는 파리스 일행을 아흐레 동안이나 잘 대접했다. 파리스가 왕비를 유혹해 달아날지도 모른다는 생각은 꿈에도 떠오르지 않았다. 그들에게 기회를 준 것은 바로 메넬라오스 자신이었다.

열흘째 되는 날, 메넬라오스는 배를 타고 크레타로 떠났다. 갑자기 돌아가신 할아버지의 장례식에 참석하기 위해서였다. 메넬라오스는 떠나기에 앞서 헬레네에게 당부했다.

"내가 없는 동안 손님들을 잘 보살펴 드리시오. 아무것도 부족한 점이 없도록 말이오. 모든 것을 당신에게 맡길 테니, 내가 여기 있는 거나 다름없이 잘 대접해야 하오."

헬레네는 그의 당부대로 잘 따르겠다고 약속했다. 그러나 남편이 떠나자마자 운명의 항해를 위한 준비를 시작했다.

두 사람은 한밤중에 궁전을 몰래 빠져나왔다. 헬레네는 가장 충직한 노예 두 명을 데리고 옷과 보석 등 자신이 지닌 모든 것을 가지고 나왔다.

게다가 무슨 생각에선지 메넬라오스의 보물함까지 털어 내고 말았다. 마치 참혹한 전쟁이 그들 모두에게 터지기를 바라기나 하는 것처럼. 안의 내용물을 꺼내고는 빈 함은 그대로 열어 두었다. 마치 신들이 트로이를 멸망시키려고 작정이라도 한 것 같았다.

그들은 서둘러 바닷가로 나가 배를 타고 크라나이로 향했다. 지금의 지테이온 연안에 있는 작은 섬이었다. 그곳에서 두 사람은 첫날밤을 보냈다. 그때부터 이 섬은 미녀 '헬레네의 섬'이라고 불리게 되었다.

그러나 그다음부터의 항해는 전혀 순조롭지 못했다. 역풍이 배를 자꾸만 키프로스 쪽으로 몰아가는 것이었다.

날씨가 누그러질 때도 파리스는 이집트에 머물렀다, 페

니키아에서 쉬었다 해 가며 항로를 벗어나 이리저리 돌아가고 싶어 했다.

메넬라오스가 북쪽으로 뒤쫓아올까 봐 겁이 났기 때문이었다. 두 사람은 여러 달이 지난 다음에야 트로이에 도착했다.

파리스는 가슴을 쓸어내렸다. 도중에 반갑지 않은 사람을 만나지 않아 정말 다행이었다.

스파르타로 돌아온 메넬라오스의 분노는 차마 눈 뜨고 볼 수 없을 정도였다.

"전쟁이다!"

커다란 분노에 휩싸인 메넬라오스는 미케네의 형님에게 달려갔다.

선전 포고

아가멤논도 즉각 동의했다. 두 형제는 예전에 제물로 바친 말고기를 놓고 맹세했던 구혼자들을 모두 불러 모으기로 했다.

그에 앞서 두 사람은 그리스의 모든 왕들 가운데서도

가장 연장자이며 가장 지혜로운 필로스의 네스토르 왕에게 조언을 구하러 갔다.

네스토르도 전쟁 선포에 찬성했다. 그뿐만 아니라 예전에 함께 맹세한 왕들이 다스리는 도시들의 지원을 구하는 것은 물론, 헬레네의 구혼자가 아니었던 왕들의 도시들도 찾아가자고 권했다. 그들은 자기 편을 모으러 함께 떠났다.

메넬라오스가 말했다.

"파리스와 그의 백성들은 단단히 벌을 받아야 합니다. 그래야만 두 번 다시는 아무도 감히 남의 아내나 보물을 훔쳐 갈 생각을 하지 못할 겁니다."

이 말에 많은 왕들이 기꺼이 전쟁에 참여하기로 했다. 개중에는 아직 망설이는 사람들도 있었다. 그들이 말했다.

"왕이 제 아내를 도둑맞는 일은 백 년에 한 번 있을까 말까 한 일이오. 왕께선 왕비를 되찾고 싶어 하고 그건 우리도 이해하오. 그러나 이 전쟁에 끼어들어 우리가 얻을 게 뭐가 있겠소?"

메넬라오스의 대답에 그들의 망설임은 사라졌다.

"트로이는 부강한 도시입니다. 프리아모스 왕이 지닌 보물은 상상할 수도 없이 값진 것들이지요. 그런데도 이 모험에서 얻을 게 무엇이냐고 묻고 계시는군요. 제 말씀을 아직도 알아듣지 못하겠습니까?"

오디세우스

그러나 이 원정에 전혀 가담하고 싶어 하지 않는 왕이 있었다. 그는 구혼자들에게 제물로 바친 말고기를 놓고 맹세를 하게 만든 장본인, 이타케의 왕 오디세우스였다.

오디세우스는 모든 그리스 왕들 중에서도 가장 총명할 뿐만 아니라 가장 약삭빠르기도 했다. 그의 아버지는 공식적으로는 라에르테스라고 알려져 있었다. 그러나 오디세우스가 교묘한 술수로 어찌나 악명이 높았던지, 많은 사람들이 그의 아버지는 신들을 속일 정도로 영리했던 시시포스라고 믿었을 정도였다.

오디세우스가 세상에서 제일가는 미녀와 결혼하고 싶어한 적이 단 한순간도 없다는 점을 기억하자. 오디세우스는 이카리오스의 딸인 페넬로페에게 반한 사람이었다. 미모로만 따지자면 헬레네를 위해 촛불을 들고 서 있을 자격도 없을 정도인 여인에게 말이다.

그러나 오디세우스는 겉으로 나타난 아름다움만을 보는 것은 어리석은 짓이라고 생각했다. 따라서 페넬로페 정도의 미모면 충분하고도 남았다. 그는 페넬로페가 자신의 아내가 된다면, 그녀는 영원히 자신의 아내로만 살아갈 사람이라고 확신했다. 나중에 일어난 일들로 보아 오디세우스의 확신은 들어맞았다.

그러나 실제로 페넬로페의 승낙을 얻어 내는 일은 결코 쉽지 않았다. 그것은 오디세우스의 꾀와, 자기가 한 약속을 충실히 지킨 틴다레오스의 도움으로 가능해진 일이었다. 이카리오스가 자기 딸에게 걸맞은 신랑감을 찾기 위해 연 경기에서, 틴다레오스는 오디세우스의 모든 교묘한 술수와 속임수를 변명하고 덮어 주었다.

이 모든 꿍꿍이를 알아챈 이카리오스는 오디세우스를 경기에서 빼 버리려고 했다.

틴다레오스는 아우를 나무랐다.

"이런 바보 같은 소리가 또 있나. 가장 중요한 건 오디세우스가 게임에서 모든 경쟁자를 다 이겨 냈단 사실이야. 꾀주머니 경쟁 말일세!"

결국 이카리오스도 설득당하고 말았다. 그러나 딸을 너무나 사랑하는 그는 페넬로페와 헤어질 생각을 하니 견딜 수가 없었다. 이카리오스는 오디세우스를 설득해 보았다.

"여기 와서 우리와 같이 살게나. 내가 죽으면 왕위를 자네에게 물려주겠네."

오디세우스가 대답했다.

"제 고향은 이타케입니다. 제 왕좌는 그것만으로도 족합니다. 페넬로페는 나의 섬나라로 가서 함께 살아야 합니다."

그래도 이카리오스는 계속 우겼다. 마침내 더 이상 참을 수 없게 된 오디세우스는 페넬로페의 손을 움켜잡고 마차에 오른 다음, 말에게 채찍을 휘둘러 이타케를 향해 마구 달렸다.

스파르타 북쪽에 이르렀을 때 이카리오스가 그들을 따라잡았다. 그러자 오디세우스가 말했다.

"이봐요, 페넬로페. 나와 함께 가든지 당신 아버지 곁에 머무르든지 둘 중 하나를 선택해요. 당신이 결정을 내리시오."

그러나 페넬로페는 마음을 정할 수가 없었다. 그녀는 아버지에게 순종하도록 길러졌다. 오디세우스를 사랑했지만 그와 함께 떠나고 싶다고 말하기는 부끄러웠다. 페넬로페가 할 수 있는 거라곤 그저 얼굴에 베일을 늘어뜨린 채 잠자코 있는 것뿐이었다.

아버지는 그런 딸의 태도에 감동했다. 오디세우스가 옳다는 것을 깨달은 왕은 딸에게 그와 함께 가도록 허락했다. 나중에 딸이 순종한 태도에 대한 답례로, 이카리오스는 이 일이 일어난 곳에 '겸손의 상'을 세웠다.

이렇게 해서 오디세우스는 페넬로페와 결혼했다. 그가 파리스가 헬레네를 꾀어 달아났다는 소식을 들은 것은, 이타케를 다스린 지도 몇 년이 지나고 사랑스러운 아들 텔레마코스도 얻은 뒤였다.

오디세우스가 페넬로페에게 말했다.

"상황이 좋지 않소. 메넬라오스와 아가멤논이 그리스에

군대를 일으킬 모양이오. 두고 보시오, 내게도 찾아올 테니. 나의 두뇌 없이는 트로이를 무찌를 원정을 떠날 수 없다는 걸 누구나 알고 있으니 말이오. 그러나 우리의 행복을 잃어 가면서까지 남의 땅에 달려가 싸우고 싶지 않소. 프리아모스 왕의 보물을 몽땅 쟁반에 담아 가져와 보라지, 난 여전히 거절할 테니. 게다가 헬레네란 여자를 원한 사람은 메넬라오스니, 그더러 제 잘못에 대한 값을 치르라고 하시오. 그게 나랑 무슨 상관이란 말이오? 당신은 또 무슨 죄로 남편과 떨어져서 그가 살아 돌아올지 어떨지도 알지 못한 채 하루하루를 살아가야 한단 말이오? 따지고 들자면 아니, 우리 그리스가 무슨 죄란 말이오? 메넬라오스가 절반쯤 신을 닮은 파리스에게 자기 궁전에서 아흐레 밤낮을 술을 먹이고 밥을 먹여 줘 가며 대접한 게 우리 죄란 말이오? 그러고는 크레타에 다녀와야 할 일이 생기자, 파리스의 팔을 붙잡고 '그대가 잘 떠나도록 전송해 주겠네.' 하며 부둣가로 데려가는 대신 그자를 궁 안에 혼자 내버려 두지 않았나 말이오. 많은 사람 중에 하필 헬레네에게 그를 보살펴 주라 이르고선 말이오! 그런 어리석은 자가 어디 또 있겠소. 그가 용감하지 않다는 건 아니오. 그러나 사건의 전말을 따져 볼 때 그자의 머릿속엔 별로 든 게 없다는 건 분명하지 뭐요! 아무튼 이렇게 합시다. 우리 이타케엔 알리테르세스란 용한 점쟁이가 있지 않소. 만일 내가 트로이에 갈 경우 어찌 되겠는지 물어보리다. 잠깐이면 될 것 같으면 가겠소. 그러나 내 상황이 좋지 않겠다고 말하면 여기서 빠져나올 궁리를 찾아보겠소. 어쨌든 맹세를 한 건 다른 사람들이지 내가 아니니까 말이오."

그의 기대대로 알리테르세스는 오디세우스의 미래를 정확히 예언했다.

"트로이로 떠나신다면 왕께서는 스무 해나 지난 뒤에, 아무도 알아보지 못할 모습으로 돌아오시게 될 겁니다. 다른 동료들이 다 죽은 다음에 말입니다!"

그것만으로도 충분했다. 오디세우스는 마음을 정했다.

"미친 척해야겠다. 그러면 난 떠나지 않아도 될 거야!"

온 그리스에 오디세우스가 정신이 이상해졌다는 소문이 퍼졌다. 그러나 나우플리오스의 아들인 팔라메데스는 이 소문을 믿지 않았다. 그는 오디세우스 못지않게 머리가 좋은 사람이었다. 그가 메넬라오스와 아가멤논에게 말했다.

"오디세우스 같은 사람이 미칠 리가 없어요. 가서 그를 데려옵시다!"

이타케로 찾아간 세 왕은 오디세우스가 소와 노새에게 쟁기를 매어 밭을 갈면서 등 뒤로는 소금을 뿌리고 있는 것을 발견했다. 이들이 다가가자 오디세우스는 그들을 모르는 척하면서 밭고랑에 계속 소금만 뿌렸다. 아기를 품에 안은 페넬로페가 가까이에서 세 왕을 불안하게 지켜보며 서 있었다. 갑자기 팔라메데스는 아기를 그녀의 품에서 빼앗아 오디세우스가 갈고 있는 밭고랑에 내려놓았다. 그러고는 소리쳤다.

"오디세우스여, 우리와 함께 출정합시다!"

오디세우스는 아들을 죽이지 않으려고 쟁기질을 뚝 멈췄다. 일부러 이런 미치광이 짓을 했다는 걸 인정하지 않을 수가 없었다. 마침내 그도 참전을 승낙했다.

"아무튼 이젠 이 모든 걸 잊어버립시다. 트로이를 함락시키러 가는 거요. 메넬라오스를 지지하는 걸로는 나도

둘째가라면 서러운 사람입니다."

 다만 오디세우스는 팔라메데스에 대해서만은 오랫동안 원한을 품게 되었다.

이제 그리스의 모든 왕과 영웅이 다 모였지만 단 한 사람만은 행방을 찾을 수가 없었다. 그는 테티스 여신과 펠레우스의 아들이며 프티아의 왕인 아킬레우스였다. 그를 찾을 수 없는 건 참 이상한 노릇이었다. 아킬레우스야말로 이 전쟁을 전혀 피하려 하지 않았을 사람이었다.

아킬레우스

아킬레우스는 기운이 센 청년이었다. 어머니 테티스 여신은 자기 아들이 힘이 장사인 영웅이 되리란 걸 미리 알고서, 그를 죽지 않는 몸으로 만들어 주고자 했다. 그래서 테티스는 아기였을 때 땅속을 흐르는 스틱스강 물에 담갔다 꺼냈다. 그 결과 아킬레우스의 몸은 어떤 무기와 질병에도 다치지 않게 되었다. 단 한 곳, 어머니가 붙잡고 있던 발뒤꿈치를 제외하고.

그다음으로 테티스는 켄타우로스족의 지혜로운 케이론을 찾아가 아들을 페리온산에서 몸과 마음을 단련시키며 키워 주도록 부탁했다. 아킬레우스의 양육은 음식에서부터 시작되었다. 케이론은 그를 총명하게 만들기 위해

곰의 골수를 먹였다. 사슴 같은 날렵함을 길러 주기 위해 사슴 고기를 먹였는가 하면, 동물의 왕의 용기를 주려고 사자의 심장을 먹였다.

이륜 전차 몰기를 훈련시켰는가 하면 사냥도 가르쳤고, 무엇보다도 전쟁술을 가르쳤다. 이와 함께 아킬레우스는 문학과 천문학, 심지어는 의학까지 배웠다. 뮤즈인 칼리오페를 불러 마술적인 음악의 세계를 보여 주기도 했다.

아킬레우스는 모든 것을 빨리 배우는 총명한 아이였다. 그는 기운이 세고, 발 빠르게 잘 달렸으며, 사냥과 무거운 창을 좋아했다. 사냥개들의 도움 없이 사슴을 쫓고, 맨 처음 곰을 잡았을 때가 겨우 여섯 살이었다. 그때부터 소년 아킬레우스는 죽은 곰뿐만 아니라 죽은 사자까지도 케이론의 동굴 입구로 자주 끌고 왔다. 마침내 케이론이 이렇게 말하는 날이 왔다.

"너는 내가 가르쳐 준 것보다도 훨씬 많은 것을 배웠다. 이제부터는 너의 의무를 스승으로 삼도록 해라."

파리스가 헬레네를 몰래 데리고 갔다는 소식을 들었을 때, 아킬레우스는 프티아의 고향 집에 있었다. 이때 그는 열다섯 살밖에 되지 않았지만, 유명한 미르미돈족인 프티아 군대의 장군으로 임명되어 소문을 듣기 전부터 전쟁을 준비하던 중이었다.

한편 어머니 테티스는 비탄에 잠겼다. 테티스는 아들이 트로이군을 무찌르다가 꽃 같은 젊은 나이에 죽게 될 것을 알았던 것이다. 아폴론 신은 분명히 말해 두었다.

"아킬레우스가 죽음을 피하는 길은 트로이 원정에 참가하지 않는 길밖엔 없다."

테티스는 아킬레우스를 숨겨 두기로 마음먹었다. 그녀는 아킬레우스를 여자처럼 꾸민 다음 스키로스섬에 있는 리코메데스 왕의 궁으로 보냈다.

아킬레우스는 궁전에서 공주들과 같이 지냈다. 공주들은 불 같은 빨간 머리 때문에 그를 '피르하'라고 불렀다.

그러나 점쟁이 칼카스는 아킬레우스 없이 트로이는 절대 함락되지 않는다고 예언했다. 원정대의 사령관들은 사방으로 그를 찾아다니기 시작했고, 마침내 그가 리코메데스의 궁전에 있다는 사실을 알아냈다. 이 소식을 들은 오디세우스는 동료 몇 명을 모아 스키로스로 배를 타고 떠났다.

리코메데스는 딱 잡아뗐다.

"아킬레우스는 여기 없소. 아니, 아킬레우스는 물론이고 남자라곤 아무도 없소이다."

오디세우스가 말했다.

"그럴지도 모르지요. 그러나 저희가 한번 찾아보도록 허락해 주시겠습니까?"

리코메데스가 대꾸했다.

"어디 마음껏 찾아보시구려."

그들은 궁전 안을 샅샅이 뒤졌다. 그러나 여자들밖엔 보이지 않았다.

오디세우스가 말했다.

"좋소. 그러나 떠나기 전에 공주들을 놀라게 한 것이 미안해서 몇 가지 선물을 드리고 싶습니다."

배로 내려간 일행은 젊은 처녀들이 좋아할 만한 갖가지 선물을 들고 돌아왔다. 그러나 그중에는 창과 방패 한 벌도 섞여 있었다. 그들은 커다란 탁자 위에 선물들을 펼쳐 놓았다.

공주들은 뒤적거리며 선물을 고르기 시작했다. 그러나 단 한 사람, 불 같이 빨간 머리카락의 여인만은 흥미를 보이지 않은 채 아무것도 고를 생각을 하지 않았다.

갑자기 빵빠라 하며 나팔 부는 소리가 들려왔다. 와아 하는 함성과 창칼 부딪치는 소리가 마치 일대 격전이라도 벌어지는 것 같은 소란이었다. 오디세우스의 부하들이 사령관의 명령에 따라 야단법석을 부린 것이다. 빨강 머리 여인은 탁자 위에 유일하게 남아 있던 창과 방패를 움켜잡더니 눈 깜짝할 사이에 밖으로 달려 나갔다.

오디세우스는 이 여인이 아킬레우스임을 알아차렸다. 그는 달려가 아킬레우스에게 자신의 신분과 여기 찾아온 까닭을 밝혔다. 아킬레우스는 여자 옷이 지겹다는 듯이 찢어 버리고는 기뻐하며 그를 따라나섰다.

아킬레우스는 스키로스를 떠나기 전에 왕과 공주들에게 작별 인사를 하러 갔다. 그들 중 어여쁜 데이아메이아는 눈물을 흘리며 슬퍼했다. 깊이 감동한 아킬레우스는 그녀에게 마지막 인사를 했다. 두 사람 사이에 뭔가 비밀이 있었음이 분명했다.

아킬레우스는 전쟁 준비를 위해 스키로스를 떠나 고향으로 돌아왔다. 사촌 파트로클로스가 기다렸다는 듯이 그를 척척 도와주었다. 그는 로크리스를 다스리는 메노이티오스 왕의 아들인데, 어떤 복수전을 피해 숙부인 펠레우스 집에 숨어 지내던 참이었다. 아킬레우스보다 나이는 위였으나 둘은 친구가 되었다. 파트로클로스는 슬플 때나 기쁠 때나 현명한 조언과 격려로 사촌을 도와주었다.

펠레우스는 눈물을 흘리면서 동시에 뿌듯한 마음으로 아들과 작별을 나누었다. 그리고 그에게 가장 소중한 물건을 건네주었다. 그것은 이 세상에 둘도 없는 훌륭한 무기들이었다. 그가 테티스 여신과 결혼할 때 신들이 선물로 준 것이었다. 개중에는 그의 유명한 창도 있었고 사람의 말을 하는 불사의 두 마리 말도 있었다. 이들 역시 바다의 신이며 땅을 뒤흔드는 포세이돈의 결혼 선물이었다.

펠레우스는 충동적이고 경험이 부족한 아들에게 훌륭한 조언자를 주었다. 지혜로운 포이닉스는 아킬레우스에게 스승이자 제2의 아버지 노릇을 하게 된다. 아킬레우스는 이 모든 것과 함께 막강한 미르미돈 군대를 지휘하게 되었다. 그의 용맹스러운 친구 파트로클로스가 항상 곁에 있는 것은 물론이고 말이다.

아킬레우스는 이 전쟁에 무적의 군대를 이끌고 참전하는 것처럼 보였다. 그의 몸이 어떤 무기에도 다치지 않는다는 사실을 잊지 말자. 단 한 군데, 테티스가 그를 스틱스 강에 담글 때 잡고 있던 발목만 제외하고는. 그래서 그때부터 '약점'이나 '급소'를 가리켜 영어로 '아킬레스건'이라고 부른다.

그러나 이 영웅은 인간에게 죽임을 당할 운명이었다. 그 자신도 이 사실을 알고 있었다. 테티스는 아들이 겁이 나서 전쟁에 나가지 않기를 바라고 그 사실을 일러 줬던 것이다.

어리석은 여신이여! 자기 아들을 어찌 그리 모른단 말인가. 프로메테우스도 만일 아킬레우스의 아버지까지 신이었더라면 제우스조차도 그를 두려워했을 거라고 말하지 않았던가.

어쨌든 아킬레우스를 막을 것은 아무것도 없었다. 그는 재빨리 무기를 챙겨 파트로클로스와 함께 50척의 함대를 끌고 아울리스항을 향해 출발했다.

에우보이아 해협에는 전 그리스군 사령관들이 군대와 배를 이끌고 속속 모여들었다.

아트레이드 가문 사람들

그리스 진영의 총사령관이자 대장은 강성한 미케네의 왕인 아가멤논이었다. 그의 아내는 헬레네의 언니인 클리타임네스트라였다. 아울리스항에 100척의 함대를 이끌고 온 아가멤논은, 올림포스산에서 제우스 신이 누리는 것과 맞먹을 만한 막강한 권력을 땅 위에서 휘둘렀다. 이것을 의심하는 사람은 아무도 없었다.

그러나 그가 누리는 떵떵거리는 위세에도 불구하고, 그는 그리스 진영 사령관들 중에서 가장 자격 있거나 공정한 인물이 아니었다. 사실은 정반대였다. 왜냐하면 아가멤논은 아트레우스의 아들인데 아트레이드 가문은 저주받은 집안이기 때문이었다. 그의 할아버지인 펠롭스는 제 형제를 죽인 두 아들 아트레우스와 티에스테스에게 저주를 퍼부었다. 쫓기던 두 사람은 미케네의 겁쟁이 왕 에우리스테우스의 궁전으로 도망쳤다. 에우리스테우스는 헤라클레스를 비열하게 부려먹은 악랄한 사람이었다.

　에우리스테우스가 죽자마자 미케네 왕좌를 놓고 격렬한 싸움이 벌어졌다. 한바탕 이어지던 피비린내 나는 살인과 잔인한 복수극은, 아트레우스는 티에스테스의 아들인 아이기스토스에게 살해당하고 티에스테스는 아트레우스의 아들인 아가멤논에게 살해당함으로써 극에 달했다. 아트레이드 가문을 괴롭히던 불행한 운명은 아가멤논의 자녀인 이피게네이아, 엘렉트라, 오레스테스까지 따라다니며 괴롭혔다.

　그러나 아트레이드 가문은 그리스에서도 유명한 왕들을 낳은 왕가였다. 지금까지도 헤르메스가 펠롭스에게 주었던 제우스 신의 홀을 가지고 있는 왕가였다. 제왕을 나타내는 왕홀은 펠롭스에서 아트레우스와 티에스테스에게로, 다시 티에스테스에게서 아가멤논에게 전해졌다.

　이제 아가멤논이 제우스의 홀을 갖고 있으므로 그가 대왕이었다. 설사 그가 법을 어긴다 해도 아무 문제 없이 넘어갔다. 왜냐하면 모두들 인간의 행동을 결정하는 것은 제우스와 운명의 여신들이라고 믿었기 때문이었다. 아가멤논은 권세 등등한 대왕이었는지는 모른다. 또 누구 못지않게 용감한 장군이었는지 모른다. 그러나 이 전쟁에서 그는 너무나도 이기적이고 욕심 많고 고집불통이어서 장차 그리스 군에 엄청난 해를 끼치게 된다.

아가멤논의 아우 메넬라오스는 평소에는 형과는 전혀 다른 인물이었다. 그러나 지금 그는 파리스에 대한 증오로 제정신이 아니었다. 처음 트로이 원정대가 만들어지게 된 것도 그의 끈질긴 압력 때문이었다. 그는 이 전쟁에 배 60척을 내놓았다. 용감하고 노련한 장군인 메넬라오스는 파리스를 단 한 번의 전투로 무찔렀다. 심지어 그는 트로이의 용장 헥토르가 자신보다 훨씬 뛰어난 장군이라는 걸 잘 알면서도 그와 맞서는 용기를 보여 줬다. 그의 형 아가멤논이 나서서 말리지 않았더라면 그는 분명 목숨을 잃고 말았을 것이다.

두 명의 아이아스

이 전쟁에서 수많은 그리스군 장수들이 이름을 떨치게

된다. 그러나 가장 중요한 순간에 큰 공을 세운 사람은 살라미스의 아이아스였다. 아킬레우스를 제외하고 그리스 진영에 그보다 훌륭한 장수는 없었다.

아이아스는 키가 크고 넓고 다부진 어깨에 늠름한 체격이었다. 방패를 높이 치켜들고 굵고 기다란 창을 뽑아 든 그는 마치 먼 옛날의 전투 대장처럼 보였다. 그들처럼 아이아스도 돌덩이로 싸웠다. 큼직한 바위를 들어 무시무시한 힘으로 적군에게 휙휙 던져 보냈다. 아이아스의 아버지 텔라몬은 오래전 헤라클레스를 도와 트로이에 쳐들어가 프리아모스 왕의 누이인 헤시오네를 아내로 빼앗아 간 인물이었다.

그러나 아이아스는 헤시오네의 아들이 아니었다. 그는 트로이 사람들을 철천지원수처럼 미워하여 트로이 원정대에 열두 척의 배를 보냈다. 그의 곁에는 아이아스가 또 한 명 있었는데, 그는 로크리스 왕인 오일레우스의 아들이었다. 이 아이아스는 마흔 척의 함대를 보냈다.

그는 비록 키가 작고 빈약했으나 바람보다도 더 빨리 달릴 수 있었고 창과 방패를 번개처럼 날렵하게 다루었다. 두 명의 아이아스가 함께 덤벼들어 싸우면 그들을 막아 낼 수 있는 것은 신들밖에 없었다.

그러나 신들에 맞서서 싸운 한 영웅이 있었다. 이 사람은 아르고스의 왕인 디오메데스로 언제나 아테나 여신의 보호를 받는 사람이었다. 디오메데스는 너무나 담대하고 힘이 세서 사람들은 그를 큰 아이아스에 비교했다. 전투에서 밀려 그리스 군사들이 공포에 사로잡힐 때도, 그는 최후의 승리까지 계속 싸우겠다는 굳은 결의를 잃지 않았다. 디오메데스는 여든 척의 함대를 이끌고 트로이 원정대에 합류했다.

아울리스항에 집합한 함대

이렇게 해서 어마어마한 함대가 아가멤논의 지휘 아래 모여들었다. 30개 지역에서 모인 1,200척의 함대가 칼키스 해협 부근의 아울리스항으로 들어왔다. 함대는 여기서부터 트로이를 향해 출발했다.

용감한 트로이 사람들은 10년이란 긴 세월 동안 끈질기게 버텨 냈다. 그러나 많은 동맹 세력에도 불구하고, 트로

이군은 아카이아 군대와는 숫자만 보더라도 비교가 되지 않았다.

그들의 주된 방어벽은 도시를 둘러싸고 있는, 신들이 직접 건설해 준 높다란 성이었다.

또한 트로이가 그토록 오래 저항할 수 있었던 것은 뛰어난 사령관 헥토르의 지휘력 덕도 컸다. 그는 프리아모

스 왕과 헤카베 왕비 사이의 장남이었다.

헥토르

헥토르는 고귀하나 비극적인 인물이었다.

일리아드 이야기를 쓴 시인 호메로스도 헥토르에 대한 부분을 가장 공들여 그려 내고 있다.

그의 시구들은 수 세기에 걸쳐 전해져 내려와, 끝날 줄 모르는 처참한 전쟁의 공포를 생생하게 들려준다.

그것은 헥토르의 적 또한 똑같이 고통받고 몸부림치는 인간이라는 사실이다. 똑같이 사랑하는 가족이 있고, 똑같이 자신의 조국을 위해 생명을 바치는 인간인 것이다.

호메로스에게는 적도 친구도, 그리스인도 야만족도 없었다. 다만 인간 대 인간으로서 트로이인과 아카이아인이 있을 뿐이었다.

헥토르는 좋은 품성을 갖고 태어난 영웅이었다. 강인하고, 용감하고, 몸과 마음이 올곧을 뿐만 아니라 전쟁술에 관해서는 그와 겨룰 사람이 없었다.

만약 헥토르가 쓰러지는 날이면 모든 것이 끝장이었다. 그걸 모르는 사람은 없었다. 그의 아버지인 프리아모스 왕은 이제 너무 늙어서 아들이 지휘하는 수비책을 따를 뿐이었다.

헥토르의 어깨에는 트로이의 모든 희망이 걸려 있었다. 그의 전투력에 대해서는 적장들도 잘 알고 두려워했다.

무적의 아킬레우스가 아가멤논과 다투어 감정이 상해

전투에서 물러나 있는 틈을 타서, 헥토르는 아카이아군을 함대까지 쫓아 들어갔다. 그리고 아킬레우스의 가슴속에 또다시 트로이 사람들에 대한 증오심이 차올라 다시 전투에 뛰어들었을 때도, 이 막강한 그리스 영웅과 맞서 싸운 이는 헥토르 한 사람뿐이었다.

죽음 앞에서 목숨줄에 매달리지 않을 사람이 어디 있겠는가? 그러나 용감무쌍한 헥토르는 수치스럽게 도망치지 않았다.

트로이군 최고의 위대한 영웅은 초인적인 힘을 지닌 적장에게 끝까지 맞섰다. 그러고는 창에 맞아 당당한 최후를 맞음으로써 명성에 걸맞은 영웅임을 보여 주었다. 용맹스럽고 고귀한 헥토르의 이름은 아군과 적군 모두에게 영원히 살아 있을 것이다.

아이네이아스

트로이군의 영웅 중 제2인자는 아이네이아스였다. 그는 아프로디테 여신과 다르다노스의 왕인 안키세스 사이에서 태어난 아들이었다. 아프로디테가 안키세스와 사랑에 빠진 것은 자기 의지로는 어쩔 수 없는 일이었다.

제우스 신은 아프로디테가 인간 남성을 한 번도 좋아해 본 적이 없다고 자랑하는 걸 여러 번 듣자 지겨워졌다. 자신은 인간 여성들의 매력에 굴복한 적이 수없이 많았기 때문이었다.

제우스는 아프로디테의 가슴속에 남신 못지않게 미남인 안키세스에 대한 걷잡을 수 없는 욕망을 가득 채워 놓았다.

아프로디테는 안키세스가 가축 떼에 풀을 먹이고 있는 이다산 기슭으로 그를 찾아 나섰다. 아프로디테는 신분을 감춘 채 그에게 말했다.

"저는 프리기아의 공주입니다. 꿈에 헤르메스 신이 나타나 당신의 아내가 되어야 한다고 말했습니다."

그녀의 아름다움에 반한 안키세스는 그 말을 믿었다.

제우스와 까다로운 운명의 여신의 묵인 아래, 안키세스는 그녀가 여신이라는 것도 모른 채 함께 하룻밤을 보냈다. 여기서 태어난 아들이 아이네이아스였다. 그는 뒷날 파리스를 도와 스파르타로 가서 헬레네를 데려오게 된다.

아이네이아스는 대담하고 용맹스러운 장군이었다. 아킬레우스도 인정했듯이, 만일 헥토르가 트로이군의 팔이라면 그는 트로이군의 정신이었다.

어머니 아프로디테 여신은 그를 끊임없이 지켜 주었다. 아이네이아스는 수많은 장수들이 목숨을 잃은 이 전쟁에서 끝까지 살아남은 몇 안 되는 트로이군의 영웅이었다.

카산드라

트로이의 비극적인 멸망은 프리아모스 왕의 딸인 카산드라 공주가 예언한 바 있었다. 그러나 아무도 그녀의 말을 귀담아듣지 않았다. 그 까닭은 이러하다.

아름다운 카산드라가 무녀가 된 것은 아폴론 신이 그녀에게 반했기 때문이었다. 아폴론은 만일 그녀가 자신의 사랑을 받아 준다면 예언의 능력을 주겠노라고 했다.

카산드라는 그러겠다고 약속했다. 그러나 약속을 지켜야 할 순간이 오자 마음을 바꿔 버렸다. 아폴론은 불같이 화가 났다.

그러나 내색하지 않은 채 입맞춤이라도 허락해 달라고

부탁했다. 카산드라가 아무 의심 없이 입술을 내밀었을 때, 아폴론은 그녀의 입속에 복수에 찬 침을 뱉었다.

아폴론이 뱉은 침 때문에 미래를 내다보는 카산드라의 능력이 없어진 것은 아니었다. 대신 아무도 그녀의 예언이 정확하게 들어맞는다는 것을 믿어 주지 않게 되었다.

이것이 훨씬 더 불행한 일이었다. 만일 트로이 시민들이 그녀의 예언에 좀 더 귀를 기울였더라면 트로이의 멸망을 막을 수도 있었을 것이다.

제1차 원정의 실패

아카이아 연합군은 트로이로 원정을 두 번 떠났다. 첫 번째 원정은 실패로 돌아갔다. 함대가 다른 나라에 잘못 상륙했던 것이다. 그 원인은 아가멤논 총사령관이 젊은 아킬레우스에게 길 안내를 맡겼기 때문이었다.

아킬레우스야말로 그리스 함대를 안전하고 실수 없이 안내할 사람이라고 믿었던 것이다. 아가멤논은 테티스 여신이 자기 아들을 풍랑에 휩쓸리도록 내버려 둘 리가 없다고 생각했다. 따라서 아킬레우스가 항해를 맡으면 트로이에 무사히 도착할 거라고 믿었다.

아가멤논의 생각과 테티스 여신의 생각은 정반대였다. 테티스는 아들이 트로이에 도착하면 죽게 된다는 걸 알고 있었다. 따라서 전혀 엉뚱한 항로를 가르쳐 줬던 것이다.

함대는 미시아에 상륙했다. 이곳은 영웅 헤라클레스의 용감하고 막강한 아들 텔레포스가 다스리는 지역이었다.

뭍으로 올라간 아카이아 연합군은 거기가 트로이 땅인 줄 알고 닥치는 대로 파괴하고 약탈하기 시작했다.

난데없는 침입자들이 나타나 멋대로 노략질하는 것을 본 텔레포스는 군대를 이끌고 와서 맞섰다. 많은 아카이아 용사들이 목숨을 잃거나 도망쳤다.

아킬레우스와 파트로클로스가 앞으로 나서면서 전세는 바뀌었다. 텔레포스는 파트로클로스의 팔에 부상을 입히는 데 성공했다. 그러나 화살이 빗나갔더라면 그에겐 차라리 더 좋았을 뻔했다. 아킬레우스가 화가 머리끝까지 치솟아 고함을 지르면서 직접 그와 실력을 겨루러 달려 나온 것이다.

이 무시무시한 용장을 본 텔레포스는 자기가 감히 맞싸

울 수 없는 강적이란 걸 즉각 알아보았다. 그는 몸을 돌려 내빼기 시작했다. 만일 디오니소스 신이 나서서 막지 않았더라면 무사히 달아났을 것이다.

그러나 디오니소스의 방해는 이미 예정된 일이었다. 디오니소스는 자신에게 흥겨운 축제를 베풀어 주지 않은 텔레포스를 곱게 보지 않았다. 도망치는 텔레포스 앞길에 땅속에서 갑자기 나뭇가지가 불쑥 튀어나왔다.

텔레포스는 비틀거리며 쓰러졌다. 아킬레우스가 금세 뒤쫓아와서 창으로 그의 다리를 찔렀다. 상처는 쉽게 아물지 않을 정도로 컸다. 아킬레우스는 파트로클로스 팔에 난 상처를 케이론이 가르쳐 준 대로 직접 치료해 주었다.

마침내 아카이아 군대는 자기네 함대로 되돌아갔다. 다시금 트로이를 찾아 항해를 계속하는데, 이번에는 사나운 폭풍이 몰아쳐서 온 함대를 흩어지게 만들었다. 사기는 꺾이고 이 원정의 결과가 장차 어떻게 될지 모두들 불안해졌다. 그들은 배를 고국 쪽으로 돌려 각각 자기 군대를 이끌고 고향으로 돌아가 버렸다. 파리스가 헬레네를 트로이로 데려간 지도 2년이 지났다.

이렇게 좀 더 시간이 흘렀다. 대부분의 사령관들은 지금 이대로 만족했다. 그럭저럭 사태는 차츰 가라앉는 듯했던 것이다. 메넬라오스만 마음의 평화를 얻지 못했다. 그는 또다시 여러 도시를 찾아다니며 왕들을 부추기기 시작했다. 형을 설득하는 것은 전혀 어렵지 않았다. 네스토르와 아킬레우스 또한 마찬가지였다. 이 두 영웅의 지지를 얻는 것은 아무 문제가 없었지만 다른 장수들 중에는 불평하는 사람도 많았다.

"우리는 한 번 맹세했고, 그 맹세를 한 번 지켰지 않소."

또 어떤 사람들은 이렇게 말했다.

"신들은 우리가 트로이를 치는 것을 원치 않으십니다."

메넬라오스는 반박했다.

"당신들은 내 편이 되어 준다고 맹세했습니다. 그러니 신들을 들먹이지는 마십시오. 남편이 아내를 빼앗기고 보물을 도둑맞는 것을 좋아하는 신은 아무도 없습니다. 게다가 조롱당하는 것은 물론이고 말입니다. 만약 우리가 트로이와 싸우지 않고, 헬레네와 저들이 훔쳐 간 보물을 되찾고 또 어느 누구도 영원히 잊지 못할 만큼 많은 황금을 빼앗아 오지 않는다면, 우리는 우리의 임무를 다하지 못한 게 될 것입니다!"

그가 그들의 명예심을 건드렸을까, 아니면 황금에 대한 욕심이었을까? 이유야 무엇이었든지 간에 그들은 차츰차츰 설득당했다. 그러나 함대가 또 한차례 아울리스항에 집결한 것은 8년이란 세월이 더 흘러간 뒤였다.

그다음에도 또 다른 어려움이 남아 있었다. 함대를 이끌고 트로이로 확실하게 길 안내를 해 줄 사람이 필요했다. 오디세우스의 의견으로는 프리아모스의 딸과 결혼한 텔레포스밖에는 정확한 항로를 가르쳐 줄 수 있는 인물이 없었다. 그러나 원정대는 텔레포스에게 부상만 입힌 채 미시아에 그대로 두고 떠나왔었다.

이제 와서 어떻게 그를 찾는단 말인가? 또 설사 찾아낸다 해도 프리아모스 왕의 사위인 그에게 무슨 수로 트로이를 침공하러 가는 길 안내를 맡으라고 설득한단 말인가?

한편 텔레포스는 배를 타고 아카이아 장수들을 찾아 나선 참이었다. 다리의 상처가 아물지 않아 어찌하면 좋을지 신탁을 들어 보았더니 "네게 상처를 입힌 자만이 너의 상처를 치료해 줄 수 있느니라."라고 한 것이다.

이렇게 해서 텔레포스는 그리스 땅으로 아킬레우스를 찾으러 왔다. 하지만 무슨 수로 아킬레우스를 찾는단 말인가. 또 설사 찾는다 한들 그가 아카이아 병사들에게 혼쭐을 내주고 더군다나 친구인 파트로클로스에게 부상을 입힌 자신을 치료해 주려 할까? 이런 이유로 해안에 올라온 텔레포스는 먼저 가련한 방랑자처럼 꾸민 다음 미케네로 아가멤논 왕의 궁전을 찾아갔다.

그 시대에는 나그네라면 그가 귀족이건 거지이건 먼저 저녁 만찬에 불러 대접부터 하는 게 관습이었다. 그런 다음에야 비로소 그가 누구이며 무엇을 원하는지를 물어보는 것이다. 텔레포스의 경우에도 그랬다. 그가 충분히 먹고 마신 다음, 아가멤논은 나그네에게 그가 누구이며 자기가 무엇을 해 주기를 바라느냐고 물었다.

그러자 텔레포스는 자리에서 벌떡 일어나 클리타임네스트라 왕비의 품에서 어린 오레스테스 왕자를 낚아채더니 소리쳤다.

"나는 텔레포스요. 아킬레우스를 여기 데려와서 내 상처를 치료해 주지 않으면 이 아기를 화덕 속에 던져 버리겠소. 이 상처 때문에 여러 해 동안 고생해 왔는데, 신탁을 들어 보니 나를 찌른 자만이 나를 낫게 할 수 있다고 하오."

미케네엔 여러 장수가 모여 있었는데 그중에 아킬레우스도 있었다. 아가멤논은 그를 불러 오라고 명령했다.

아가멤논은 텔레포스에게 제안했다.

"좋다. 단, 한 가지 조건이 있다. 만일 우리에게 트로이로 가는 뱃길을 가르쳐 준다면 그대의 상처를 치료해 주겠다."

텔레포스는 동의했지만 아킬레우스는 치료해 주는 것을 거절했다. 자신의 친구 파트로클로스가 텔레포스에게 부상당한 것을 잊지 못했던 것이다. 그는 이렇게 말했다.

"난 상처를 치료하는 법 따윈 전혀 알지 못합니다."

아가멤논이 아킬레우스를 달랬다.

"케이론에게 의술을 배웠지 않은가. 파트로클로스의 팔도 멀쩡하게 고쳐 놓았으면서 그러는구먼. 그런데도 이걸 못 고친다고 말하려는 겐가?"

"아무튼 난 이자를 도울 생각이 없습니다. 다른 사람더러 상처를 돌봐 주라고 하시지요."

"그러나 신탁 말씀은 내게 상처를 입힌 것만이 나를 낫게 만들 수 있다는 것이었단 말이오."

텔레포스가 사정하자 오디세우스가 외쳤다.

"그대에게 상처를 입힌 것은 아킬레우스의 창이었소. 아킬레우스, 창을 이리 가져와 보게!"

오디세우스는 창을 붙잡고는 날카로운 날에서 녹 가루를 조금 긁어내어 텔레포스의 다친 다리에 묻혔다.

그러자 상처가 순식간에 아물었다. 텔레포스는 장인인 프리아모스 왕과 맞서 싸우는 것은 거절했지만, 아카이아 연합군을 트로이로 안내해 주기로 했다.

제물로 바쳐진 이피게네이아

 드디어 출정 준비가 모두 끝났다. 함대는 다시 한번 아울리스항에 집결했다. 그러나 한 가지 문제 때문에 출발이 늦어지고 있었다. 바람이 한 점도 없는 것이었다. 모두들 바람이 불어오기를 고대했으나 아무 소용이 없었다.
 병사들이 수군거리기 시작했다.
 "도대체 얼마 동안이나 기다려야 한다는 거지?"
 "신들이 우리의 원정을 반대하는 게 분명해. 각자 고향으로 돌아가자구."
 장수들도 병사들 못지않게 걱정이 되었다. 마침내 그들

은 군대의 유능한 예언자 칼카스에게 물어보았다. 그는 이렇게 말해 주었다.

아르테미스 여신의 분노

"아르테미스 여신이 우리 원정대의 총사령관에게 화가 나 계시기 때문입니다. 아가멤논 왕은 필요할 땐 언제나 아르테미스 여신의 도움을 구하고는 감사의 제물을 바칠 때가 오면 편리하게도 싹 잊어버리곤 했지요. 그래서 여신이 여러 해 동안 괘씸하게 생각해 오셨는데 얼마 전에는 여기다 모욕까지 보탰지 뭡니까. 왕이 사슴을 한 마리 사냥한 적이 있었지요. 화살이 멀리서 목표물을 맞히자, 제아무리 아르테미스 여신도 자기만큼 활을 잘 쏘지는 못한다고 뽐낸 것입니다. 그것뿐만이 아닙니다. 여기 아울리스의 숲속에서 멧돼지를 한 마리 잡았는데, 이 멧돼지는 아르테미스 여신이 각별히 애지중지하는 신성한 짐승이었지요. 이제 분노를 참지 못한 여신은 아가멤논 왕이 아직껏 지키지 않은 서약을 지키도록 요구하고 계십니다. 언젠가 왕은 왕국에서 그 해에 태어난 것들 중 가장 사랑스러운 것을 제물로 바치겠다고 약속했는데, 가장 아름다운 것이 하필이면 왕의 갓난아기 공주 이피게네이아였지요. 물론 왕은 약속을 까맣게 잊어버렸고 여신은 노발대발하며 화가 나셨지요. 아가멤논 왕이 이 빚을 몽땅 갚아야 할 때가 왔습니다. 왕이 이피게네이아 공주를 제물로 바칠 때까진 여신의 화가 풀리지 않을 것입니다. 그런 다음에야 비로소 바람이 불어 함대가 트로이로 출발할 수 있게 될 것입니다."

이런 예언을 들은 아가멤논은 공포에 질렸다. 칼라스의 설명을 놓고 맞네 틀리네 해 볼 필요도 없었다. 그러나 그저 두 손 놓고 앉아 사랑하는 딸을 죽이게 내버려 둬야 하다니……. 그건 생각도 할 수 없는 끔찍한 노릇이었다. 아니, 절대로 그렇게 되도록 내버려 두지 않을 작정이었다. 그러나 속마음을 감춘 채 아가멤논은 왕비 핑계를 댔다.

"클리타임네스트라는 그 아이를 제물로 바치도록 놔두지 않을 게요."

메넬라오스가 대답했다.

"아무도 그렇게 되기를 바라는 사람은 없습니다. 하지

만 여신이 요구하는 걸 내놓지 않으면 어떻게 트로이로 떠난단 말입니까?"

'못 떠나게 되면 말라지. 내 딸을 희생시켜서까지 떠나야 할 게 뭔가!'

아가멤논은 이렇게 생각하면서도 다음과 같이 말했다.

"나도 모르겠네. 하지만 분명한 것은 왕비가 절대로 허락하지 않을 게야."

"여신이 요구하시는 일에 어머니의 의견을 구할 수야 없는 일 아닙니까. 형님만 마음을 결정하시면 되는 일입니다."

"정말 원치 않는 일이지만 따를 수밖에 없겠네. 총사령관의 몸으로 달리 어쩔 수가 있겠나. 만일 왕비가 동의한다면 나도 굳이 반대하지 않겠네."

장군들 중 하나가 비난했다.

"솔직하게 털어놓으십시오. 사령관께선 여신의 명을 따를 생각이 없지 않습니까?"

또 다른 장군이 말했다.

"그렇다면 다른 사령관을 뽑도록 합시다."

세 번째 장군이 외쳤다.

"팔라메데스를 총사령관으로 합시다!"

오디세우스가 벌떡 일어났다.

"팔라메데스를 총사령관으로 앉히고 싶다면 잘들 계시오. 나는 부하들을 데리고 돌아가겠소."

그는 당장에라도 돌아갈 것 같은 기세였다.

메넬라오스가 말했다.

"기다리시오, 오디세우스. 나도 사령관을 바꾸는 데에는 찬성하지 않소. 아가멤논 사령관이 지금 이 자리에서 마음을 정하셔야 하오."

그래도 아가멤논은 아무 말이 없었다.

오디세우스가 나섰다.

"아가멤논 장군, 나도 메넬라오스를 돕고 싶은 마음이 전혀 없는 사람입니다. 그러나 한번 약속을 한 이상 되돌아가는 일은 있을 수 없습니다."

그러고는 다시 말을 이었다.

불려 온 이피게네이아

"제가 장군의 심경을 모른다고는 생각하지 말아 주십시오. 따님에게 여기 와서 아르테미스 여신의 제물이 되라고 말해야 하다니, 얼마나 어려운 일일지 저도 잘 압니다. 비록 여신의 명령에 따른 행동이긴 하지만 차마 어찌 그것을 말로 할 수야 있겠습니까. 하지만 다른 방법이 있습니다. 클리타임네스트라 왕비께 편지를 쓰는 것입니다. 이피게네이아 공주를 아킬레우스 장군과 혼인시키기로 했으니 따님을 이리로 보내라고 말이지요. 전에 미시아에서 텔레포스의 공격으로부터 아킬레우스가 우리를 구해 준 데 대한 보답으로 혼인시키고 싶다고 하십시오. 다만 아무도 같이 오지 말고 반드시 이피게네이아 혼자 보내라고 이르십시오. 왕비가 진지 안에 나타나는 것은 좋지 않다고 하십시오. 그리고 따님을 서둘러 보내라고 하십시오. 이 결혼식만 치르면 곧바로 출정해야 한다고요."

아가멤논은 여전히 아무 말이 없었다.

마침내 메넬라오스가 그를 대신하여 진흙 서판에 편지를 썼다.

메넬라오스가 재촉했다.

"서명하십시오. 병사들이 지쳐 가고 있어요. 이피게네이아를 어서 데려와야 합니다."

"만약 아킬레우스 장군이 이 일에 얽혀들기를 원치 않는다면? 먼저 그와 상의해야 할 일이 아닌가?"

아가멤논은 시간을 벌기 위해 이렇게 물었다.

오디세우스가 맞섰다.

"만일 그가 싫다고 하면요? 무슨 수로 이피게네이아를 여기로 데려올 다른 구실을 찾는단 말입니까? 이보십시오, 아가멤논 장군. 다른 방법이 없습니다. 서명하십시오."

"그렇소, 서명하시오."

다른 장수들도 똑같이 소리쳤다.

그제야 아가멤논은 떨리는 손으로 진흙 서판 끝부분에 자기 이름을 긁어 넣었다.

편지를 보내 놓고 자기 막사로 돌아온 아가멤논은 침대에 엎드려 쓰라린 눈물을 흘렸다.

잠시 뒤 그는 벌떡 일어서더니 부르짖었다.

"내가 무슨 짓을 한 거지? 아냐, 그렇게 할 순 없어!"

아가멤논은 또 다른 서판을 꺼내 왕비에게 짤막한 편지

를 썼다.

'이피게네이아를 보내지 마시오. 결혼은 취소됐소!'

그는 충직한 시종을 불러 일렀다.

"내 전차를 타고 전속력으로 미케네로 떠나라. 이 편지를 왕비의 손에 직접 전해라. 그러나 조심해야 한다. 내가 너를 보냈다는 걸 아무도 알아선 안 돼."

한편 메넬라오스는 형의 마음이 바뀌지나 않을까 걱정되어 망을 보고 있었다. 아가멤논의 부하가 전차에 말을 매는 것을 보자마자, 그는 먼저 달려가 길모퉁이에 숨어 기다렸다. 전차가 나타나자 메넬라오스는 뛰어나가 그 앞을 막아섰다.

"멈춰라!"

시종은 복종하는 수밖에 없었다.

메넬라오스가 명령했다.

"편지를 내놓아라!"

시종이 벌벌 떨면서 대답했다.

"제겐 편지가 없습니다."

"그럼 이건 무엇이냐?"

메넬라오스는 시종의 외투를 들추고 겨드랑이에 감추고 있던 서판을 끄집어 냈다.

"이제 썩 물러가라. 그러나 곧장 돌아가지 말고 한참 어정거리다가 가거라. 가서 아가멤논에게 아무 이야기나 꾸며 대거라. 원하면 내가 편지를 빼앗았다고 말해도 좋다. 나는 상관없으니까."

이틀이 지난 다음 메넬라오스는 혼자서 아가멤논을 찾아가 말했다.

"형님도 가슴 아프시겠지만 저도 몹시 마음이 아픕니다. 그러나 다른 수가 없었습니다. 자, 이 편지를 도로 가져가십시오. 그리고 이피게네이아에게 제물로 바쳐진다는 이야기를 어떻게 털어놓을까를 궁리합시다."

아가멤논은 격분하여 고함을 질렀다.

"네가 어찌 감히 나를 감시하여 편지를 가로챘단 말이냐!"

그러자 메넬라오스도 더 이상 참을 수가 없어 대들었다.

"이미 첫 번째 편지에 서명을 해 놓고는 어찌 또 다른 편지를 보내셨단 말입니까? 원정을 포기하실 셈입니까, 네? 우린 전쟁을 하기로 결정했습니다. 그리고 전쟁은 제물을 바치지 않고는 시작할 수 없는 법입니다. 우리의 명예, 전 아카이아인의 명예를 지키기 위해 단지 한 사람의 목숨 뿐만이 아니라 앞으로 수천 명이 목숨을 잃게 될 것입니다. 이제 그런 운명이 자기 딸에게 떨어졌는데, 총사령관인 형님이 뒷걸음질 친단 말입니까! 그럼, 좋습니다. 난 더 이상 형님을 형님이라고 여기지 않을 겁니다. 더 이상 대왕으로 받들지도 않고 말입니다. 원정대를 해산하십시오. 그게 형님이 원하는 것이니 말입니다. 하지만 형님은 모든 장수들의 웃음거리가 될 겁니다. 게다가 그들이 이런 모욕을 받고도 가만있을 줄 아십니까! 도대체 어느 누가 영광과 보물과 남의 아내를 훔쳐 가는 도둑놈에게 호된 교훈을 가르쳐 줄 기회를 내버리는 데 찬성한단 말입니까!"

아가멤논도 더 이상 버틸 수가 없었다. 그는 흐느끼면서 동생의 품으로 쓰러졌다.

"가슴이 찢어질 것만 같아. 이피게네이아는 세상에서

내가 가장 사랑하는 아이네."

얼마 되지 않아 미케네로부터 왕의 불운한 딸이 어머니와 두 친구와 함께 도착했다. 아가멤논은 이들을 맞을 준비가 전혀 되어 있지 않았다.

아가멤논은 신음 소리를 냈다.

"혼자 오라고 일렀건만. 일이 한층 어렵게 되었구나."

이피게네이아는 아버지의 품으로 뛰어들어와 안겼다.

"오오, 가엾은 내 딸!"

아가멤논은 저도 모르게 탄식이 튀어나왔다. 두 줄기 눈물이 그의 뺨을 타고 흘러내렸다.

"아버지, 전 혼인하러 온 거잖아요. 전 너무나 행복해요!"

왕비가 캐물었다.

"대체 그게 무슨 말씀이죠? 무슨 일이 있었나요? 왕께선 사시나무 떨 듯 떨고 계시잖아요."

"아니, 아니, 기뻐서 한 말이오. 행복해하는 공주를 보니 두려움을 어쩔 수가 없구려. 나도 어찌할 바를 모르겠소."

이피게네이아가 말했다.

"아버지, 대체 무슨 말씀을 하시는 건지 알아듣지 못하겠어요. 행복해하는 저를 보고 아버진 두려움을 어쩔 수 없다니요? 정신이 이상해지셨나 봐요."

"기뻐서 정신이 이상해진 거란다. 이런 결혼식이 또 있겠나! 오오, 달의 여신이시여, 저를 불쌍히 여기소서!"

"어머니, 아버지가 이상야릇한 말씀을 하고 계세요. 뭔가가 잘못된 게 틀림없어요!"

"한순간은 행복하다고 말씀하시면서 다음 순간엔 비참한 얼굴이 되시다니……. 폐하, 누가 보면 우리 공주가 지옥의 왕 하데스와 결혼하는 줄 알겠어요."

"아니오, 공주는 아킬레우스와 결혼하는 것이오. 그래서 나도 기쁘오. 그러나 하데스 또한 위대한 왕이지요. 지하 세계의 왕 말이오."

"어머니, 아버지 때문에 무서워요."

"겁내지 마라, 얘야. 그저 기뻐서 그러신다지 않니. 하지만 말씀해 주세요, 폐하. 대체 이 결혼식과 지하 세계가 무슨 상관이지요?"

"나도 모르오. 묻지 마시오. 그런데 왕비는 오지 말라고 일렀는데 여기 어쩐 일이오?"

"우리 공주에게 가장 기쁜 날에 저를 떼어 놓다니요?"

"그렇게 생각할 건 없소. 뭐, 어쨌든 좋소. 이 아이를 직접 데려오고 싶었다니 내, 왕비에게 화를 내지는 않겠소. 그러나 여기는 군부대 안이오. 더 머물러서는 아니 되오. 게다가 내가 여기 있지 않소. 모든 것을 내가 알아서, 그리고 신들께서 바라시는 대로 하리다."

"아, 아버지, 어머니를 보내지 마세요. 어머니가 제 옆에 계셨으면 좋겠어요."

"여기 있으마, 얘야. 너의 기쁨을 가까이에서 함께하마. 신들이 그리 원하신다면 너의 슬픔 역시 마찬가지란다."

"굳이 있고 싶다면 있으시구려. 어찌 되었든 이건 결혼식이고 참으로 기쁜 날이 아니오."

아가멤논은 이렇게 말하고는 두 손으로 얼굴을 가리고 사령관이 눈물 흘리는 것을 누가 볼세라 막사 안으로 들어가 버렸다. 그의 눈물을 본 이피게네이아와 왕비는 서로 부둥켜안고 울음을 터뜨렸다.

진실은 밝혀지고

두 사람이 아직도 무거운 가슴을 안고 서 있는데, 성큼성큼 걸어오는 발자국 소리가 들렸다. 고개를 돌리니 번쩍거리는 갑옷 차림의 젊은 장수가 다가오고 있었다. 올림포스의 신처럼 잘생긴 장수였다.

"실례했습니다."

그가 사과의 말을 웅얼거렸다.

"누가 계신 줄 몰랐습니다."

그러고는 돌아 나가려고 했다.

클리타임네스트라가 그에게 말을 걸었다.

"잠깐만요. 그대가 아마……"

"전 펠레우스와 테티스 여신의 아들인 아킬레우스입니다."

아킬레우스가 조금 수줍어하며 대답했다.

"난 아가멤논의 왕비 클리타임네스트라예요. 그리고 이 아이는 이피게네이아예요."

"만나 뵈어서 반갑습니다. 하지만 전 근무 중이라서 이만 물러가겠습니다."

"기다려요. 난 내 딸과 결혼할 신랑감과 이야기를 나눠 보고 싶어요. 그게 무슨 잘못인가요?"

"사령관께서 따님을 결혼시키신다니 기쁜 소식이로군요. 또 결혼식에 앞서 사윗감을 만나 본다는 것도 잘못이 아니고요. 하지만 제가 도와드릴 만한 일이 아닌 것 같군요. 전 거기에 대해선 전혀 들은 바가 없어서 말입니다. 그 행운의 사나이가 누군지 모르겠군요."

아킬레우스의 말에 이피게네이아는 더 이상 참지 못하고 어머니의 어깨에 머리를 묻고는 울음을 터뜨렸다. 클리타임네스트라의 충격은 한층 더했다.

"그러니까 이피게네이아를 결혼시킬 것이니 이리로 보내라고 한 말은 거짓이었군요. 그것도 그대에게 말이지요! 이 아이를 좋은 일로 부른 게 아니군요. 그럼 대체 무슨 일로 부른 거지요? 저들이 무슨 못된 꿍꿍이속을 감추고 있는 건가요?"

왕비의 말을 듣자 아킬레우스는 깜짝 놀랐다.

"정말 죄송합니다만, 무슨 말씀이신지 저는 전혀 알아듣지 못하겠습니다."

이피게네이아는 더 이상 견딜 수가 없었다. 그녀는 어머니를 거기 둔 채 친구들이 있는 곳으로 달려갔다. 거기서 엉엉 울음을 터뜨리고 싶었다.

클리타임네스트라는 아킬레우스를 동정의 눈길로 바라보았다. 그도 어떤 계략의 죄 없는 피해자였다. 자기 딸은 더한층 가엾은 피해자가 틀림없는 흉계 말이다.

하지만 도대체 무슨 계책에 말려든 것일까? 어찌하면 알아낼 수 있을까? 바로 그때 원래는 왕비의 충성스러운 시종이었다가 지금은 아가멤논의 원정대에 따라와 있는 자가 눈에 띄었다. 왕비는 그를 가까이 불러서는 명령했다.

"네가 아는 대로 낱낱이 말해 보아라."

"저는 그저 시종일 뿐이옵니다. 물론 왕비님의 시종이오나, 지금 제 주인님은 아가멤논 왕이십니다. 대왕께서 허락하시지 않는 한 제가 입을 열 수는 없는 일이옵니다."

"그렇다면 너는 알고 있는 게로구나?"

"많이 알고 있습지요. 하지만 말씀드리기가 두렵사옵니다."

"만일 말을 해서 해가 될 일 같으면 아무 말도 하지 말아라. 그러나 그렇지 않다면 용기 있게 털어놓아라."

"옳으신 말씀입니다. 앞으로 일어날 일보다 더 나쁜 해가 되지는 않겠지요. 게다가 왕비님과 아킬레우스 장군과 가엾은 공주님께서도 곧 아시게 될 일이옵니다. 그러나 누가 들을까 두렵사옵니다. 혹시 이피게네이아 공주님께서 엿듣고 있지나 않을는지요?"

"마음 놓고 말해 보아라. 겁내지 말고."

시종은 이야기를 시작했다. 그는 모든 사실을 모두 털어놓았다. 두 번째 편지를 가지고 미케네로 떠나려다 메넬라오스에게 빼앗겼던 시종이 바로 그였던 것이다.

"오, 세상에 이럴 수가!"

시종이 이야기를 마쳤을 때 클리타임네스트라는 이렇게 부르짖었다.

"왕이 왜 그리 종잡을 수 없는 말을 하셨는지 이제야 알겠구나. 끔찍한 흉계예요! 내 소중한 딸을 그렇게 잃는다니!"

도움을 약속하는 아킬레우스

아킬레우스가 소리쳤다.

"안 됩니다! 제가 허락하지 않겠습니다! 그들은 저 몰래 흉계를 꾸미고선 순진한 공주를 함정에 빠뜨리기 위해 제 이름을 훔쳤습니다. 그들은 먼저 저에게 해명해야 할 것입니다. 함대야 아울리스항에서 썩으라지요! 파리스야 벌도 안 받게 놔두라지요! 나는 이런 희생을 바치도록 내버려 두지 않겠습니다!"

문득 등 뒤에서 이피게네이아의 목소리가 들려왔다.

"어머니, 무슨 안 좋은 일이 있지 않나 하고 어머니를 찾으러 나왔다가 어쩔 수 없이 이야기를 엿듣게 되었어요. 하지만 겁내지 마세요. 아버지는 저를 제물로 바치는 것에 반대하세요. 저를 구해 줄 방법을 찾아내실 거예요."

"오오, 얘야. 이런 끔찍한 불행이 우리에게 닥치다니! 이리 오너라. 가서 너희 아버지의 마음을 움직여야 한다. 아버지는 너를 애지중지하시지 않느냐."

"그래요, 어머니. 아버지도 어머니 못지않게 저를 위해 슬퍼하고 계세요. 아버지의 슬픔은 제 슬픔보다도 더 크답니다. 만약 가능한 일이라면 아버지는 저를 구해 주실 거예요."

"'만약'이라니. 그게 무슨 말이냐? 네 아버지는 대왕 폐하가 아니시냐!"

"바로 그렇기 때문에 아버지가 어쩔 수 없는지도 몰라요, 어머니."

"네 아버지가 자기 자식보다 권력의 올가미를 더 좋아한다면 말이지!"

"그러시진 않을 거예요."

"난 너보다 네 아버지를 더 잘 알고 있다."

시종이 웅얼거렸다.

"전 이만 가 봐야겠사옵니다. 왕께서 오시는 소리가 들립니다. 제가 함께 있는 것을 보시면 아니 되옵니다."

아킬레우스도 재빨리 물러났다.

"저도 가 봐야겠습니다."

아가멤논이 다가오자 이피게네이아는 울부짖었다.

"아버지! 어째서요, 도대체 제가 아카이아 군대에 무슨 해를 끼쳤던가요?"

"지금 무슨 말을 하고 있는 게냐? 난 못 알아듣겠구나. 아니면 무슨 불행이라도 예언하고 있는 게냐?"

그러자 클리타임네스트라가 말했다.

"이 아이는 예언을 하고 있는 게 아니라 모든 걸 다 들었습니다. 당신이 결정 내린 그 끔찍한 짓을 몽땅 들었단 말이에요."

"대체 무슨 말을 하는 게요?"

"아버지, 저를 구해 주실 거죠? 그렇죠? 전 여기에 결혼식을 올리러 왔어요. 설마 저를 죽게 내버려 두진 않으시겠지요?"

"모두 다 알고 있구나! 누군가 나를 가엾이 여긴 모양이구나. 내 입으로 너에게 직접 그 소름 끼치는 사실을 털어놓지 않아도 되었으니!"

"이젠 어떡하실 거죠, 아버지?"

"사랑하는 내 딸아, 지금 이 아비 가슴은 갈가리 찢어지고 있단다."

헛된 노력

클리타임네스트라가 말했다.

"우리가 관심 있는 건 당신의 결정이지 당신의 가슴이 아녜요! 메넬라오스와 그의 부정한 아내 때문에 죄 없는 우리 딸과 제 행복을 희생할 참인가요? 말씀 좀 해 보세요. 그 생각은 안 해 보셨나요? 성대한 결혼식에 대한 기대가 산산조각 난 다음 내가 어찌 미케네로 돌아갈 용기를 낼 수 있겠어요? 당신이 가고 없는 동안 내가 어찌 이 아이의 빈 방을 바라볼 수가 있겠어요? 그리고 어디 말해 보세요. 이 아이의 여동생들과 어린 오레스테스가 물으면 뭐라고 대답해야 하나요? 얘가 결혼했다고 말해야 하나요? 눈물로 젖은 베개를 들켰을 때 아이들이 캐물으면 뭐라고 대답할까요? '그래, 결혼했단다. 그런데 그 남편은 저승을 흐르는 강의 뱃사공 카론이지.'라고 말해야겠군요. 그리고 아이들이 어떻게 이런 무서운 일이 일어났느냐고 물으면 난 또 뭐라고 대답해야 좋지요? 설령 내가 아무 말 안 한다 해도 그 애를 죽인 건 당신이에요. 비밀이 영원히 지켜질 수 있다고 생각하세요? 언젠가는 밝혀지게 되어 있다구요! 그럼 당신이 승리하고 돌아온다 쳐도, 아이들이 당신을 어떻게 맞이할 것 같아요? 당신에 대한 두려움을 이겨 낸다 해도 아이들이 당신 품에 안길 것 같아요? 이 모든 일을 생각해 봤냔 말이에요! 천만에요, 당신이 두려워하는 건 단 하나예요. 장수들이 다른 사람을 사령관으로 뽑아, 당신이 그 영광스러운 지위를 잃게 되는 것뿐이죠!"

"그만하시오, 부인! 내 가슴은 이미 찢어지고 있다지 않소!"

"나도 당신이 이피게네이아를 얼마나 사랑하는지 알고 있어요. 그렇지 않다면 이런 말조차도 하지 않았을 거예요. 나도 아이들을 사랑하지만 모두 똑같이 공평하게 사랑하지요. 당신 역시 자식들을 사랑해요. 하지만 당신은 언제나 이피게네이아를 특히 더 사랑했어요.

기억나세요? 언젠가 그 애를 무릎에 앉히고는 이렇게 말했지요. '넌 아직 어리지만 아빤 네가 훌륭한 남자를 만나 행복하게 사는 걸 어서 보고 싶구나.'라고 말이에요. 그러자 그 애는 손가락으로 당신의 수염을 배배 꼬면서 대답했죠. '서둘지 마세요, 아빠. 전 우리가 이렇게 다 함께 사는 게 너무나 행복해요. 그러나 젊은 남자가 아빠에게서 저를 데려가고 세월이 흘러 아빠가 늙으시면, 전 아빠를 저희 집에 모셔오고 싶어요. 그러고는 제게 해 주신 그대로 아빠의 사랑과 보살핌에 보답하겠어요.' 그러자 당신은 눈물을 글썽거렸죠. 또 당신이 내게 항상 뭐라고 했는지 기억나세요? '만일 내가 아주 늙게 되면 이피게네이아에게 자기 집에 나를 데려가 달라고 부탁하겠소. 그리고 생명을 다할 때가 오면 그 애의 모습을 눈에 담은 채 죽음을 맞고 싶소.'

그런데 이제 운명이 어떻게 뒤틀려 버렸는지 보세요. 많은 사람들 중에 하필이면 당신이……. 이피게네이아를! 내가 아까 처음에 내뱉은 말들은 내 본심이 아네요. 그렇긴 해도 당신이 어떻게 동의할 수가 있었나요? 어떻게 거짓 편지를 보내게 할 수가 있었느냐구요……. 어떻게요? 우리는 아무것도 모른 채 행복에 잠겨선, 사랑의 여신이 아킬레우스 같은 늠름한 젊은이를 직접 골라 주셨다고 믿고 있었어요. 아무것도 모르는 우리 딸은 편지를 읽고는 기뻐서 팔짝팔짝 뛰었지요.

그리고 여기 와서 그 청년을 보고는 가슴을 마구 파닥거렸어요. 신처럼 잘생긴 청년이었으니까요. 그런데 이제 그 앤 젊음의 문턱에서 죽게 된단 말이지요. 사랑의 여신이 부자에게나 가난한 사람에게나, 영원히 죽지 않는 신이나 평범한 인간에게나 똑같이 내려 주는 기쁨을 한번 맛보지도 못하고 말이에요. 그런데도 당신은 이런 운명을 받아들이고 그 아이를 끔찍한 제물로 바치기로 결정했단 말이지요. 그 생각만 하면 내 가슴은 분노로 터질 것만 같아요. 하지만 그 얘긴 그만하죠. 하지만 내가 할 말은 이 한마디뿐이에요. 당신만이 이피게네이아를 구할 수 있어요!"

"나도 어쩔 수가 없소. 희생을 요구하는 것은 아르테미스 여신이오. 처음엔 나도 여신의 뜻에 굴복하지 않으려 했소. 온 힘을 다해 저항했지만 군대가 내게 반대하여 들고일어났소. 장군들은 모두들 내가 원정을 포기하려 한다면서 비난했소. 유괴범과 도둑을 응징도 않고 내버려 두고, 신들의 무시무시한 복수가 우리 머리 위에 떨어지게 만들려 한다고 말이오.

그들은 외쳤소. '우린 맹세를 하지 않았습니까!' 나는 그들의 요구에 따르기로 약속했소. 이 전쟁에서 맨 처음 피값을 치러야 할 사람은 내가 될 것이오. 받아들일 수밖에 달리 선택의 여지가 없소. 저 보시오, 또다시 함성이 들려오는구려. 아직도 내가 다시 약속을 지킬 거라고 믿는 군사들이 많은 게요. 가서 무슨 일인지 알아봐야겠소. 그대들은 내 막사로 돌아가서 눈물로 위로받으시구려. 아, 이 몸은 눈물을 흘릴 자격조차 없다오."

아가멤논은 이런 말을 남기고 함성이 들려오는 곳으로 급히 달려갔다.

이피게네이아는 한숨을 쉬었다.

"모든 게 끝났어요, 어머니. 아버지도 이젠 어쩔 수가 없어요. 내 운명은 결정되었어요. 하지만 너무 상심하지 마세요. 전 끝까지 잘 견딜 거예요."

"모든 게 끝난 건 아니다. 아직 희망이 있어. 아킬레우스 장군을 찾아가 보자."

"아녜요, 어머니. 우리가 기댈 수 있는 사람은 없어요. 저 함성이 들리지 않으세요?"

"그게 무슨 말이냐?"

"모두들 제 피를 요구하고 있고, 아킬레우스 장군도 저를 구해 줄 수 없다는 뜻이에요. 아, 저기 그분이 오고 있어요."

클리타임네스트라는 겁에 질린 목소리로 아킬레우스에게 물었다.

"말해 주세요, 아킬레우스. 병사들이 뭐라고 외치는 거죠?"

"즉각 희생제를 올리라고 하는 거죠!"

"사령관들은 뭐라고 하는가요?"

"똑같은 말을 하고 있습니다."

이피게네이아가 입을 열었다.

"그럼 그렇게 해요. 네, 지금 당장요! 인생은 달고 죽음은 검은 그림자예요. 하지만 우리 모두의 고통을 이젠 끝내야 해요."

그러면서도 이피게네이아는 아킬레우스를 안타까운 눈길로 바라보았다. 아킬레우스가 부르짖었다.

"안 됩니다. 나부터 먼저 죽이라지요!"

이피게네이아가 말했다.

"전 그렇겐 할 수 없어요."

클리타임네스트라가 끼어들었다.

"그게 무슨 말이냐, 얘야? 감히 아킬레우스 장군에겐 아무도 대들지 못할 거다."

아킬레우스가 말했다.

"이미 대들고 있는 걸요."

"하지만 당신 뒤엔 미르미돈 군대가 있잖아요. 누가 감히 장군에게 맞선다는 거죠?"

"제게 가장 먼저 돌을 던질 자들은 그들입니다."

"그럼 외톨이란 말씀인가요?"

"제 편은 아무도 없습니다."

"얘야, 그럼 모든 게 끝장인 모양이로구나."

그러나 아킬레우스는 여전히 한 가지 희망에 매달렸다.

"아직 끝난 건 아닙니다. 저는 테티스 여신과 펠레우스의 아들입니다. 제가 손에 칼을 들고 공주님 앞을 막고 서 있겠습니다. 어디 덤벼 보라지요!"

제물이 되기를 자청하는 이피게네이아

이피게네이아가 끼어들었다.

"제 말씀 좀 들어 보세요. 오랫동안 머릿속으로 생각해 본 것을 말씀드릴 때가 왔어요. 제물은 바쳐야 해요. 여신과 전 군대가 그러기를 요구하고 있어요. 원정대는 트로이로 출항해야 해요. 아킬레우스, 당신은 지금 이성을 잃고 있어요. 제 마음이 당신에게 가서 매달렸듯이 당신의 마음도 저를 향해 달려 나온 거예요. 그래서 지금 무엇보다 중요한 것은 약탈자들을 벌주는 것임을 깨닫지 못하고 있는 거예요. 헬레네를 몰래 데리고 간 행위가 단지 메넬라오스 삼촌만 무시한 거라면 별로 중요한 문제도 아닐 거예요.

하지만 파리스는 그리스 전체를 모욕한 거예요. 아무 죗값도 받지 않고 그냥 지나갈 수는 없어요. 우리가 이런 야만 무도함 앞에 머리를 숙일 수는 없는 일이잖아요. 모욕을 당하고도 그저 참고 마는 사람들은 경멸을 받아야 마땅해요. 그런 이유 때문에 제가 스스로 아르테미스 여신의 제단으로 가겠다는 거예요. 아무의 도움도 받지 않고 신관의 날카로운 칼날 앞에 제 목을 내놓겠어요. 제 피가 여신의 노여움을 풀어 줄 거예요. 그러면 아르테미스 여신은 바람을 일으켜 배가 뜰 수 있게 해 줄 것이고, 신들은 아카이아 연합군이 높은 성벽으로 둘러친 트로이를 포위하여 승리를 거두고 고향으로 돌아갈 수 있게 도와주실 거예요."

아킬레우스는 존경심으로 가득 차서 그녀에게 귀를 기울였다. 경탄과 감동으로 뭐라고 만류할 말을 찾을 수가 없었다. 그토록 한순간에 그의 마음을 사로잡은 이피게네이아가 목숨을 내놓아야 할 운명인 것이다.

아킬레우스가 말했다.

"그대의 말이 맞습니다. 제가 사랑에 눈이 멀었습니다. 그러나 이제 제가 빼앗긴 게 무엇인지를 잘 이해하게 되었습니다. 그리고 조금 전까지만 해도 생각만 해도 견딜 수 없었던 희생을 이제 자랑스럽게 받아들이렵니다. 이 짧은 시간 동안 저는 용감한 한 영혼을 사랑했다가 잃어버린 셈이로군요."

이피게네이아는 더 이상 머뭇거리지 않고 어머니와 아

킬레우스에게 작별 인사를 했다.

"아버지를 찾으러 가겠어요. 너무 지체했어요."

비탄에 잠긴 어머니는 더 이상 말해 봤자 소용없다는 것을 알고는 자기 막사로 물러났다. 모든 것이 끝난 뒤까지 나오지 않을 생각이었다.

저녁이 되자 충직한 시종이 왕비를 찾아 달려왔다.

"왕비님, 믿을 수 없는 기적이 일어났사옵니다."

클리타임네스트라는 막사에서 달려 나왔다. 한 줄기 바람이 불어오고 있었다.

시종이 숨이 차서 헐떡거리면서 말했다.

"아르테미스 여신께서 공주님을 데려가셨습니다. 어떻게 된 영문인지 들어 보십시오. 공주님이 신관의 칼날 앞에 어찌나 순순히 목을 내놓는지 지켜보던 사람들은 모두 그 용기에 감탄했습니다. 신관이 칼을 내려치려는 순간, 우리는 그 끔찍한 광경을 차마 볼 수 없어 고개를 숙였지요. 우리는 숨을 죽이고 기다렸지요. 나뭇잎 하나 떨어지는 소리도 들릴 정도였습니다. 그러다가 문득 칼 휘두르는 소리가 들려왔지요. 바로 그 순간, 갑자기 '기적이다!

기적이 일어났다!' 하고 외치는 소리가 들려왔습니다. 얼른 눈을 떠 보니 어디로 사라졌는지 공주님은 보이지 않았습니다.

대신, 신관의 발치에는 사슴 한 마리가 쓰러져 막 숨이 끊어지고 있지 뭡니까. 모두들 놀라서 말문을 잃고 서 있었지요. 그때 칼카스가 제단 위로 올라갔습니다. 그가 팔을 앞으로 내밀고 선언했습니다. '아가멤논 대왕과 아카이아 연합군의 장군들은 내 말을 들으시오! 아르테미스 여신께서는 당신의 제단이 이 죄 없는 여인의 피로 물드는 것을 원치 않으셨소. 여신께선 이피게네이아를 자신의 여신관으로 만드시고자 저 멀리 타우리스 땅으로 데리고 가셨소. 여신의 노여움은 이제 풀리셨소. 보시오, 사방에 증거가 있질 않소. 나뭇잎들은 가지에서 살랑대고 땅에서는 바람이 불어오고 있소이다. 함대는 이제 모든 군사를 태우고 트로이로 출발할 수 있게 되었습니다. 용기와 신념으로 최후의 승리를 위해 나아갑시다.'"

시종의 말이 끝났다. 그러나 왕비는 믿을 수가 없었다.

"아름다운 이야기구나. 하지만 나를 위로하려고 지어

낸 이야기가 틀림없어. 네가 말한 그 '기적'은 믿기지 않는 이야기야."

"하지만 모두들 봤단 말씀입니다. 보십시오, 저기 아가멤논 대왕께서 오고 계십니다. 왕께서 직접 말씀하실 것이옵니다."

아가멤논이 클리타임네스트라의 손을 잡으며 말했다.

"부인, 우리는 고통을 덜게 되었소. 우리 딸은 여신이 데려가셔서 영원히 살게 될 것이오. 우린 이제 원정을 떠나는 거요. 트로이는 함락되고 그 성탑은 무너져 내릴 것이며, 우리는 승리의 노래를 부르며 돌아올 것이오."

9년 동안의 전쟁

 분수대 위로 가지를 드리운 키 큰 플라타너스 나무가 있었다. 트로이를 향해 출정하기에 앞서, 아카이아군은 가장 좋은 황소를 골라 이 나무 밑에서 신들에게 제를 올리고 있었다.
 이때 갑자기 붉은 점이 있는 커다란 뱀이 나무 밑동에서 기어 나오더니 나무 꼭대기로 기어 올라갔다. 꼭대기엔 새끼 여덟 마리가 든 참새 둥지가 있었고 어미 새가 그 주위를 날고 있었다. 뱀은 새끼 참새 여덟 마리를 몽땅 잡아먹은 다음 어미까지 삼켜 버렸다. 바로 그 순간, 뱀은 돌로 변했다.

예언자 칼카스는 뱀이 잡아먹은 아홉 마리의 새는 이번 전쟁이 9년 동안 계속될 것이며, 트로이는 10년째에 가서야 멸망하게 될 거라는 제우스 신의 뜻을 나타낸다고 풀이했다. 위대한 예언자가 트로이를 이길 거라고 말하자 모두들 기뻐 날뛰었다. 그러나 전쟁이 그토록 오래 이어질 거라고는 아무도 믿고 싶어 하지 않았다.

델로스로 향한 함대

제물을 바친 다음 전 군대는 배에 올랐다. 이어 전통에 따라 신들에게 술을 올리고는 출발했다. 그러나 트로이로 곧장 가는 게 아니라 전쟁 물자를 실을 델로스로 향했다.

델로스섬은 아폴론 신의 아들인 아니오스가 다스리고 있었다. 아니오스는 안드로스라는 아들을 두었는데, 그는 자기 이름이 붙은 안드로스섬으로 가서 왕이 되었다. 또한 아니오스에겐 스페르모, 에라이스, 오이노라는 세 딸이 있었다.

아니오스는 디오니소스 신의 가호를 받게 해 주려고 딸

들을 그의 사제로 만들었다. 그러자 디오니소스는 그녀들의 봉사에 대한 보답으로 그들 각자에게 엄청난 은혜를 내렸다. 스페르모가 만지는 것은 무엇이든 옥수수로 변했다. 에라이스의 손가락이 닿는 것은 무엇이든 올리브기름이 되었다. 또한 오이노가 만지는 것은 무엇이든 포도주로 변했다.

그러니 아가멤논이 함대를 델로스로 이끌고 간 것은 놀라운 일이 아니었다. 아니오스는 아가멤논과 아카이아 연합군의 장수들을 따뜻이 맞아 주었다. 그의 딸들은 군대가 필요로 하는 것을 기꺼이 내주었다. 게다가 이름난 예언자이기도 한 아니오스는 칼카스의 말처럼 트로이가 10년째 되는 해에 함락될 거라는 예언을 해 주었다. 심지어 그는 지루한 전쟁을 치를 필요 없이, 아예 델로스에서 9년을 보낸 다음 10년째에 트로이로 가서 정복하면 되지 않느냐고까지 말했다.

그러나 델로스에서 빈둥거리며 세월을 다 보내고도 트로이를 무너뜨릴 수 있다고, 이들 노련한 장군들이 어찌 믿을 수가 있었겠는가? 그들은 아니오스의 충고를 물리치고 다시 한번 바다로 나가기로 했다.

아카이아 연합군은 델로스에서 식량과 포도주를 넉넉히 실었다. 그러나 아가멤논은 아직 만족하지 못했다.

"만일 이번 전쟁이 오래 가게 된다면 신선한 양식이 필요하게 될 거요."

그는 메넬라오스와 오디세우스를 밤중에 몰래 보내 아니오스의 세 딸을 배로 데려오게 했다.

두 장군은 세 여인을 쇠사슬에 묶어 데리고 왔다. 함대가 출발하자 그들은 족쇄를 풀어 주었다. 그러자 자매들은 바다로 뛰어들어 그들의 오빠가 왕으로 있는 안드로스 섬까지 헤엄쳐 달아났다. 아가멤논은 만일 동생들을 내놓지 않으면 쳐들어가겠다며 안드로스를 위협했다. 그는 거절했다. 그러나 세 자매는 피를 흘리게 하느니 차라리 끌려가겠다고 나섰다.

일단 배에 오르자 세 자매는 디오니소스 신에게 자신들을 구해 달라고 기도했다. 기도를 들은 디오니소스는 그녀들을 비둘기로 변하게 했다. 세 마리 비둘기는 날개를 푸덕거리며 하늘로 날아올라 아버지에게로 되돌아갔다.

그때부터 아무도 감히 델로스의 비둘기를 해치지 못했다.

함대는 그다음 요정 크리세가 다스리는 니아섬에 들렀다. 그곳은 렘노스 해안가의 작은 섬인데 오늘날엔 남아 있지 않다.

이 섬의 여왕인 크리세는 함대를 거느리고 트로이와 헬레스폰토스 해협을 둘러싼 바다를 다스렸다. 아카이아 연합군 함대가 거기 들른 것은 이 섬의 수호신인 아테나 여신에게 제물을 바치기 위해서였다. 여왕의 환심을 얻어 그들의 함대가 트로이로 아무 탈 없이 갈 수 있도록 말이다.

뱀에 물린 필로크테테스

그러나 제물을 바치기도 전에 큰 사고가 일어났다. 덤불숲을 치우고 제단을 세우는데, 뱀 한 마리가 기어 나와 필로크테테스의 다리를 물었다. 이 사람은 헤라클레스가 죽기 전 자기 화살을 물려준 이름난 명궁이었다. 물린 부위는 순식간에 검게 부어올랐다.

필로크테테스는 아픔으로 신음했다. 상처에서 흘러나

오는 고름 냄새가 진동하기 시작했다. 필로크테테스의 상태는 금세 악화되어 군사들은 그의 신음 소리도, 상처에서 나오는 코를 찌르는 악취도 더 이상 참을 수 없을 지경이 되었다.

그들은 하는 수 없이 필로크테테스가 잠든 사이, 무거운 가슴을 안고 그를 렘노스 해변에 내다 버렸다. 그의 곁에는 적당한 양식과, 신들의 가호로 그가 혹시 회복되어 다시 필요하게 될 경우를 생각하여 활과 화살을 놓아두었다.

원정대는 여느 평범한 병사가 아니라 영웅을 남겨 놓고 떠났다. 레르나 연못에 사는 히드라를 쏘아 죽인 헤라클레스의 활을 지닌 영웅 말이다. 뒷날 그들은 이 화살이 절대적으로 필요하게 되어 그를 렘노스섬에 버린 것을 몹시 후회하게 된다. 그를 데리러 다시 오게 되지만 그것은 장장 9년이 흐른 다음의 일이다.

렘노스는 트로이에서 멀지 않은 곳이어서 목적지가 가까웠다. 그러나 가까이 가면서 보니 트로이 해안에서 가까운 테네도스섬부터 손에 넣어야 한다는 사실을 알게 되었다.

이 섬의 왕은 프리아모스 왕의 가까운 친구인 테네스였다. 테네스는 힘이 천하장사여서 순전히 근육의 힘으로 원정대가 바닷가에 올라오는 것을 막으려 했다.

그러나 테네스가 막 커다란 너럭바위를 들어 올려 배를 향해 던지려는 순간, 아킬레우스가 여울목으로 뛰어들었다. 그러고는 창을 테네스의 가슴팍에 던져 죽여 버렸다. 아킬레우스의 어머니 테티스 여신은 전에 아들에게 혹시라도 아폴론 신의 아들을 죽이는 일은 없도록 하라고 신신당부한 적이 있었다. 아폴론은 자기 아들을 죽인 자를 저승으로 보내기 전에는 노여움을 풀지 않기 때문이었다. 그런데 하필이면 테네스는 아폴론의 아들이었다. 그러나 아킬레우스가 이 사실을 알았을 때에는 이미 늦었다.

테네스를 죽인 아카이아 연합군은 섬을 정복한 다음 바닷가에 진을 쳤다. 이들을 마주 바라보면서, 해안에서 멀지 않은 곳에 트로이가 여러 개의 탑을 우뚝우뚝 거느리고 서 있었다.

그리스 장군들은 테네도스에서 프리아모스 왕에게 사

절단을 보내 전쟁을 하지 않고 분쟁을 해결할 방법을 찾기로 했다.

프리아모스 왕의 궁전으로 간 사절단

메넬라오스, 팔라메데스 그리고 오디세우스가 함께 일리아드로 들어갔다. 이들을 맞은 것은 트로이 왕의 지혜로운 조언자인 안테노르였다. 그는 자기 집에서 손님들에게 음식과 술을 대접한 다음, 열두 명의 아들을 데리고 이들을 공회당으로 안내했다. 프리아모스 왕은 왕자들과 수많은 시민들과 함께 기다리고 있었다.

메넬라오스가 먼저 입을 열었다. 그는 자신이 파리스를 얼마나 극진히 환대했으며, 그런데도 파리스는 얼마나 비열하고 간교하게 자신을 배반했던가를 말했다. 그는 헬레네와 훔쳐 간 보물을 되돌려주기만 하면 아카이아 연합군은 순순히 돌아가겠노라고 말했다.

프리아모스 왕이 반박했다.

"하지만 헤시오네는? 무슨 권리로 그대들은 내 누이를 긴긴 세월 동안 살라미스에 볼모로 잡고 있는 게요? 먼저 부당한 행동을 한 건 당신네가 아니오? 그래 놓고선 어찌 우리에게서 정의를 바랄 수 있단 말이오?"

팔라메데스가 대답했다.

"우리는 잘못한 게 없소이다. 텔라몬과 헤라클레스는 죽을 지경에 처한 헤시오네를 구해 준 거요. 헤시오네는 자발적으로 텔라몬을 따라와서 아내가 된 거였고. 그것이 진실이오."

이번에는 오디세우스가 나섰다. 그는 평화의 이득과 전쟁의 무서운 결과를 명쾌하게 설명했다. 그리고 이렇게 말을 맺었다.

"평화는 빛과 생명 자체입니다. 우리 존재의 빵이요, 소금입니다. 평화는 사랑과 창조입니다. 전쟁은 파괴와 절망이지요. 불이며 검은 죽음이구요. 전쟁은 까마귀나 독수리들에게나 좋은 것입니다!"

오디세우스의 지혜로운 말은 그곳에 모인 사람들에게 깊은 인상을 남겼다. 그러나 그중에는 못마땅해하는 사람들도 있었는데, 파리스가 유독 그러했다.

"나는 헬레네를 내줄 수 없소. 헬레네는 아프로디테 여신이 나뿐만이 아니라 트로이에게 주신 선물이오."

여러 왕자들도 소리쳤다.

"우린 헬레네를 돌려주지 않겠소!"

안테노르는 이들을 설득하려 애썼다.

"이보십시오, 만일 헬레네와 훔쳐 온 모든 보물을 돌려주지 않으면 우리는 부당한 명분을 내세우는 게 될 겁니다. 그러면 일리아드는 연기만 피어오르는 잿더미로 변할지도 모르고요. 파리스 왕자가 무모한 짓을 저질렀다 해서, 우리 모두가 미치광이 같은 어리석은 전쟁으로 뛰어들어야 할 까닭은 없습니다."

파리스와 여러 형제들은 안테노르를 쏘아보았다. 그중 헬레노스가 앞으로 나섰다.

"우리는 아무것도 내놓을 필요가 없습니다. 무엇 때문에 이런 수모를 당한단 말입니까? 우린 이 전쟁에서 이길 겁니다. 우리가 아카이아 연합군을 문전에서 짓밟아 버리면 그들의 도시는 우리 발아래 남김없이 쓰러질 테고, 트로이는 더욱더 강성해질 것입니다."

무모한 장담과 허황된 예언이었다! 그러나 그것은 그의

잘못이 아니었다. 헬레노스도 그의 쌍둥이 누이 카산드라처럼 점쟁이였지만, 헤라 여신이 그의 입속에 말을 집어넣었을 때 그의 예지력은 흐려진 상태였다.

결국 모두들 지혜로운 안테노르 대신 어리석은 헬레노스를 편들고 말았다.

게다가 마치 이것만으로는 부족하다는 듯, 프리아모스 왕의 또 다른 아들인 데이포보스는 발을 쾅쾅 구르면서 "저자들을 죽여라!" 하고 고함을 질렀다. 그러고는 칼을 뽑아 들면서 자기 형제들에게 세 그리스 대변인에게 덤벼들라고 소리 질렀다.

안테노르가 외쳤다.

"나를 먼저 죽이기 전엔 아니 되오! 손님들을 극진히 대접하는 신성한 법도를 어기면 어찌 되는 줄 모른단 말이오!"

안테노르는 달려가서 왕자들과 사절단 사이를 가로막고 섰다. 그의 열두 아들도 그 뒤를 따랐다.

프리아모스 왕이 왕자들에게 소리쳤다.

"제발, 그만들 하지 못할까!"

헥토르도 부왕의 편을 들었다.

"돌아가십시오, 어서요! 결국 이렇게 되고 마는군요."

안테노르는 이방인들을 급히 배로 안내했다. 지혜롭고

고귀한 트로이인이 그들에게 손을 내밀면서 말했다.

"내가 당신들을 옹호하는 말을 한 것은 당신들의 명분이 정당하기 때문이오. 그러나 나는 아무도 설득하지 못했습니다. 이제 나는 내 나라를 위해 싸워야 합니다. 그러다가 목숨을 잃더라도 말이지요."

세 장수는 그와 따뜻한 작별 인사를 나누었다. 배에 오른 다음 팔라메데스가 안테노르를 돌아보며 말했다.

"저 사람은 정의와 의무를 존중하는 사람입니다. 전쟁에서 목숨을 잃기엔 너무 아까운 인물이외다."

일행이 테네도스섬으로 돌아가 트로이에서 있었던 일을 보고하자, 그리스 군대는 분노로 들끓으면서 복수를 다짐했다. 그들은 즉각 공격 준비에 들어갔다.

그런데 오디세우스와 아킬레우스는 예외였다. 오디세우스는 꾀를 써서 트로이를 살금살금 공략해야 한다고 주장했다. 반면 아킬레우스는 단번에 공격해 들어가야 한다고 주장했다. 두 영웅의 말다툼은 점점 더 심해져서 급기야는 주먹다짐이 벌어졌고, 다른 장군들이 달려와 뜯어말려야 했다.

그런데 이때 얼굴에 흐뭇한 미소를 띠며 말리는 사람이 있었다. 바로 아가멤논 총사령관이었다. 그는 두 명의 용감한 아카이아 영웅이 먼저 격투를 벌인 뒤에야 비로소 일리아드가 함락될 거라는 신탁을 기억해 냈던 것이다.

두 장군의 격분이 식기도 전에 아가멤논은 병사들에게 즉각 배에 오르도록 명령했다. 반대쪽 해안가로 배를 돌려 곧장 트로이로 진격하여 폭풍처럼 함락시키라고 말이다. 그러나 서두른 것도 아무 보람이 없었다.

신탁에서 말한 다툼은 이것이 아니었다. 그것은 9년 뒤 아가멤논과 아킬레우스 사이에 일어날 커다란 다툼을 뜻했다. 아카이아군에 엄청난 불행을 가져오게 되는 훨씬 더 심각한 불화. 하지만 그가 이를 어찌 알았겠는가?

함대가 해변에 도착했을 때는 트로이 군대가 이미 그들을 기다리고 있었다. 적장의 우두머리는 헥토르였다. 번쩍거리는 갑옷과 투구에 꽂은 말총 장식만 봐도 단번에 그를 알아볼 수 있었다. 아가멤논은 즉각 뭍으로 뛰어내리라고 명령했다.

그러나 테티스 여신의 예언이 이를 가로막았다. 여신은

아들에게 트로이 땅에 첫발을 내딛는 용사가 맨 처음 목숨을 잃게 될 거라면서 조심하라고 일렀던 것이다.

첫 번째 전사자 프로테실라오스

온 군대가 이 예언을 알고 있어서 모두들 머뭇거렸다. 그러나 이피클로스의 아들인 프로테실라오스는 트로이 군에 맨 처음 덤벼드는 용사가 되고 싶어 했다. 죽음을 무릅쓰고서라도 적을 공격한 최초의 아카이아 용사라는 영광을 차지하고 싶었던 것이다.

프로테실라오스는 사랑스러운 신부 라오다메이아를 떠올렸다. 신혼 첫날밤밖에 함께 지내지 못한 것도 생각났다. 그가 전쟁에 나가는 것을 막으려고 흐느껴 울면서 목에 매달리던 이별의 순간도 떠올렸다. 그다음으론 반쯤 짓다가 두고 온 필라케의 집을 생각했고, 마지막으로 두 아들이 마흔 척의 함대를 이끌고 트로이로 떠나 버려 이제 보살펴 줄 자식 하나 없이 남겨진 아버지, 늙은 이피클로스 왕을 생각했다.

이 모든 것이 프로테실라오스의 머릿속에서 뱅뱅 맴도

는 사이, 오디세우스가 배에서 펄쩍 뛰어내렸다. 먼저 방패를 모래사장에 내던진 오디세우스는 그 위에 펄쩍 뛰어내린 다음 아카이아 용사들에게 어서 내리라고 소리쳤다.
 깜짝 놀란 프로테실라오스는 그 뒤를 쫓아가서는 무지

막지한 힘으로 적군에게 덤벼들었다. 프로테실라오스는 사자처럼 싸웠다. 수많은 트로이 병사들을 무찌른 그는 피에 굶주려 날뛰면서 헥토르하고도 힘을 겨루려고 했다. 그가 자기보다 몇 배 훌륭한 장수라는 생각 따윈 떠올릴 새도 없었다.

막강한 트로이군 총사령관의 창이 그의 가슴팍을 찔렀고, 이렇게 해서 그는 아카이아 연합군 최초의 전사자가 되었다. 꾀 많은 오디세우스는 배에서 뛰어내린 프로테실라오스가 실제로 트로이 땅을 밟은 첫 번째 사람임을 알았다. 신탁 말씀대로 그가 첫 번째로 죽어 넘어질 때까지, 자신은 방패 위에 계속 발을 딛고 있도록 주의함으로써 운명을 살짝 피한 것이다.

일단 프로테실라오스가 모범을 보이고 나자, 아카이아 용사들은 함대에서 개미 떼처럼 쏟아져 나왔다. 트로이 군대는 자기 자리에서 끈질기게 버티면서 저항했다. 양쪽 모두 수많은 희생자와 부상자들을 냈다.

그러자 아킬레우스가 전투에 합류했다. 킥노스가 용감하게 맞서서 싸웠다. 포세이돈의 아들인 그는 창이나 칼로도 부상을 입지 않는 몸이어서 이미 수많은 아카이아 용사를 찔러 죽인 참이었다.

트로이 용사들은 그가 테티스 여신의 아들을 궁지로 내몰 수 있을 거라고 확신했다. 킥노스는 날카로운 창을 휘두르며 아킬레우스에게 덤벼들었다. 그러나 아킬레우스는 튼튼한 방패로 몸을 막으면서 온 힘을 다해 적장에게 창을 던졌다. 그다음에 일어난 일에 그는 깜짝 놀라 숨을 헉 들이켰다. 날아가던 창이 방향을 틀어 목표물에서 벗어난 것이다. 아킬레우스는 이번에는 칼을 뽑아 덤볐다. 그러나 이내 칼도 그를 찌르지 못한다는 걸 알았다. 화가 난 아킬레우스는 칼을 내던져 버리고는 맨주먹으로 그를 때려눕혔다.

두 영웅은 엎치락뒤치락하며 격투를 벌였다. 킥노스의 힘도 무지막지했지만 이 세상에서 아킬레우스보다 더 기운 센 사람은 없었다. 아킬레우스가 목을 꽉 졸라 왔을 때, 킥노스는 자신의 목숨이 이제 끝장났다는 것을 깨달았다.

죽기 직전 그는 아버지에게 아킬레우스가 자기 갑옷을 벗기지 못하게 해 달라고 빌었다. 기도를 들은 포세이돈은 킥노스를 커다랗고 아름다운 백조로 변하게 했다. 포세이돈은 아들을 잃었는데도 아카이아군대에게 화가 나지는 않았다. 라오메돈이 그를 모욕한 이래 그는 트로이 사람들에 대한 증오심에 불타고 있었다. 그 도시의 멸망만이 포세이돈의 마음을 누그러뜨릴 수가 있었다.

승리를 거둔 아킬레우스는 앞으로 내달렸다. 다른 장군들도 그렇게 했다. 그들의 뒤로는 그동안 함대에서 내린 병사들이 떼를 지어 뒤따랐다. 아카이아 연합군은 이제 막강한 힘으로 죄어 오고 있었다. 그러나 자기 나라의 생사가 걸린 트로이 군대는 목숨을 내놓고 싸우고 있었다.

첫 번째 전투

헥토르는 이토록 막강한 군대와 맞서 싸우는 것은 불가능하다는 것을 깨달았다. 그는 일단 장군들에게 후퇴 명령을 내렸다. 트로이 군대는 대열을 정렬한 채 성안으로 질서정연하게 물러났다. 커다란 못이 박힌 육중한 문을 닫아걸고 성벽에는 군사를 배치했다. 그러고는 이런 유리한 위치에서 화살을 쏘면서 적이 가까이 오지 못하도록 막았다.

이렇게 첫 번째 전투가 끝났다. 비록 아가멤논이 생각했던 것처럼 트로이를 즉각 무찌르지는 못했지만, 그래도 승리는 승리였다. 이 승리로 아카이아 연합군이 트로이 땅에 발을 내디딜 수 있게 되었으니 결코 작은 성과는 아니었다.

전투가 끝난 다음, 아카이아 연합군은 트로이 병사들에게 전사자들을 데려가 묻어 주도록 너그럽게 허락했다.

아카이아 군사들은 프로테실라오스를 온갖 군사적인 예우를 갖추어 묻었다. 그를 기리는 경기가 열렸고, 그의 시신은 헬레스폰토스 해협 너머 트라키아 반도에 영원히 잠들었다. 영웅의 무덤은 숲속 요정들이 심은 느릅나무들로 이내 파래졌다. 느릅나무들은 나날이 키가 자라고 우람해졌다.

그러나 키가 주위 나무들 위로 자라 헬레스폰토스 해협 건너 트로이 성채를 바라보는 높이가 되면 시들어 죽어 버리고는 다시금 뿌리부터 자라나는 것이었다.

시인들은 불운한 이 영웅이 자기를 죽게 만들어 두 번

다시 사랑하는 아내와 꿈에 그리던 고향 땅에 돌아가지 못하게 만든 도시를 보고 싶어 하지 않았기 때문이라고 읊었다.

라오다메이아 또한 남편보다 하루도 더 오래 살지 못했다. 그녀는 이별을 견딜 수 없어, 밀랍으로 남편과 닮은 형상을 만들어 놓고는 줄곧 함께 앉아 있었다. 이를 알게 된 아버지는 딸을 불쌍히 여기기는커녕 밀랍 인형을 빼앗아 불속에 던져 버렸다. 불속에서 활활 타오르며 녹아내리는 인형을 본 라오다메이아는, 프로테실라오스가 머나먼 트로이에서 다시는 돌아오지 못하리라는 걸 알았다. 슬픔으로 미친 그녀는 불길 속에 뛰어들어 사랑하는 남편을 닮은 인형과 함께 타 죽고 말았다.

사람들은 라오다메이아가 죽은 것은 프로테실라오스가 트로이 전쟁터에서 죽어 쓰러지던 바로 그 순간이었다고 말했다.

이튿날 아카이아 연합군은 함대를 바닷가에 끌어올린 다음 진지를 세웠다. 그 한가운데, 평평하게 다져진 둔덕에는 총사령관 아가멤논을 위한 대형 막사를 세웠다. 전 군대를 살펴볼 수 있는 위치였다. 측면 방위 또한 중요했다. 아킬레우스는 진지 왼쪽을 맡고 큰 아이아스는 오른쪽을 맡았다.

오디세우스는 자신의 막사를 아가멤논 막사 가까이에 세우기로 했다. 전쟁 참모 회의와 군사 집회가 거기서 열리게 될 것이기 때문이었다. 토론 중에 자기주장을 하기 좋아하는 오디세우스는 이런 회의에 하나도 빠지지 않을 셈이었다.

모든 준비가 끝나자 아가멤논은 장군들을 불러 회의를 했다.

"내가 여러분을 여기 부른 것은 즉각 공격을 시작하여 트로이를 쳐부셔야 한다고 생각하기 때문입니다. 적군은 지치고 기운이 빠져 있소이다. 적이 군대를 재편성하고 군사를 보강하기 전에 재빨리 행동해야 합니다."

모두들 아가멤논의 말에 찬성했다. 아가멤논은 두 장수가 싸움을 했으니 자기네가 트로이를 정복할 수 있다고 여전히 믿고 있었다. 이 예언은 똑똑히 기억하면서도, 그는 10년이 흐르기 전에는 트로이가 함락되지 않을 거라는 예언은 까맣게 잊고 있었다.

공격하기 어려운 성채 트로이

공격이 시작되었다. 하지만 결과는 성공적이지 못했다. 두 번째, 세 번째 공격이 뒤이었으나 결과는 마찬가지였다. 신들이 손수 지은 우뚝 솟은 벽들은 공격이 불가능했다.

트로이군의 궁수들은 총안(적에게 화살을 쏘기 위해 성벽 등에 뚫어 놓은 구멍)이 있는 흉벽에 서서 아카이아 용사들을 한 명씩 한 명씩 쏘아 넘어뜨렸다. 아카이아 용사들도 화살을 쏘긴 했지만, 적병들은 화살 구멍 뒤에 든든히 숨어 있었다.

마침내 정면 공격으로는 트로이를 함락시킬 수 없다는 걸 깨달은 아카이아 연합군은 온 도시를 포위하기 시작했다. 보급품들을 차단하여 적을 굶주리고 지치게 만들 수 있다고 믿었기 때문이었다.

그러나 포위 작전도 효과가 없었다. 트로이는 뒤로 숲이 우거진 언덕을 등지고 있어서 보급품을 들여올 수 있었다. 반면 아카이아 연합군의 식량은 차츰차츰 줄어들고 있었다. 아카이아 군대의 숫자는 엄청났다. 일리아드 근방에서 구할 수 있는 양식으로 지탱하기에는 너무 엄청난 숫자였다.

한 가지 해결책밖엔 없었다. 이웃 도시 또는 먼 도시들이라도 약탈하는 방법이었다. 그들은 그렇게 약탈을 시작했다. 그러나 이는 군대를 지치게 만들었다. 병사들 중 일부는 항상 트로이에서 멀리 떨어진 곳으로 식량을 구하러 다녀야 했기 때문이었다. 이렇게 해서 전쟁은 질질 끌게 되었고, 많은 아카이아 용사들은 한때 무시했던 예언을 기억해 냈다. 프리아모스 왕의 도시는 원정 10년째에야 함락될 거란 예언이었다.

한편 또 다른 예언이 있었다는 게 알려졌다. 지금까지는 트로이 사람들만 알고 있던 예언이었다. 그것은 만일 트로일로스가 스무 살이 된 다음엔 트로이는 절대 함락되지 않는다는 예언이었다.

프리아모스 왕의 막내아들인 트로일로스는 이때 열다섯 살의 소년이었다. 이 아들이 스무 살이 되면 헥토르와 맞먹거나 더 훌륭한 장군이 될 것이며, 트로이는 더 이상 아무것도 두려워할 필요가 없을 거란 이야기였다.

과연 그는 벌써부터도 능숙하게 말을 몰고 날마다 무기 다루는 연습을 했다. 트로일로스가 때이른 죽음을 맞지 않도록 트로이 장수들은 각별히 신경 썼을 법도 하다. 그러나 그들은 그저 흐뭇하게 소년을 지켜보기만 했다. 트로일로스가 활을 메고 성루에 올라 적병을 쓰러뜨릴 때도. 또 더 위험하게는 성 밖으로 나와 팀블레에 있는 아폴론 신의 샘으로 말에게 물을 먹이러 갈 때에도.

이런 중에도 아카이아 진영에서는 그를 죽일 궁리를 하고 있었다. 그들은 왕자가 안전한 성채에서 나와 아폴론 신의 샘으로 가곤 한다는 것을 알아냈다. 그러나 그곳은 신성한 곳이었다. 다른 트로이 시민들도 그 샘으로 물을 길으러 갔지만 아카이아 병사들은 그들을 한 번도 괴롭힌 적이 없었다. 이 신성한 장소를 더럽히게 되면 자기네 머리 위에 신의 노여움이 떨어질까 봐서였다. 어쨌든 아킬레우스는 트로일로스를 없애 버리기로 마음먹었다.

아킬레우스가 주장했다.

"왕자가 샘으로 가는 길에 숨어 있다가 덮쳐야겠소. 거긴 신성한 땅이 아니잖습니까. 게다가 만일 트로일로스를 계속 살려 두면, 우린 트로이 땅에 아무 보람도 없이 괜히 피를 흘리게 되는 셈이오."

아킬레우스가 이렇게 결심한 순간부터 프리아모스의 막내아들은 죽을 운명이었다. 운명의 날이 왔다. 트로일로스는 물을 길어 가는 누이 폴릭세네를 호위하면서 말을 타고 나섰다.

그의 앞에 갑자기 아킬레우스가 나타났다. 그를 본 순간, 트로일로스는 말의 옆구리를 걷어차면서 달아났다. 폴릭세네는 물동이를 떨어뜨린 채 얼어붙은 듯이 섰다.

"세상에 이런 미녀가!"

아킬레우스는 이렇게 중얼거리면서 우뚝 걸음을 멈췄다. 한순간 그는 자기가 거기 온 목적을 잊을 뻔했다. 그러나 이내 꿈에서 깨어나 트로일로스를 뒤쫓았다.

트로일로스는 말을 잘 타기로 유명했다. 그러나 아킬레우스 또한 달리기로 유명한 장수였다. 언뜻 보기에는 아킬레우스가 트로일로스를 따라잡는다는 건 불가능해 보였다. 전속력으로 내닫는 힘센 말을 이길 자가 어디 있겠는가.

그러나 아킬레우스의 발이 어찌나 빠른지 말을 탄 젊은 왕자도 그에게서 벗어날 수 없었다. 트로일로스는 트로이 성안으로 되돌아갈 수도 없었다. 아킬레우스가 자꾸만 길을 가로막았기 때문이었다. 트로일로스의 유일한 희망은 아킬레우스의 걸음이 느려지는 것뿐이었다. 그러나 오히려 그의 말이 먼저 지쳐 떨어지기 시작했다.

트로일로스에게는 이제 희망이 없었다. 그러나 그는 실망하지 않았다. 두 사람은 신성한 샘물에, 그리하여 팀블레의 아폴론 신의 제단에 계속 가까워지고 있었다. 거기까지만 가면 아킬레우스도 감히 그를 죽이지 못할 것이었다.

이제 제단이 보이기 시작했다. 마지막 힘을 다해 한 번 박차를 가하면 트로일로스는 목숨을 구할 수 있게 된다. 그러나 그가 말에서 제단으로 막 뛰어내리려는 찰나, 아킬레우스의 창이 정통으로 날아와 꽂혔다. 트로일로스는 제단 옆에 죽어 넘어졌다. 그의 붉은 피는 신에게 제사를 올리는 신성한 장소를 물들였다.

트로이에서는 말이 주인도 태우지 않고 돌아오는 것을 보고는 사태를 짐작했다. 프리아모스의 세 아들이 트로일로스의 시신을 도시의 경계 안으로 안고 들어왔다. 트로이 사람들은 눈물을 흘렸다. 마치 죽은 자가 헥토르 장군이라도 되는 것 같았다.

이 모든 일에도 불구하고 트로이 시민들은 희망을 버리지 않았다. 수많은 신이 그들을 도와주고 있었다. 팀블레의 아폴론 신전을 더럽힌 죗값을 치르지 않고 넘어갈 순 없을 터였다. 과연 아킬레우스는 아폴론 신의 노여움을 샀고, 이번이 처음도 아니었다. 그 결과 트로이 사람들의 적이었던 아폴론은 나중에 그들의 가장 든든한 친구가 되었다.

이 전쟁에선 인간들만 싸우는 게 아니라 신들도 얽혀 싸웠다. 죽어야 하는 몸인 인간들보다도 더 끈질기게 싸웠다. 따지고 보면 이 저주받은 전쟁은 신들이 아니었으면 일어나지 않았을 것이다. 또한 신들이 가로막지 않았더라면 진작부터 화해가 이루어졌을 것이다. 그렇다면 인간들의 운명을 결정하는 것은 신들과 무자비한 운명의 여신들인 셈이었다. 그들은 인간의 모든 행위를 통제하여 때로는 좋은 결과를, 때로는 나쁜 결과를 가져왔다. 적어도 당시 사람들은 그렇게 믿었다.

프리아모스 왕의 아들 중 아킬레우스가 매복했다 죽인 사람이 트로일로스만은 아니었다. 다른 하나는 리카온이었는데, 그는 수레바퀴에 쓸 야생 무화과나무를 자르다가 이 무서운 아카이아인과 맞닥뜨렸다. 느닷없이 아킬레우스와 마주친 리카온은 털썩 꿇어앉아 자비를 빌었다.

"제 목숨을 살려 주시면 우리 아버님이 얼마든지 황금을 내놓을 것입니다."

그러자 아킬레우스가 말했다.

"네 목숨은 살려 주마. 그러나 두 번 다시 나와 맞닥뜨릴 곳에 얼씬거리지 못하게 해 주마. 또 네 아버지의 황금은 그가 모든 것을 다 잃는 날까지 움켜잡고 있으라 하라!"

리카온을 사로잡은 아킬레우스는 자신이 한 말이 무슨 뜻인지를 보여 주었다. 즉, 그를 파트로클로스에게 넘겨 렘노스섬의 에우네오스 왕에게 노예로 팔아 넘긴 것이다.

에우네오스는 이아손과 힙시필레의 아들이었다. 그러나 리카온은 곧 트로이로 돌아왔다.

아킬레우스는 그를 당장 죽여 없애지 않은 자신에게 불같이 화를 내며 이렇게 다짐했다.

"내 앞에 두 번 다시 얼씬거렸다간 살아남지 못하리라."

이웃 도시들을 약탈하는 아카이아군

시간이 흐르면서 식량과 비품이 더욱 많이 필요했다. 전리품을 얻기 위해 여러 도시를 노략질하는 일이 가장 중요한 군사 작전이 되었다. 이들 중 어떤 것은 전쟁이라고 할 정도로 커졌다. 에게해의 아시아 쪽 해안에 있는 도시들과 트라케의 마을과 여러 섬들이 침략을 받았다.

아킬레우스 혼자서만도 스물세 곳을 치고 약탈했다. 물론 이런 노략질은 해적 행위였다. 그러나 당시에는 그렇게 여겨지지 않고, 영웅적인 행동이자 자기 희생을 요하는 올바른 행동으로 받아들여졌다.

그리하여 진지로 가축과 옥수수, 값진 전리품 및 젊은 여자들을 노예로 잡아 오는 장수들은 두고두고 칭송을 받앉다.

 이런 작전 중 한때 아킬레우스는 격렬한 저항에 부딪쳤다. 여러 주일 동안 모니니아 시를 포위했지만 높은 성벽을 둘러친 이곳은 끄떡도 하지 않고 버텼다. 그가 포기하고 돌아가야겠다고 결심했을 때 한 소녀가 누벽 위에서 사과를 던졌다. 아킬레우스가 사과를 집어 보니 거기엔 이런 말이 적혀 있었다.

 '떠나지 마세요. 성에는 마실 물이 한 방울도 없어 곧 항복할 거예요.'

 아킬레우스는 포위를 계속하기로 했다. 이틀 뒤 모니니아는 침략자에게 성문을 열어 주었다. 아킬레우스가 성안으로 들어가자 소녀가 그에게 달려 나왔다. 그는 '페다세'라는 이름의 이 소녀에게 무엇 때문에 그런 비밀을 가르쳐 줬냐고 물었다.

 소녀가 말했다.

 "당신을 사모하기 때문이에요. 성 위에서 장군님을 보곤 사랑에 빠져 버렸어요. 그런데 제가 어찌 장군님을 돕지 않을 수가 있었겠어요?"

페다세는 아킬레우스가 자신의 행동을 고맙게 여기고 자기를 아내로 맞아 주기를 바랐다.

아킬레우스는 자기 나라를 배반한 여자를 아내로 맞을 생각은 꿈에도 없었다. 비록 그녀의 행동이 자신에게 큰 도움이 되었다 해도 말이다. 그렇다고 그녀의 이름이 잊히는 것도 원치 않았다. 그는 그곳을 정복할 수 있도록 도와준 소녀의 이름을 따서 이 도시의 이름을 '페다수스'로 고쳤다.

또 다른 포위 공격 때는 이와 비슷한 이야기가 비극적인 결말을 맺는다.

아킬레우스는 미르미돈 군대를 이끌고 레스보스에 있는 미팀나 읍을 포위 공격하느라 애를 먹고 있었다. 이곳도 호락호락하지 않은 고장이었다. 그러나 왕의 딸 페이시디케가 성벽에서 아킬레우스를 보고는 유모를 보내 약속했다. 만일 자기와 결혼해 준다면 도와주겠노라고.

아킬레우스는 공주의 제의를 받아들였다. 페이시디케는 몰래 성문을 하나 열어 주었고, 미르미돈 군대는 물밀듯이 밀고 들어갔다. 길고 짜증스러운 포위 작전 때문에

사나워진, 병사들은 이내 살육과 약탈을 시작했다.

페이시디케는 자기 눈앞에서 벌어지는 약탈 행위엔 냉정하고 무관심한 채, 아킬레우스와 그의 군대를 궁전까지 안내했다. 그녀는 군대가 자신의 아버지인 왕과 가족들을 죽이는 것을 침착하게 지켜보았다.

살육이 끝난 다음, 페이시디케는 아킬레우스에게 헐레벌떡 달려가 약속한 대가를 요구했다. 그녀가 받은 대가는 기대와는 달랐다. 아킬레우스는 치를 떨면서 부하들을 시켜 그녀를 때려죽이게 했다. 이는 가장 모욕적인 형태의 처형 방법이었다.

가장 중요한 약탈 행위는 트로이 영토의 남동쪽에서 일어났다. 거기서 아킬레우스는 테베시를 공격했는데, 이곳은 헥토르의 아내 안드로마케의 아버지인 에에티온이 다스리는 곳이었다.

에에티온과 일곱 아들은 영웅적으로 싸웠지만, 피비린내 나는 싸움 끝에 모두 죽음을 맞고 말았다. 도시가 함락된 다음, 아킬레우스는 에에티온의 시신을 갑옷째 정중하게 묻은 다음 무덤 위에 높다란 봉분을 만들어 주었다.

크리세이스와 브리세이스

이 도시에서 아킬레우스는 값진 전리품과 아름다운 노예를 많이 얻었다. 그중 하나가 아름다운 크리세이스로, 아폴론 신의 신관인 크리세스의 딸이었다. 크리세스는 아르테미스 여신의 제단에 제사를 드리러 테베로 갔다가 변을 당했다.

아킬레우스는 테베를 떠나 높다란 이다산으로 향했다. 그 산기슭에서 프리아모스의 아들 메스토르가 아버지의 양 떼를 돌보는 수많은 양치기를 감독하고 있었다.

같은 산의 다른 쪽 기슭은 프리아모스의 사촌이며 다르다니아의 왕인 안키세스가 가축 떼에게 풀을 먹이는 곳이었다. 그의 목동들은 그가 아프로디테 여신에게서 얻은 아들인 아이네이아스의 명령에 따랐다.

아킬레우스는 먼저 프리아모스의 가축 떼를 덮쳐 메스토르를 죽이고 짐승들을 잡아갔다. 그러고는 안키세스의 가축 떼가 있는 쪽으로 옮겨 목동들과 함께 손에 넣었다.

혼자서 간신히 도망친 아이네이아스는 이웃 도시 리르네소스에 피신했다. 리르네소스는 그의 아버지의 친구이며 동지인 미네스 왕이 다스리고 있었다. 그들은 도시를 지키려고 영웅적으로 싸웠다. 그러나 아킬레우스와 그의 미르미돈 군대는 불길처럼 온 도시를 휩쓸었고, 미네스와 그의 동생 그리고 세 아들을 죽였다.

만일 아프로디테 여신이 때맞춰 데려가지 않았더라면 아이네이아스도 거기서 죽음을 맞았을 것이다. 테베에서처럼 여기서도 침략자들은 온갖 전리품을 챙겨 갔다. 역시 가장 주된 전리품은 예쁜 아가씨들이었다. 그들 중 가장 예쁜 여자는 디오니소스 신의 신관인 브리세우스의 딸, 브리세이스였다.

아킬레우스는 이 원정에서 승리를 거두고 돌아왔다. 그의 용사들은 수많은 가축 떼를 몰고 왔고, 이륜 전차들은 값진 노획물로 가득 찼으며, 수레는 온갖 종류의 물자로 넘쳐 났다. 가득 넘치는 전리품 한가운데에 테베와 리르네소스에서도 가장 예쁜 여자 노예들이 있었다.

전리품과 여자 노예들을 나눌 때, 아킬레우스에게는 브리세이스를 상으로 주고 총사령관 아가멤논에게는 크리세이스를 주었다. 신분과 미모에서 브리세이스와 견줄 만한 여자는 그녀뿐이었다.

한편 아이네이아스는 리르네소스가 함락된 다음 자기 아버지에게 달려갔다. 그러고는 다르다노스 군대 지휘권을 허락하여 헥토르 편에서 싸우게 해 달라고 간청했다.

안키세스가 말했다.

"가거라, 내 아들아. 우리도 위협을 받고 있느니라. 게다가 그건 우리의 의무이기도 하다. 트로이인과 다르다노스인은 같은 종족이다. 신들이 트로이에 어떤 운명을 마련해 두고 계시든지 간에, 그것은 다르다노스의 운명이기도 하다."

다른 종족들도 트로이를 도우러 왔다. 그중 여러 종족은 다른 말을 쓰는 먼 아시아 지역에서 왔다. 그들이 달려온 것은 강대하고 부유한 트로이를 중요하게 여겨 친선을 다지기 위해서였다. 이들 우방들 중에서도 단연 뛰어난 곳은 제우스의 아들인 사르페돈이 이끄는 리키아 군대였다.

유럽에서도 프리아모스 왕에게 지원군을 보내왔다. 트라키아인들과 키코니아인들이었다. 더 멀리로는 악시오스강이 흐르는 땅에 사는 파이오니아인들도 있었다.

이곳은 호메로스가 '드넓은 강이 흐르는, 세상에서 가장 아름다운 곳'이라고 한 고장이었다.

전쟁은 마냥 길게 이어지고

이제 트로이는 막강한 군사력을 되었다. 어쩌면 트로이 성벽 밑에 진지를 구축하고 있는 아카이아 연합군 못지않은 대군이었다. 양쪽 군대의 힘은 서로 어슷비슷하여 전쟁은 끝이 보이지 않는 채 세월만 흘러갔다. 아카이아 연합군 사병들 사이에는 점점 암담한 느낌이 스며들기 시작했다.

한 병사가 말했다.

"이 전쟁은 언제나 끝이 나려나?"

다른 병사가 대답했다.

"두 번 다시 고향 땅도 못 보고 죽을 게 뻔해!"

누군가가 투덜거렸다.

"장군들은 자기네들밖엔 관심이 없어! 괜찮은 전리품은 죄다 장수들이 다 차지하지. 우리에게 돌아오는 건 고작

고물뿐이라구!"

또 다른 사병이 외쳤다.

"고물이나 얻어먹으면 괜찮게?"

사병들의 불만은 점점 커져 갔다.

어느 날, 수많은 병사들이 아가멤논의 막사 앞에 모여 당장 그리스로 돌아가자고 고함을 질러 댔다.

아가멤논은 이런저런 약속을 다짐했고, 오디세우스는 웅변으로 설득했다.

"뭔가를 시작했으면 끝을 봐야 합니다. 이제 곧 우리는 전쟁 10년째에 접어들게 됩니다. 모든 징조가 내년이야말로 트로이 정복의 해가 될 거라고 알려 주고 있습니다. 지금까지 우리는 매우 끈기 있게 기다려 왔습니다. 그러나 머리를 꼿꼿이 들고 전쟁의 전리품을 안고 고향에 돌아가고 싶으면 아직은 좀 더 끈기가 필요합니다. 어깨를 축 늘어뜨리고 빈손으로 돌아가지 않으려면 말이지요."

수많은 병사들은 미심쩍다는 듯 고개를 저었다. 하지만 달리 무슨 도리가 있겠는가? 다른 해답은 없어 보였다.

다행히 무거운 분위기는 팔라메데스에 의해 상당 부분

가벼워졌다.

- 전쟁에 참여하지 않으려고 미친 척하는 오디세우스의 거짓을 꿰뚫어보았던 그 사람 말이다.

팔라메데스

영리하고 창의적인 팔라메데스는 배급품을 공평하게 나누기 위해 최초의 저울을 고안해 냈다. 그런 다음 필요한 병사들에게 읽기와 셈하기를 가르쳐 주었다. 중요한 일은 모두 문자로 기록하고 올바른 질서를 세우기 위해서였다. 또한 그는 순번에 따라 보초와 척후병을 내보내게 하여 불만의 원인을 없앴다. 오랜 탐험을 떠났다가 돌아오는 아카이아 선박들을 보호하고 길을 잘 찾을 수 있도록 등대를 발명해 낸 사람도 팔라메데스였다.

그는 또 병사들의 여흥에도 관심을 기울여, 그들이 자유 시간을 즐겁게 보낼 수 있도록 갖가지 놀이를 만들어 냈다. 아테네에 있는 고고학 박물관에 가 보면 팔라메데스의 머리가 그려진 주사위를 볼 수 있다.

이 독창적인 영웅이 어찌나 많은 것을 고안해 냈는지,

모든 아카이아 장수들 중 사병들에게 가장 사랑받았다고 한다.

그러나 또다시 물자가 귀해졌다. 아킬레우스는 먼 곳으

로 공격을 떠나고 없었다. 아가멤논은 오디세우스에게 트라케로 가서 양식을 구해 오라고 명령했다. 그러나 오디세우스는 크게 실망한 채 빈손으로 돌아왔다.

깜짝 놀란 팔라메데스가 물었다.

"곡식 한 자루도 못 구했단 말이오?"

그러자 오디세우스가 얼굴을 찌푸리며 말했다.

"내가 제대로 못 해서 그런 것처럼 말하지 마시오. 장군이 가지 그러오? 당신은 무엇을 가져오는가 어디 봅시다."

"좋소, 내가 가겠소!"

팔라메데스는 며칠 만에 배에 곡식, 포도주, 올리브기름, 암소와 양 등 온갖 것을 높다랗게 싣고 돌아왔다. 오디세우스의 명예는 무참하게 상처를 입었다.

그러나 팔라메데스의 성공을 가장 시기한 사람은 아가멤논이었다. 아카이아의 새로운 총사령관으로 그의 이름이 거론된 이래, 아가멤논은 팔라메데스를 경쟁자로 여겨왔다. 만약 팔라메데스가 총사령관이었더라면 이 원정의 운명도 아주 달라졌을 거라고 수군거리는 말을 여러 번 들었다. 이번 공적 다음엔 아가멤논은 팔라메데스를 시기했을 뿐만 아니라 두려워하게 되었다.

사악한 흉계

아가멤논은 가장 가까운 측근들에게 군대가 팔라메데스를 새로운 총사령관으로 세우려 들까 봐 두렵다는 말을 털어놓은 것도 여러 번이었다.

며칠 뒤 무시무시한 소식이 천둥처럼 들려왔다.

"팔라메데스는 반역자다!"

참으로 사악한 흉계였다! 얼마나 악마 같이 못된 흉계를 꾸며 그의 발치에 음흉한 올가미를 쳐 놓았는지!

캄캄한 밤중, 누군가 팔라메데스가 없는 막사로 살금살금 숨어 들어갔다. 그러고는 마룻장 밑에 엄청난 액수의 금덩이를 묻어 놓았다. 그런 뒤 이런 편지를 썼다.

'팔라메데스 장군, 내가 보낸 이 황금은 당신이 제공한 정보의 대가요. 프리아모스.'

그다음엔 한 척후병이 프리기아인 병사를 죄수로 잡아 이렇게 말했다.

"이 봉함 편지를 네 장군에게 갖다주면 목숨을 살려 주리라."

시키는 대로 팔라메데스 장군에게 가던 프리기아인 병사는 그를 위해 쳐 놓은 올가미에 걸렸다. 병사는 죽임을 당했고, 그의 몸에서 나온 편지는 아카이아 연합군 본부로 올려졌다. 무서운 흉계는 완벽하게 실행되고 있었다.

편지는 모든 사령관들 앞에서 공개되었다.

한 장군이 탄식했다.

"설마 그런 일이!"

다른 장군이 뒤이었다.

"믿을 수 없는 일이오!"

세 번째 장군이 외쳤다.

"가서 그의 막사를 뒤져 봅시다."

그들은 모두들 몰려가 마룻장을 파 보았다. 금덩이가 나왔다. 도저히 믿기지 않는 일이었지만 눈앞에 있는 증거를 부정할 수는 없었다. 팔라메데스는 대역죄로 재판정 앞에 끌려 나왔다.

"입을 열라! 죄상을 고백하라!"

"나는 죄가 없소이다."

"그렇다면 어째서 프리아모스가 이 편지를 그대에게 보냈는가?"

"나는 모르오."

"어찌하여 당신의 막사 안에서 금덩이가 나왔소?"

"나는 모르오."

"당신은 반역자요!"

"나는 죄가 없소."

"반역자를 죽여라!"

"죽여라!"

팔라메데스는 병사들이 던진 돌을 맞고 죽었다. 가장 소름 끼치고 수치스러운 죽음의 방법이었다. 그들은 반역자에게 내리는 벌을 영웅에게 내린 것이다. 팔라메데스는 숨이 끊어지기 전에 가까스로 마지막 말을 뱉어 냈다.

"오, 진실이여, 나는 너의 죽음을 애도하노라. 너는 나보다 먼저 죽어 버렸구나!"

아카이아 장군들은 팔라메데스가 죽은 뒤에도 모욕을 가했다. 그를 묻어 주지 못하게 하고 그의 시체를 사냥개와 맹조들에게 던져 준 것이다.

아킬레우스가 달려와 이 못된 짓을 막으려고 소리쳤다.

"어디 나를 막을 자 있거든 막아 보아라!"

텔라몬의 아들 아이아스도 달려와서 그의 편을 들었다.

팔라메데스가 반역자라고 믿지 않은 사람은 이들 두 장군만이 아니었다. 많은 용사들이 반신반의하는 마음을 감추지 않았다. 마침내 사방에서 이런 쑥덕거림이 들려왔다.

"팔라메데스는 흉악한 음모의 희생자였다."

하지만 음모를 꾸민 게 누구란 말인가? 이내 소문이 돌기 시작했다. 많은 병사들이 오디세우스 짓이라고 수군거렸다. 또 다른 무리들은 팔라메데스를 두려워한 아가멤논 짓이라고 귓속말을 했다.

만일 전자의 말이 옳다면 아가멤논은 이중으로 승리를 거둔 셈이었다. 아카이아 연합군에는 두 명의 특출난 영웅이 있었다. 그로선 두려워할 이유가 많은 영웅들이었다. 그런데 그중 한 사람을 살해함으로써 다른 한 사람에게 의심이 쏠리게 만든 것이다.

오디세우스는 꾀가 많았지만 나쁜 사람은 아니었다. 아

가멤논은 사악할 뿐만 아니라 잔혹한 인물이었다. 그가 연합군의 총사령관이 된 것은 막대한 부를 지닌 미케네의 왕으로, 제우스의 유명한 왕홀을 지니고 있다는 사실 때문이었다. 모든 사람이 그에게 복종하는 것은 이 홀 때문이었다.

그러나 이야기는 여기에서 끝나지 않는다.

연합군이 자기 아들을 수치스럽게 죽였다는 것을 알게 된 나우플리오스는 한달음에 트로이로 달려왔다. 아카이아 장수들은 차갑게 그를 맞아들였다. 나우플리오스는 누가 흉계를 꾸몄고, 누가 이를 도와 그 흔적을 덮어 버리려 했는지를 한눈에 꿰뚫어 보았다. 격분한 나우플리오스는 아들이 지휘하던 군대를 이끌고 고향 에우보이아로 돌아가 버렸다. 그러고는 전쟁터에 나가고 없는 장군들의 아내들을 찾아, 온 그리스의 도시들을 돌아다니기 시작했다. 그들의 남편이 트로이에서 매력적인 여자와 새롭게 결혼을 해서 살고 있으며, 전쟁이 끝나 돌아올 때 제각기 새 왕비를 데리고 올 거라고 말했다.

이 말을 듣자 어떤 사람들은 미쳐 버리고, 어떤 사람들은 자살하고, 또 어떤 사람들은 궁전에 다른 남자를 끌어들임으로써 복수했다. 아가멤논의 아내 클리타임네스트라도 그랬다. 그녀는 자기 아버지를 죽인 아가멤논을 철천지 원수로 여기는 아이기스토스를 애인으로 삼았다. 아가멤논이 고향 미케네로 돌아오는 순간, 가혹한 복수가 떨어질 것이었다.

여기서 약탈 전쟁 중에 빼앗은 전리품과 함께 여자들을 잡아가던 관습에 대해 몇 마디 하고 넘어가도록 하자. 오늘날에는 이상하게 보이겠지만, 그 당시 지배 계급의 남성은 합법적인 아내 외에도 '첩'이라고 부르는 아내를 여럿 거느렸다. 그토록 많은 자식을 둔 것도 바로 이 때문이었다.

그러나 이런 관습은 유럽보다는 아프리카나 아시아에 더 널리 퍼져 있었다. 프리아모스 왕도 헤카베 왕비에게서 열아홉 명의 자식을 두었고, 첩에게서 또다시 서른한 명의 자식을 두었다. 그리스에서는 그토록 많은 자식을 둔 왕의 이야기는 알려진 바가 없다. 동쪽 지역에서는 관습이 아니었다는 이야기다. 그래도 있기는 있었다. 그 때문에 아카이아 사람들이 여러 도시를 공략했을 때, 그들은 전리품뿐만 아니라 예쁜 아가씨들을 데려가서 장군들이 첩으로 삼았다. 이런 사실을 알았을 때 그 아내들이 얼마나 상처를 입고 격분했을지 짐작할 수 있다. 남편들로선 이런 행동이 잘못이라고 생각하지 않았지만 아내들 생각은 달랐다. 그러므로 그리스에서도 이런 관습이 완전히 자리 잡지 않았고, 평민들 사이에서는 전혀 없는 일이었다.

그러나 아카이아 연합군 장군들은 첩을 얻는 것을 당연한 일로 여겼다. 군대가 영웅적 행동을 한 사람에게 첩을 주기도 할 정도였다. 사랑스러운 브리세이스는 아킬레우스가 받아 본 선물 중에서 가장 훌륭한 선물이었고, 그의 영웅적이고 용감한 업적에 대한 최고 수준의 인정을 의미했다. 그는 무슨 일이 있어도 브리세이스를 빼앗기지 않을 생각이었다. 아가멤논의 경우에도 사정은 비슷했다. 그러나 그에겐 아킬레우스 같은 순수함과 깊은 애정은 없었다. 그는 크리세이스를 단지 하나의 소유물로만 여겼다. 순순히 내놓지 않을 귀중한 소유물. 그렇다고 해서 그가 그녀를 똑같은 가치를 지닌 다른 선물과 바꾸지 않을 거란 의미는 아니다. 그리고 그것은 비슷한 정도의 미모를 지닌 다른 여자라야만 가능했다.

이런 이야기를 길게 늘어놓는 이유는 무엇일까? 바로 그 시대 남자들의 감정을 제대로 이해하기 위해서다. 그래야만 우리도 아킬레우스가 그 소중한 선물, 사랑스러운 브리세이스를 빼앗겼을 때 느낀 격분이 얼마나 정당한 것이었는지를 이해할 수 있게 된다.

이 전쟁에서 가장 주목받는 부분은 여자들의 아름다움 때문에 벌어진 운명인 듯하다. 트로이 전쟁은 미녀 헬레네 때문에 시작되었다. 이제 브리세이스와 크리세이스의 미모 때문에 아카이아 진영에는 엄청난 분란이 닥치게 된다.

이제 이어질 다음 이야기는 이 새로운 분란으로 시작된다. '아킬레우스의 분노'라고 이름 붙일 수 있는 이 이야기는 유명한 시인인 호메로스가 쓴 대서사시 '일리아드 이야기'에 나온다. 호메로스와 같은 음유 시인들은 여러 도시와 마을의 축제, 장터, 결혼식에 떠돌아다니며 아름다운 신화 시대의 이야기와 영웅들의 업적을 노래했다. 그런 시인 가운데 가장 위대한 사람이 바로 호메로스였다. 이 책의 내용상 '일리아드 이야기'를 모두 들려줄 수는 없지만, 독자들에게 그중 가장 빛나는 몇 장면을 소개함으로써 그 불멸의 아름다움을 보여 주고자 한다.

호메로스의 일리아드 이야기

 음악의 여신들이여, 펠레우스의 아들 아킬레우스의 저주받은 분노에 대한 노래를 불러 주소서. 아카이아 군대에게 바다 같은 고통을 가져오고 수많은 영웅의 영혼을 하데스가 지키는 저승 세계로 내려보낸 분노 말이오.
 아카이아 연합군의 총사령관 아가멤논이 아폴론 신의 신관을 무시했을 때, 신들은 빌었다. 아킬레우스와 아가멤논이 서로 싸워 적이 되어야 한다고.
 크리세스 신관은 자신의 섬을 떠나 진귀한 선물들을 싣고 아카이아 진지로 찾아왔다. 테베를 침략한 아킬레우스가 자신의 아름다운 딸 크리세이스를 포로로 끌고 갔기 때문이다. 군대는 크리세이스를 아가멤논 총사령관에게 선물로 주었다. 크리세스는 아가멤논과 다른 장군들 앞에서 고통스럽게 호소했다.

"사자같이 용맹스러운 아카이아 장군들이여, 이 선물을 받고 대신 제 소중한 딸을 돌려주소서. 부디 신들이 당신들을 보우하게 하사 프리아모스의 도시를 정복하고 고향 땅으로 개선하소서."

장수들은 크리세스의 축복을 듣자 기쁨에 들떴다. 그러고는 모두들 몸값을 받고 크리세이스를 아버지에게 돌려주자고 했다.

그러나 아가멤논은 사랑스러운 아가씨를 내놓을 생각이 전혀 없었다. 그는 크리세스를 무섭게 노려보고는 소리 질렀다.

"어서 꺼지시오, 노인장! 두 번 다시 크리세이스를 볼 생각은 하지 마시오. 그녀는 미케네에서 늙어 죽을 것이오. 내 궁전에서 실을 잣고 베를 짜면서, 내 여자로 말이오. 그러니 몸 성히 고향에 돌아가려면 내 눈앞에서 썩 꺼지시오!"

겁이 난 크리세스는 눈을 내리깔고 물러났다. 그리스 장수들 앞에서 웬만큼 떨어진 거리에 이르자, 크리세스는 두 팔을 하늘로 치켜들고는 부르짖었다.

"전능하신 아폴론, 우리 섬의 수호자시여, 제 소원을 들어주소서! 만일 제게 불만이 없으시고 제가 지은 신전이 마음에 들고 제가 바친 제물을 기쁘게 맛보셨다면, 당신의 화살로 그리스 군대를 박살 내어 제 눈물에 대한 대가를 치르게 하소서."

아폴론은 크리세스의 기도를 측은하게 여겨, 손에 활을 들고 아카이아군 진지로 달려갔다. 아폴론은 함대에서 멀찌감치 떨어져 선 채 처음엔 가축들에게, 이어 병사들에게 연달아 화살을 쏘아 대기 시작했다. 병사들은 약 맞은 파리 떼처럼 쓰러졌다. 아흐레 동안 시신을 태우는 연기가 하늘로 솟아올랐다.

아폴론의 분노를 보다 못한 헤라 여신이 아킬레우스 앞에 나타나 이 재앙을 끝내려면 어찌해야 하는지를 일러 주었다. 아킬레우스는 병사들을 한자리에 모아 놓고 말했다.

"이런 식으로 전쟁과 질병이 아카이아 군대를 덮치면 우리는 원정의 목적을 이루지도 못한 채 고향에 돌아가게 될 것입니다. 다행히 죽음을 모면한다 해도 말입니다. 먼저 예언을 들어 본 다음 우리가 무슨 잘못을 저질렀는지, 아폴론 신이 어찌하여 우리에게 이토록 노하셨는지 알아봅시다."

그러자 칼카스가 일어섰다. 그는 과거와 현재 그리고 미래의 일들을 꿰뚫고 있는 유일한 사람이었다. 칼카스는 자기 말이 몇몇 강경한 사령관들의 노여움을 사게 될까 봐 말하기 겁이 난다고 고백했다. 아킬레우스가 그를 안심시키자 마침내 칼카스는 입을 열었다.

"아폴론 신은 아가멤논에게 화가 나 계십니다. 사령관이 신의 사제를 모욕했고, 그의 딸을 돌려주지 않으려 했기 때문입니다. 신의 노여움을 풀려면 크리세이스를 사제에게 돌려보내야 합니다. 몸값을 포기하는 것은 물론, 한 떼의 가축을 잡아 신께 제물로 바쳐야 합니다."

아가멤논의 눈에서 불꽃이 튀었다. 그는 이를 앙다문

채 소리 질렀다.

"이런 악운을 부르는 전령 같으니! 우리 군에게 닥칠 재앙을 경고할 줄만 알지, 사령관인 나에게 한 번도 좋은 말이라곤 들려주는 적이 없구나. 그렇다, 나는 크리세스의 딸을 클리타임네스트라보다도 더 아낀다. 미모나 지위, 지식이나 능력 모두 한치도 떨어지지 않으니 말이다. 그러나 장군들은 모두 들으시오. 나도 크리세이스를 돌려주는 것을 거절하진 않겠소. 지리멸렬한 군대보다 강성한 군대를 원하기 때문이오. 허나 누가 한번 말해 보시오. 군대가 내게 준 선물을 무엇으로 대신할 수 있겠소? 아니면 아카이아군대의 총사령관이 빈손으로 지내도 괜찮다고들 생각하시오?"

아킬레우스와 아가멤논의 말다툼

아킬레우스가 발끈해서 대들었다.

"총사령관 각하, 각하께선 모든 걸 차지하길 원할 뿐 줄줄은 모르시는구려. 저 위대한 죽음의 신이 병사들을 무더기로 쓰러뜨리는 판국에 사령관께선 오직 자기 한 몸의 이익만 생각하고 계십니다. 아카이아 군대가 어찌 좋은 마음으로 당신에게 새 선물을 줄 수가 있겠소? 내가 아는 바로는 우리가 정복한 여러 도시에서 빼앗아 온 전리품들은 이미 나눠 주고 없습니다. 그것들을 도로 달래서 다시 나눈다는 것은 옳지 않은 일입니다. 그러니 상황을 받아들이십시오. 포로를 내놓으란 말입니다. 성탑으로 둘러싸인 트로이를 함락시키면, 우리는 사령관께서 지금 내놓아야 하는 것의 열 배를 갚아 드릴 것입니다."

아가멤논이 반박했다.

"그대는 용맹스러운 장군이오, 아킬레우스. 나를 이런 식으로 얄팍하게 속이려 들다니 그대에게 어울리지 않소. 그대가 차지한 포로는 내놓지 않은 채 나더러만 빈손이 되라는 것 아니오. 좋소, 만일 아카이아 장군들이 자진해서 다른 선물을 내게 주지 않겠다면 난 누구 것이나 마음대로 가져오겠소. 아킬레우스, 그대의 것인들 못 가져오란 법 있소? 브리세우스의 사랑스러운 딸은 모든 면에서 크리세이스와 맞먹을 만하니 말이오."

아킬레우스는 무시무시하게 아가멤논을 노려보면서

내뱉었다.

"이런 사기꾼 같으니! 수많은 용감한 업적에 대한 보상으로 군대 모두가 뜻을 모아 내게 준 상을 어찌 빼앗으려든단 말이오? 만일 그랬다간 내가 당신 좋으라고 여기 눌러앉아 계속 싸울 거라고 생각하지 마시오.

나는 트로이인에게 아무 원한이 없는 사람이오. 그들은 내 가축 떼를 몰고 달아난 적도 없고 비옥한 프티아의 곡식을 훔쳐 간 적도 없소. 이런 배은망덕한 인간 같으니, 우리가 싸우러 온 것은 당신과 당신 아우 때문이었잖소. 그런데도 그걸 말짱 잊어버리고는 내가 받은 상을 빼앗겠노라고 위협까지 한단 말이오? 가장 힘든 싸움은 내게 다 맡겨지는데도, 당신은 언제나 많은 전리품을 가져가고 나에겐 고물밖에 남겨 주지 않았잖소.

브리세이스는 내가 아끼는 선물이오. 만일 당신이 그녀를 빼앗아 가는 날이면, 당신의 금고에 재물을 보태 주기 위해 남아 있느니 내 군대를 이끌고 당장 돌아가 버리겠소."

"싸울 자존심도 없다면 떠나구려! 나는 있어 달라고 간청하지 않겠소. 내겐 트로이 정복의 영광을 차지하도록 도와줄 유능한 장군이 얼마든지 남아 있소. 그대의 미르미돈 군대를 데리고 떠나시오! 장군이 그리 원하니, 나는 직접 막사로 찾아가 그대의 소중한 포로를 차지하겠소. 그러면 아카이아 연합군 총사령관의 위세가 어떤 것인지 모두 알게 될 거요!"

그 말을 듣자 아킬레우스는 자존심이 상하고 화가 났다. 끓어오르는 분노로 막 칼을 뽑아 들려는 순간, 누군가 어깨를 잡는 손길이 느껴졌다.

고개를 들던 아킬레우스는 아테나 여신을 보았다.

아테나는 그의 눈에만 보였다.

"아킬레우스, 헤라 여신과 내가 너를 얼마나 사랑하는지 잘 알겠지. 의견 차이는 칼이 아니라 대화로 풀도록 하게. 네가 지금 얼마나 부당한 대접을 받고 있는지 우린 잘 알아. 하지만 네가 여섯 배로 보상받을 날이 올 거야. 그러니 내 말을 듣고 분노를 참게."

아킬레우스는 아테나 여신의 탁월한 지혜를 믿었기 때문에, 마지못해 칼을 칼집에 다시 밀어 넣었다. 그 사이 아테나는 눈앞에서 사라졌다. 하지만 아킬레우스의 분노는 사그라들지 않았다. 그는 소리쳤다.

"이런 나쁜 자식! 너야말로 갑옷을 챙겨 입고 싸울 용기도 없는 주제에 할 줄 아는 거라곤 남의 전리품을 빼앗는 일밖에 없구나! 허나 그건 네 잘못이 아니라 너 따위를 총사령관으로 뽑은 우리 잘못이지. 내가 참았으니 망정이지 그러지 않았더라면 네놈의 마지막이 되었을 것이다. 제우스 신의 왕홀을 두고 예언하노니, 살기등등한 헥토르의 칼날 아래 용사들이 우수수 죽어 넘어질 때 네가 이 아킬레우스에게 찾아와 무릎을 꿇을 날이 올 것이다. 그때가 되면 네놈은 아카이아 장수 중에서도 제일가는 영웅을 좀 더 명예롭게 대접하지 않을 것을 애통하며 후회할 것이다!"

아가멤논은 분노에 이글거리는 눈으로 아킬레우스를 쏘아보았다. 그때 온건한 네스토르가 나섰다.

이 지혜로운 노인은 두 세대가 나고 죽는 것을 보았고, 지금은 세 번째 세대를 다스리고 있었다. 그는 아카이아 군대를 위한 간절한 충심에서 일어나 말했다.

"어허! 참으로 큰 불행이 우리에게 닥쳤구려. 만약 프리아모스와 그 아들들이 우리 진영의 가장 위대한 두 장군께서 서로 이토록 증오하고 있다는 걸 안다면 상상도 할 수 없이 기뻐하며 날뛸 것입니다. 내 한창 시절에는 이름난 장군들이 내 말에 귀 기울였으니 두 분도 그처럼 기꺼이 귀를 기울여 주시구려. 총사령관 각하, 각하께서는 아킬레우스 장군에게서 아카이아 군대가 그에게 상으로 준 여자 포로를 빼앗지 말아 주십시오. 또 용감한 정신을 가진 펠레우스의 아들 그대도, 아가멤논 사령관에게 대항하려는 뜻을 품지 말아 주시구려. 여신에게서 태어난 몸이니 그대가 더 큰 힘을 지녔는지는 모르나, 제우스 신의 왕홀을 휘두르는 이의 지위가 더 높은 법이오."

지혜로운 네스토르의 말은 옳았다. 그러나 침착한 이성의 호소를 받아들이기엔 두 장군의 분노가 너무 컸다.

아가멤논이 고함을 질렀다.

"이 애송이는 우리 모두보다 자기를 더 위에 놓고 싶은 거요! 그리고 이자는 복종해야 할 사령관에게 무례한 욕설을 퍼부었소."

아킬레우스의 분노

아킬레우스도 지지 않았다.

"내가 네놈의 부당한 명령에 머리를 굽힐 정도로 겁쟁이라고 생각하느냐? 잘난 척은 다른 데 가서나 하시지, 내 앞에서 그러지 말고. 원하면 여자를 데려가라. 당신이 준 포로니까 마음대로 데려가라구. 그러나 손톱만큼이라도 더 가져갔다가는, 모든 병사들 앞에서 갈빗대 사이에 내 창을 맞고 몸부림치며 땅바닥에서 뒹굴게 될 게다!"

두 사람의 말다툼은 아킬레우스가 마침내 아테나 여신의 현명한 충고를 받아들여 자기 막사로 물러날 때까지 계속되었다. 그러나 아가멤논에게 받은 상처는 쉽게 지워지지 않았다.

아가멤논은 오디세우스에게 명하여 스무 명의 사공이 젓는 배 한 척을 띄우고, 데리고 갈 용사를 직접 고르게 했다. 그러고는 성대한 희생제를 위한 짐승 100마리를 배에 태운 다음, 크리세이스를 아버지의 섬으로 보냈다.

오디세우스는 명령대로 따랐다. 배가 해안을 떠나자마자 아가멤논이 두 명의 전령을 불러 명령했다.

"가서 브리세이스를 당장 데려오너라. 만일 아킬레우스가 순순히 내놓지 않으면, 내가 한 무리의 용사들을 끌고 가서 직접 그녀를 데려오겠다."

아킬레우스의 막사로 찾아간 전령들은 어찌할 바를 몰라 입을 열지 못하고 서 있었다. 아킬레우스는 그들이 난처해하는 이유를 알고는 먼저 말을 꺼냈다.

"어서들 오게. 이리 가까이들 오라구. 나는 이것이 자네들 잘못이 아니란 걸 알고 있네. 아가멤논 탓이지. 파트로클로스, 이들이 여자를 데려가도록 내주게. 그대들 모두 내 말의 증인이 되어 주게. 내가 전쟁터에서 멀리 떨어진 내 막사 안에서 분노에 잠겨 앉아 있을 때, 아카이아 군대가 내 도움을 청하며 울부짖는 날이 올 거라고. 총사령관은 자기가 무슨 짓을 했는지도 모른다네. 오늘 하는 일의 결과도 내다보지 못하는 자가 다가올 불행을 어찌 알겠는가? 그런 자가 어찌 아카이아 연합군이 장차 트로이를 함락시키기 위해서가 아니라 자기네 함대를 구하기 위해 싸워야 될 줄 상상이나 하겠는가!"

파트로클로스는 브리세이스의 손을 잡고 막사 안에서

데리고 나와 전령에게 인도했다. 그녀는 슬픈 얼굴로 전령들에게 이끌려 갔다.

아킬레우스는 눈에 눈물이 글썽한 채, 동료들 곁을 떠나 바닷가로 내려갔다. 그는 모래사장에 앉아 어머니 테티스 여신의 고향인 바다를 내다보았다.

아킬레우스는 바다를 향해 소리쳤다.

"어머니, 어찌하여 신들은 저를 이다지도 괴롭힌답니까? 운명의 여신들이 내게 그토록 짧은 생을 살도록 만든 터에, 어찌하여 제우스 신은 아가멤논이 저를 업신여기도록 하는 것입니까? 어째서 이를 받아들이시는 겁니까, 어머니!"

아킬레우스는 마침내 울음을 터뜨렸다.

아들의 울음소리를 들은 테티스 여신이 파도 위로 모습을 드러냈다.

"내 아들아, 무엇 때문에 울고 있느냐? 뭐가 잘못되었는지 이 어미에게 말해 보아라."

"모든 게 엉망입니다. 앉으세요, 어머니. 제가 모두 말씀드릴게요."

아킬레우스는 한숨을 푹 내쉬었다. 그러고는 테베와 리르네소스를 정복하고 크리세이스와 브리세이스를 붙잡아 온 이야기부터 시작하여, 자신의 공적에 대한 보답으로 얻은 전리품인 아리따운 브리세이스를 아가멤논이 빼앗아간 부분까지 털어놓았다. 그리고 이렇게 덧붙였다.

"어머니, 올림포스산으로 가서 제우스 신의 발에 매달려 빌어 주세요. 그분은 어머니께 큰 빚을 진 일이 있지요. 다른 신들에게 붙잡혀서 친친 묶이게 될 위험에서 그를 구해 주셨잖아요. 제우스께 트로이군을 도와주라고 간청하세요. 아카이아 군대가 함대로 쫓겨 가고, 아가멤논이 아카이아 연합군에서 가장 용감한 장군을 능멸한 자신이 얼마나 눈멀었던가를 깨닫게 될 때까지요."

테티스의 가슴은 아들에 대한 동정심으로 터질 듯했다. 테티스는 아들을 품에 안고 아들의 볼에 흐르는 눈물을 닦아 주고 적갈색 머리카락을 쓰다듬어 주었다.

테티스는 약속했다.

"네가 부탁한 대로 해 주마. 네 막사 안에 들어앉아 있거라. 오만한 아가멤논이 네 발밑에 엎드려 부디 아카이아 군대를 불쌍히 여기고 자기네 목숨을 구해 주기를 간청할 날이 올 때까지 말이다. 그저 꾹 참아야 한다. 제우스는 에티오피아로 가서 열이틀 뒤에나 돌아오실 거다. 그분이 돌아오는 대로 찾아가서 이야기하마. 난 어떻게 하면 그분을 설득할 수 있는지 안다."

한편 오디세우스는 크리세스섬에 도착하여 간절히 기다리던 크리세스에게 딸을 돌려주었다. 그리고 배에서 짐승들을 내린 다음, 크리세스에게 평화를 위한 공물로 아폴론 신께 바쳐 달라고 부탁했다. 크리세스는 승낙했다.

제단에 제물을 바칠 준비가 되자, 그는 두 팔을 하늘로 치켜들고 아폴론 신께 소리쳐 빌었다.

"은빛 활통을 메고 다니는 신, 이섬의 수호자시여, 앞서 제 간청을 너그럽게 들으시고 아카이아인들을 벌주셨듯이, 이제 제 기도를 들으시어 저들에게 내린 벌을 멈추어 주소서."

사제의 기도를 들은 아폴론은 오디세우스가 바친 제물을 받아들였다.

다음 날 아침, 오디세우스와 일행은 아카이아 진영으로

돌아왔다. 비 오듯 쏟아지던 화살도 멈춰 있었다.

트로이 군대를 돕기로 마음먹은 제우스 신

그러는 가운데 테티스가 기다리던 날도 다가왔다. 여신은 바다에서 몸을 일으켜 높다란 올림포스산으로 솟아 올라갔다. 테티스는 가장 높은 봉우리에서 제우스를 찾아냈다. 그러고는 울먹이는 목소리로 자기 아들이 당한 부당한 이야기를 털어놓았다.

제우스의 가슴은 동정심으로 가득 찼다. 그의 단 하나 걱정은 아내인 헤라 여신이 화를 낼 거라는 점이었다. 그러나 제우스는 걱정을 떨쳐 버리곤, 아킬레우스가 정당한 대접을 받고 그의 이름이 영광으로 빛나게 될 때까지 트로이군을 편들기로 약속했다.

"약속을 지키겠다는 표시로 네 앞에서 머리를 숙여 보이겠다. 내가 머리를 숙이면서 한 말은 돌이킬 수 없는 법이니라."

제우스가 머리를 숙이자 하늘이 산산조각 나고 올림포스산은 밑동부터 흔들렸다. 제우스가 한 약속은 이제 돌이킬 수 없는 것이 되었다.

만족스러운 결과를 얻은 테티스는 흡족하여 푸른 바닷물 속으로 돌아갔다. 모든 것을 지켜본 헤라는 노발대발했다. 제우스는 그녀가 제 분수를 지키도록 할 때라는 걸 알았다.

제우스가 경고했다.

"내 깊은 속내를 당신에게 털어놓을 것으로 기대하지 마시오. 어떤 신도 알아선 안 되는 일들은 설사 내 아내라 하더라도 알려 주지 않을 것이오. 내가 약속할 수 있는 건, 다른 신들에게도 알려야 할 일이면 당신에게 가장 먼저 알리겠다는 것뿐이오."

제우스는 아킬레우스에게 영광을 안겨 주고 아카이아 군에게 크나큰 실패를 안길 방법을 생각하느라 머리를 쥐어짜며 밤새도록 한숨도 못 잤다. 마침내 제우스는 꿈의 신인 오네이로스를 불러 일렀다.

"거짓을 보여 주는 오네이로스여, 아가멤논이 자고 있는 곳으로 달려가서 잠든 그의 머릿속에 거짓 메시지를 넣어 주어라. 신들이 그에게 승리를 안겨 주고 트로이를 멸망시켜 복수해 줄 것이라고 말이네."

오네이로스는 밤새도록 달려가서 아가멤논이 존경하는 현명한 노인, 네스토르의 모습을 하고 그의 앞에 나타났다.

그는 아가멤논의 귀에 속삭였다.

"일어나시오, 아가멤논 왕이여. 지도자가 여러 도시의 운명을 손아귀에 쥐고 있을 땐 깨어 있어야 하는 법이오. 일어나시오! 나는 제우스 신의 심부름으로 모든 신이 우리 쪽에 위대한 승리를 내려 주기로 했다는 말을 전하러 왔소이다. 트로이에 최후의 공격을 할 때가 왔소."

아가멤논은 뛸 듯이 기뻐하다가 번쩍 눈을 떴다. 기쁨에 눈이 먼 한순간, 그는 그 날 당장 트로이를 함락시킬 거라는 상상에 잠겼다. 사실 제우스는 아카이아군과 트로이군 양쪽에게 여러 가지 슬픈 일을 마련해 두고 있었다.

아가멤논은 재빨리 옷을 입고 전령들을 깨워서는, 장군들에게 가서 회의를 소집하라고 일렀다.

그들은 네스토르의 배 옆에 모였다. 그러고는 깜짝 놀라며 아가멤논의 꿈 이야기를 들었다.

병사들을 시험하는 아가멤논

마지막으로 아가멤논이 말했다.

"나는 먼저 군대를 시험해 보고 싶소. 병사들을 불러 모아 이제 고향으로 돌아간다고 말할 참이오. 그들이 내 말을 듣고 지나치게 흥분한다고 생각되면 막으시오. 그들이 전투에 대해 얼마나 열정이 있는지 알아내야 하오."

왕들은 모두 동의했다. 그리고 각자 자기 군대를 소집하러 급히 돌아갔다.

아카이아 군대는 천막과 배에서 나와 벌 떼처럼 모여들었다. 그들이 모두 모였을 때, 아홉 명의 전령은 아가멤논 대왕이 하는 말을 조용히 잘 들으라고 소리를 질렀다. 마침내 저 아래 모여든 병사들이 조용해지자, 아가멤논이 일어나 입을 열었다.

"아카이아의 영웅들, 아레스 신의 용사들이여! 제우스 신은 나를 잔인하게 속였습니다. 제우스는 트로이를 내게 준다고 약속했었습니다. 하지만 그토록 여러 해를 싸웠는데도 전쟁은 도무지 끝날 기미를 보이지 않습니다. 트로이 군대의 규모는 작으나, 전쟁에 뛰어난 이웃 나라들이 그들 곁에 모여들어 우리가 오만한 트로이를 함락시키지 못하도록 막고 있습니다. 아홉 해가 지나갔습니다. 우리의 배는 해변에서 녹이 슬었으며, 햇볕과 바람은 돛을 누더기처럼 찢어 놓았습니다. 외로운 아내들은 수년째 우리를 기다리고, 자식들은 우리의 얼굴을 보고 싶어하지만 아직도 우리는 떠나올 때 바라던 것을 이루지 못했습니다. 신들은 우리가 일리아드의 높다란 성벽을 무너뜨리기를 바라지 않으십니다. 이제 우리가 태어난 고향 땅으로 되돌아갈 수밖에 없습니다. 그 방법밖엔 없습니다. 우린 고국으로 떠납니다."

귀를 기울이던 군사들은 바다에 폭풍이 몰아칠 때처럼 웅성거렸다. 하늘 높이 기쁨의 함성이 터져 나왔다. 병사들은 구름 같은 먼지를 일으키면서 일제히 함대를 향해 내닫기 시작했다.

그들은 그리운 고국으로 돌아간다는 생각에 기뻐 날뛰었다. 그리고 서로 밀고 발밑에 짓밟히면서 배를 바다로 끌어내리느라 정신이 없었다. 어리석고 가엾은 바보들은 아가멤논의 은밀한 계획을 알지 못했다.

돌아가고 싶은 병사들의 갈망이 어찌나 간절한지 이제 이들을 막는다는 건 몹시 어려웠다. 아테나 여신이 달려와 오디세우스에게 경고를 주지 않았더라면 트로이 전쟁은 바로 그날로 끝나 버렸을 것이다. 오디세우스는 남아 있는 장군들을 급히 한데 모았고, 그들의 노력 끝에 병사들을 막는 데 성공했다.

그중에 큰 소리로 불평을 터뜨리면서 사령관의 말을 듣지 않는 사병이 한 명 있었다. 테르시테스라는 그 사람은 등이 흉하게 굽고 다리를 절었다. 그에게는 불쾌한 진실을 까발리는 버릇이 있었다.

가혹한 진실을 밝히는 테르시테스

테르시테스가 부르짖었다.

"대체 무슨 까닭으로 우리를 이렇게 고문하는 겁니까, 아가멤논 장군? 이 이상 더 무엇을 원하시는 게요? 여자 포로요? 장군은 여자라면 얼마든지 가졌지 않소. 물론 어떤 도시를 침략할 때마다 우리가 바친 포로들이지요. 아니면 장군에게 부족한 게 황금이오? 아니오, 아들을 되찾아가고 싶어 하는 아버지들이 들고 와 당신 발치에 쌓아 놓는 게 금이지 않소. 손과 발을 꽁꽁 묶어 우리가 장군에게 데려다준 아들들 말이오. 이 모든 것의 보상으로 우리

가 얻은 건 뭐요? 잔인한 거짓 말고는 아무것도 없지요! 아카이아 용사들이여, 굽실거리는 겁쟁이들이여, 당신네는 무엇 때문에 이 사람을 두려워하는 거요? 여러분, 어서 오시오. 여기서 빠져나갑시다! 우린 이만하면 여기서 충분히 싸웠소. 저 사람더러 자기 보물을 깔고 혼자 앉아 있으라지요. 그러면 아가멤논 당신도 우리의 노력을 얼마나 대수롭지 않게 여겼는지 깨닫게 될 게요. 당신은 우릴 멸시하는 데서 그치지 않고 당신보다 훨씬 용감한 사람을 뻔뻔스럽게도 모욕하고는 전 군대가 그에게 지급한 명예로운 상품을 빼앗아 가기까지 했지요. 이보시오, 아가멤논. 만일 아킬레우스 장군이 칼을 칼집에 다시 넣지 않았다면, 그날 보인 모욕이 당신이 저지른 마지막 모욕이 되었을 게요!"

오디세우스가 호통쳤다.

"테르시테스, 입 다물라! 그대의 혀가 매끄럽다고는 하나, 이 자리엔 그대보다 비판할 자격이 많은 사람들이 얼마든지 있네. 그대보다 더 자격 없는 자가 있으면 어디 내게 데려와 보게!"

오디세우스는 호되게 나무라면서 왕홀로 그를 후려쳤다. 테르시테스는 매를 맞고 움찔 겁이 나서 손등으로 눈물을 닦아 냈다. 불과 몇 분 전만 해도 많은 병사들이 대담하고 거침없는 그의 말을 칭찬했다. 혼쭐이 난 그가 입속말로 투덜투덜 불평을 늘어놓으면서 움츠러드는 모습을 보이자, 그들의 찬탄은 비웃음으로 바뀌었다.

오디세우스는 병사들을 향해 말문을 열었다. 그는 무슨 이야기를 해야 할지 정확히 알았다.

"나는 여러분이 고향에 돌아가고 싶어 하는 것을 나무랄 생각이 없소. 가고 싶지 않은 사람이 누가 있겠소? 한 달만 가족과 떨어져 있어도 참기 어려운 법이오. 그런데 우리는 이곳에 9년이나 와 있는 것입니다. 하지만 한번 말해 봅시다. 이렇게 오랫동안 떠나 있다가 빈손으로 돌아간다는 건 부끄러운 일이 아니오? 조금만 더 참읍시다, 여러분. 그리고 칼카스의 예언이 맞는지 봅시다. 여러분은 모두 아울리스항에서 뱀이 참새 아홉 마리를 잡아먹고 돌로 변하는 것을 본 기억이 나실 겁니다. 칼카스는 우리가 9년 동안 싸워야 한다고 말했소. 그리고 10년째에 트로이를 함락시키고 그들이 갖고 있던 엄청난 재물을 차지할 거라고 말입니다. 지금까지는 모든 것이 예언대로 이루어졌습니다. 용감무쌍한 아카이아의 용사들이여, 그렇다면 프리아모스의 강대한 도시를 쳐부술 때까지 여기 머물도록 합시다!"

함성이 터져 나왔다. 오디세우스의 말은 그렇게 설득력이 있었다. 이어 네스토르와 아가멤논을 비롯한 다른 장군들이 연설을 했다. 군사들은 점점 더 전의에 불타오르기 시작했다. 아테나 여신이 눈에 보이지 않게 용사들 사이를 걸어 다니면서 그들의 마음을 결의를 채워 놓은 덕도 컸다.

마침내 조금 전까지만 해도 무작정 배로 달려가던 용사들이, 지금은 그리운 고향 땅을 다시 보려는 생각보다 전투가 하고 싶어 조바심치는 마음이 커졌다.

아가멤논은 다섯 살 먹은 살찐 황소를 잡아 제우스 신에게 바쳤다. 그의 곁에는 아우 메넬라오스, 네스토르 그리고 크레타 출신의 이도메네우스가 서 있었다. 또한 디오메데스와 오디세우스 그리고 두 아이아스도 있었다. 모두들 기도를 올리기 위해 손에 보리를 가득 움켜쥐었다. 마지막으로 아가멤논이 두 팔을 치켜들고 외쳤다.

"전능하신 제우스, 크로노스의 아들이시여, 이 제물을 받아들이시고 제게 프리아모스의 궁전을 불태워 버릴 능력을 주소서. 제 창에게 헥토르의 가슴을 찌르고 해 지기 전에 수많은 트로이 병사들을 먼지 속에 거꾸러뜨릴 힘을 주소서!"

제우스는 제물을 받아들였다. 그러나 아가멤논의 간청에는 귀를 기울이지 않았다. 신들과 인간들을 다스리는 제우스가 원하는 것은 일대 격전이었다.

전투 준비 완료

들판은 이내 아카이아 병사들로 들끓었다. 전 군대가 모여 대열을 짓고, 각 방진(병사를 사각형으로 배치하는 대형)마다 한 명의 장군이 앞장섰다. 위풍당당한 아가멤논이 큰 키에 번쩍이는 갑옷 차림으로 그들 한가운데에 나와 섰다.

그의 체격은 제우스 신을 닮았고, 균형 잡힌 허리와 단단한 허벅지는 전쟁의 신 아레스를 연상시켰다. 물결치는 가슴팍은 우람한 포세이돈 신과 같았다.

가축 떼 속에서 황소가 우뚝 드러나 보이듯이, 아가멤논 대왕의 위용 또한 당당한 용사들 사이에서 단연 돋보였다.

아카이아 군대가 결전을 준비하고 있는 동안, 트로이 군대 역시 전투 준비를 하고 있었다. 제우스는 이리스를 보내 아킬레우스의 처지를 귀띔해 두었다. 아킬레우스가 격분하여 막사에 들어앉아 있다는 소식은 트로이군에게 새로운 용기를 불러일으켰다.

성 밖으로 나와 탁 트인 들판에서 아카이아군을 공격하기로 결정하게 만든 것이다. 그들은 지체하지 않고 병사들을 높다란 성벽 아래로 모이게 했다.

트로이 군대의 총사령관은 헥토르였으나, 이날은 파리스가 영광을 쟁취하고자 선두에 나섰다. 신처럼 미남인데다 번쩍이는 갑옷에 허리엔 칼을 차고 한쪽 어깨엔 활을 멘 그는, 어서 전투를 시작하고 싶었다. 죽을 때까지 싸울 결의에 차서, 그는 몇 걸음 앞으로 나와 두 개의 창을 높이 휘두르면서 목청이 떨어져라 우렁찬 목소리로 외쳤다.

"아카이아 용사들이여! 전투를 시작하자꾸나. 제우스 신이시여, 당신이 사랑하는 쪽에 승리를 내려 주시기를!"

양쪽 군대는 즉각 앞으로 돌진하기 시작했다. 아카이아군과 트로이군은 승리의 욕망에 들뜬 발걸음으로 사나운 함성을 내지르면서 서로 가까이 다가갔다. 문득 적군의 선두에 선 파리스를 본 메넬라오스는 미친 듯이 앞으로 내달았다. 살찐 사슴을 보고 덤벼드는 굶주린 사자처럼, 메넬라오스는 아내를 빼앗아 간 적에게 덤벼들었다.

메넬라오스를 본 순간, 파리스의 전의는 흔적도 없이 녹아 버렸다. 그는 숨을 곳을 찾아 허둥거렸다.

'사람이 많은 곳이 안전해.'

겁에 질린 파리스는 이렇게 생각하고 트로이 병사들 사이에 몸을 숨겼다. 그의 형 헥토르가 기가 차서 뒤쫓아 왔다. 아우를 따라잡은 헥토르는 그의 얼굴에 대고 호통쳤다.

"이런, 여자나 유혹하는 사기꾼 같으니! 잘난 체나 하는 겁쟁이! 트로이 사람들이 제정신이 있었다면, 네가 헬레네를 여기로 데리고 왔을 때 진작에 네놈을 죽였어야 했다. 네놈이 한 짓은 영웅들의 민족에게 크나큰 수치다!"

파리스는 부끄러움으로 고개를 떨구었다.

"형님이 제게 이런 식으로 말씀하시는 것도 당연하지요. 용기를 잃었던 건 사실이나 이젠 두렵지 않습니다. 제 말 좀 들어 보세요, 그러면 제가 증명해 보이겠어요. 군대들 앞으로 나아가 아카이아 군대와 트로이 군대에게 이렇게 외쳐 주십시오. '파리스는 양쪽 군대가 무기를 내려놓고 구경하는 가운데 메넬라오스와 일 대 일로 싸울 것을 제안한다. 이기는 쪽이 헬레네를 데려가며 모든 보물을 갖고, 반대편 군사들은 평화롭게 떠날 것을 맹세한다. 그럼으로써 이 기나긴 전쟁도 마침내 끝나게 될 것이다.'"

헥토르는 아우의 제안에 흡족해했다. 그는 양쪽 군대 사이에 나아가 그대로 외쳤다.

양쪽 모두 놀라서 웅성거렸으나, 둘 다 그의 제안을 기꺼이 받아들였다. 메넬라오스가 앞으로 나와 말했다.

"마침내 이 전쟁을 끝낼 수 있는 날이 왔구려. 우리 두 사람이 한판 싸움으로 겨루어 두 군대가 사이좋게 헤어질 수 있도록 합시다. 제우스 신이여, 우리 둘 중 어느 쪽이 죽어야 할지를 결정 내려 주소서. 그대가 먼저 하얀 숫양을 헬리오스 신께 바치도록 하시오. 그러면 우리는 다른 한 마리를 제우스 신께 바치리다. 그리고 프리아모스 왕께서 직접 오시어 제사를 모시도록 하시오. 젊은 사람들의 마음은 언제 변할지 모르지요. 그러나 노인들은 어제까지의 경험 덕분에 내일의 결과를 더 똑똑히 볼 수 있어, 고통스러운 시간을 잘 버텨 낼 수 있는 법이니까요."

메넬라오스의 지혜는 만장일치의 박수를 받았다.

트로이 성탑 위에서는 프리아모스 왕과 안테노르 그리고 이 도시의 원로들이 의아스러운 눈으로 내려다보고 있었다. 이리스 여신의 귀띔을 받고 헬레네도 탑으로 나왔다. 헬레네가 모습을 드러낸 순간, 모두 그녀의 아름다운 자태에 눈을 뜨기 힘들어 했다.

원로들이 말했다.

"이런 대단한 미인이니 아카이아 사람들이 여러 해 동안 싸우는 것도 당연하군요. 물론 트로이 사람들도 마찬가지고요."

그러나 한 사람은 이렇게 덧붙였다.

"미녀는 미녀입니다만, 우리 도시와 자녀들을 멸망하게 만드느니 차라리 고향으로 돌아가는 게 낫겠습니다."

그들이 두런두런 이야기를 나누고 있을 때, 프리아모스 왕은 헬레네를 곁으로 불렀다.

"이리 오너라, 와서 네 첫 남편과 친척들 그리고 네가 알던 모든 이들을 봐라. 나는 이미 일어난 일을 두고 너를 나무랄 생각은 없다. 책임은 신들에게 있지 않으냐. 이 삼중으로 저주받은 전쟁을 일으킨 장본인은 신들이니까 말이다. 그런데 저기 저 아카이아 장수는 누군고? 참 키도 훤칠하고 미남이고 위풍도 당당하구나! 참다운 제왕다운 위엄이 있구나."

헬레네가 대답했다.

"그렇게 친절하게 말씀해 주시니 감사하기 짝이 없습니다, 아버님. 하지만 아버님이 뭐라고 말씀하셔도 모든 건 제 탓입니다. 불명예 속에 사느니 차라리 죽음을 택했어야 하는데도, 여러 해 전 저는 파리스를 따라왔지요. 저는 잘못된 길을 선택했습니다. 두고 온 딸아이를 생각하면

제 몸이 눈물 속에 녹아 버리는 것만 같고, 차라리 태어나지 않았으면 얼마나 좋았을까 싶습니다. 저는 참으로 못된 여자이니까요. 아버님이 물어보신 사람은 아트레우스

의 아들인 아가멤논 대왕입니다. 용감한 영웅이자 제 첫 남편이던 메넬라오스의 형입니다."

프리아모스 왕은 찬탄의 눈길로 적을 내려다보았다.

"참으로 행복한 왕이로구먼! 이토록 막강한 군대를 통솔하는 저 같은 왕은 나는 일찍이 본 적이 없도다. 애야, 그렇다면 저기 병사들 사이를 왔다 갔다하는 가슴 넓은 이는 누구냐?"

"저이는 이타케의 왕 오디세우스입니다. 살아 있는 사람들 중 저이보다 더 영리하고 꾀 많은 사람은 없답니다."

안테노르가 보탰다.

"오디세우스는 머리가 아주 비상합니다. 제 집에 묵은 적이 있어 그를 알게 되었지요. 처음 볼 때 좋은 인상을 주는 인물은 아니지요. 고개를 숙이고 앞에 서 있는 걸 보면, 바보거나 비열한 친구가 아닐까 생각하게 되지요. 그러나 그의 가슴속에서 우렁우렁한 목소리가 터져 나오는 순간, 그가 뱉어 내는 눈발처럼 차갑고 명쾌한 말이 나쁜 인상을 즉각 없애 버립니다. 그러면 그의 명석한 머리에 대한 탄복밖에 남지 않게 되지요."

프리아모스가 다시 물었다.

"그리고 키와 어깨가 다른 장수들보다 크고 우람한 저기 저 장수는 누구냐?"

헬레네가 대답했다.

"저 장수는 큰 아이아스라고, 아카이아군의 성채와 같은 인물입니다. 그의 옆에 있는 사람은 이도메네우스인데 크레타 왕이지요. 그러나 제 오빠 카스토르와 폴리데우케스는 보이질 않는군요. 무슨 나쁜 일이 있어서 다른 그리스 장군들과 같이 트로이로 오지 못한 것이나 아닌지 걱정됩니다."

프리아모스가 물어보고 싶은 장수들이 많았으나, 헥토르가 보낸 이다이오스 때문에 중단되었다. 그가 왕을 불렀다.

메넬라오스와 파리스의 결투

"일어나십시오, 라오메돈의 아드님이시여. 트로이 군대가 폐하를 찾고 있습니다. 이제 전쟁이 끝나게 되었습니다. 파리스 왕자가 메넬라오스와 한판 결투를 벌이게 되었는데, 둘 중 이기는 쪽이 헬레네와 보물을 차지하고 양쪽 군대는 평화 조약을 맺기로 했습니다."

아들이 메넬라오스와 결투하기로 했다는 말을 듣는 순간, 프리아모스의 몸엔 소름이 쫙 끼쳤다. 이는 너무나 두려운 소식이었다. 그러나 그는 전차꾼들에게 말을 매라고 이른 다음 안테노르와 함께 왕실 전차에 올랐다. 두 사람은 성문을 나와 이미 마련된 제단 앞에 도착했다. 프리아모스가 자리를 잡자 아가멤논이 큰 소리로 신들을 불렀다.

"오 아버지 제우스, 이다산에서 우리를 내려다보시는 영광스러운 큰 신이시여, 그리고 하늘로부터 우리를 보고 계시는 태양, 땅과 강 그리고 맹세를 깨뜨리는 자들에게 엄벌을 내리시는 불멸의 신들이시여, 이 맹세를 받아주소서. 만약 파리스가 메넬라오스를 죽인다면 그는 헬레네와 모든 보물을 차지할 것이며, 우리는 깨끗이 고향으로 돌아가겠습니다. 반대로 메넬라오스가 파리스를 죽이면, 트로이 사람들은 헬레네와 모든 보물을 돌려주고 앞으로 수세대 동안 기억될 만큼 많은 벌금을 내놓아야 합니다. 그러나 만일 파리스가 죽은 뒤 트로이 사람들이 약속을 어긴다면, 우리는 전쟁을 통해 우리 것들을 되찾을 때까지 여기 머무를 것입니다."

맹세가 끝나자 아가멤논은 두 마리 숫양을 날카로운 칼로 찔렀다. 아카이아 장군들과 트로이 장군들은 포도주를 땅에 쏟으며 외쳤다.

"이 붉은 포도주가 땅을 적시는 것처럼, 맹세를 깨뜨리는 자들은 피를 흘리게 될지어다!"

그러자 프리아모스 왕이 벅찬 감정에 떨리는 목소리로 말했다.

"오직 신들만이 둘 중 누가 이기고 누가 죽을지를 알고 있소이다. 나는 사랑하는 아들이 목숨을 걸고 결투를 벌이는 것을 차마 지켜볼 수가 없구려. 나는 성안으로 들어가겠소이다."

프리아모스 왕이 떠나자마자, 오디세우스와 헥토르는 두 개의 제비를 만들어 청동 투구 속에 떨어뜨렸다. 이것을 흔들어 누가 먼저 날카로운 창을 던질 것인가를 정하게 되는 것이다. 양쪽 진영의 병사들은 둥그렇게 모여 한 목소리로 외쳤다.

"오 아버지 제우스여, 둘 중 더 무거운 죄를 지어 우리들 사이에 적대감을 불러일으킨 자를 벌주소서. 그를 먼저 하데스의 나라로 보내시고, 우리 두 진영 간의 우정이 사랑의 맹세로 합쳐지게 하소서."

헥토르가 투구를 흔들었다. 행운은 파리스 편이었다. 프리아모스 왕의 아들은 용감하게 앞으로 나섰고, 메넬라오스도 똑같이 했다. 두 사람은 서로의 거리를 잰 다음 각자 위치를 잡았다. 군중들은 숨을 죽이고 두 영웅을 지켜보았다. 두 사람의 험상궂은 표정에는 오래 묵은 깊은 증오의 빛이 역력했다.

파리스가 창을 던졌다. 창은 메넬라오스의 튼튼한 방패에 힘차게 가서 맞았다. 그러나 청동 끝이 구부러지면서 뚫고 들어가진 못했다. 이제 메넬라오스 차례였다.

그가 부르짖었다.

"위대한 제우스 신이시여, 이 창으로 하여금 제게 그토록 사악한 짓을 저지른 자의 생명을 꺼뜨리게 하소서. 그럼으로써 어떤 인간도 내가 그에게 당한 억울함을 되풀이

하지 않게 하소서!"

 말을 마친 메넬라오스는 무시무시한 힘으로 창을 날렸다. 창은 방패를 뚫고 파리스의 옷을 찢었다. 그러나 파리스는 몸을 피해 아슬아슬하게 죽을 고비를 넘겼다. 그러자 메넬라오스는 칼을 빼 들고 덤벼 파리스의 투구를 푹 찔렀다. 그러나 칼날이 뚝 부러졌고 메넬라오스는 격분하여 칼을 던져 버렸다. 그가 뇌까렸다.

 "아버지 제우스여, 어찌 저를 부당하게 대접하십니까. 창은 헛되이 날아갔고 칼은 부러져 버렸습니다. 아직 저자를 죽이지도 못했는데 말입니다."

 그렇다고 해서 메넬라오스가 희망을 잃은 것은 아니다. 그는 파리스에게 덤벼들어 투구를 장식한 말총 술을 움켜잡았다. 이것을 꽉 잡아당겨 파리스를 땅에 쓰러뜨린 다음, 머리통을 잡고 질질 끌기 시작했다. 투구 줄이 목을 얼마나 꽉 죄었는지, 마지막 순간에 아프로디테 여신이 달려와 이 줄을 잘라 버리고 구해 주지 않았더라면 파리스는 분명 질식해서 죽었을 것이다.

 메넬라오스의 손에는 빈 투구만 남았다. 그는 투구를

핵 던져 버렸다. 투구는 공중을 뱅글뱅글 날아가서 동료들 사이에 떨어졌다. 장수들이 투구를 집어 들고 군중에게 보여 주는 동안, 메넬라오스는 파리스에게 다시 한번 달려들어 그를 죽이려 했다.

그러나 아프로디테 여신이 파리스를 구름으로 감싸 구해 주었다. 메넬라오스는 사냥감을 잃어버린 줄도 모르고, 굶주린 짐승처럼 트로이 병사들 사이를 뒤지며 길길이 날뛰었다. 트로이 병사들이 파리스를 감춰 줬을 리는 없었다. 그들도 역시 소름 끼치도록 파리스를 미워했으니 말이다.

마침내 아가멤논 총사령관이 앞으로 나서서 외쳤다.

맹세를 어긴 트로이 군대

"트로이 군사들이여, 아카이아 군사들이여, 그리고 다른 이웃 나라의 군사들이여, 내 말을 들어 보시오. 우리는 모두 누가 이겼는지를 보았습니다. 그러니 미녀 헬레네와 보물 그리고 약속한 공물을 돌려주시오. 그런 다음 모두 평화가 온 것을 경축하도록 합시다."

아카이아 군대는 찬성의 함성을 내질렀다.

그러나 저 높이 올림포스산에서는 헤라 여신이, 평화가 선포되어 트로이가 멸망하지 않게 될까 봐 불안하게 지켜보고 있었다.

제우스가 헤라에게 따져 물었다.

"도대체 트로이가 무슨 죄가 있어 이다지도 미워한단 말이오? 프리아모스 왕과 그 아들들 그리고 트로이의 전 시민을 산 채로 삼켜도 당신의 복수심은 여전히 만족하지 못할 게요. 어쨌든 당신 마음대로 하시구려. 허나 이 다음에 만약 내가 당신이 사랑하는 어느 도시를 멸망시키는 일이 있다 해도, 단 한 마디 불평도 내 귀에 들리게 해선 안 되오."

헤라가 말했다.

"내가 사랑하는 도시가 세 곳 있지요. 스파르타와 아르고스와 미케네예요. 그곳 사람들이 당신의 노여움을 사는 일이 있다면 얼마든지 잿더미로 만들어 버리세요. 하지만 난 트로이만은 주춧돌 하나까지도 무너뜨려야겠어요."

제우스는 아테나를 트로이 병사들 사이로 보내 맹세를

깨뜨리라고 충동질했다. 다시 한번 싸움이 붙게 만들려는 것이었다.

헤라 못지않게 트로이의 멸망을 보고 싶은 아테나는, 신이 나서 리카온의 아들인 명궁 판다로스를 찾기 위해 트로이 진영으로 달려갔다. 그의 활은 아폴론 신이 준 것이었다. 판다로스를 찾아낸 아테나는 안테노르의 아들 모습으로 변장하여 다가갔다.

"메넬라오스에게 화살을 쏴 보지 그러나? 그자를 죽였을 때 자네에게 돌아올 영광을 생각해 보게. 파리스가 자

네 머리 위에 내려 줄 명예를 생각해 보라구. 두 번 생각할 것도 없지. 그저 전쟁이 끝나 고향에 돌아가면 아폴론 신에게 커다란 제물을 바치겠노라고 약속만 하게나."

판다로스는 이내 설득당하고 말았다. 그는 아폴론 신에게 약속한 다음, 활을 꺼내 다른 병사들의 방패 뒤에 숨어서 메넬라오스를 겨냥했다. 그의 화살은 빗나가지 않았다. 화살은 메넬라오스의 허리띠를 맞추고 관통한 다음 갑옷 안에 덧댄 가슴 받이까지 꿰뚫었다. 만약 지켜보고 있던 아테나가 화살의 속도를 늦추지 않았더라면 메넬라

오스는 목숨을 잃고 말았을 것이다. 목숨만 간신히 건진 그는 중상을 입었고 상처에선 피가 솟구쳐 흘렀다.

전투는 시작되고

그것으로 충분했다. 화살 하나가 모든 것을 바꾸어 놓고 말았다. 엄숙한 맹세는 모독당했고, 아카이아 진영과 트로이 진영 양쪽 모두에게 그토록 길고 끔찍한 고통을 가져온 9년간의 전쟁은 더한층 나쁘게 그들을 짓누르며 계속될 운명이었다.

전투는 이내 확 불이 붙었다. 아카이아 병사들은 성난 바다처럼 앞으로 밀고 나갔다. 트로이 병사들도 사나운 함성을 내지르며 돌진했다. 아테나도 한데 섞여 아카이아군을 도왔고, 피에 굶주린 전쟁의 신 아레스는 트로이군을 도왔다.

신과 인간이 뒤섞여 전쟁에 얽혀들었다. 아레스의 두 아들 데이모스와 포보스도 싸움판에 뛰어들어 그들이 가는 곳마다 끔찍한 광경을 불러일으켰다. 에리스 또한 광포한 짐승처럼 여기저기를 뛰어다니면서 눈에 안 보이게 전쟁의 불길에 부채질을 했다.

일대 격전에 가장 먼저 뛰어든 것은 아가멤논, 아이아스, 오디세우스, 디오메데스, 메넬라오스 그리고 이도메네우스 등 사령관들이었다. 제우스의 후예인 천하 장사 아이아스는 시모에이시우스를 때려죽였다. 시모에이시우스는 한창 꽃다운 나이에 도끼날에 쓰러지는 아름드리 나무처럼 쓰러졌다.

아이아스가 죽은 자에게서 무기를 벗기고 있을 때, 프리아모스 왕의 아들인 안티포스가 창을 던졌다. 창은 아이아스를 맞히는 대신 오디세우스의 친구인 레우코스에게 가서 맞았다. 그는 시체를 끌고 가다가 시체 위에 죽어 넘어졌다. 아카이아 용사와 트로이 용사가 죽은 자들의 포옹으로 얽히게 된 셈이다.

친구가 죽자 비탄과 분노로 길길이 뛰던 오디세우스는 트로이 병사들을 향해 돌진했다. 그는 프리아모스 왕의 사생아 데모쿤을 창으로 찔러 죽였다. 그의 기세에 겁을 먹은 트로이 군대는 주춤거리며 뒤로 물러났다. 아카이아 병사들은 한편으론 사망자를 뒤쪽으로 끌어내고 한편으론 함성을 내지르며 앞으로 내달렸다.

모든 것을 지켜보고 있던 아폴론 신이 큰 소리로 외쳤다.

"트로이 용사들이여, 아카이아 군대 앞에서 물러서지 말라. 저들의 몸도 돌이나 무쇠로 만들어진 게 아니다. 그들도 살을 찢는 청동을 막아 내진 못한다. 게다가 아직도 분노를 삭이지 못한 아킬레우스가 함께 싸우지 않고 여전히 막사 안에 빈둥빈둥 앉아 있지 않느냐"

신의 말에 트로이 병사들은 새로운 용기를 얻어 영웅적으로 저항했다. 먼저 트라키아 왕인 페이로스가 에페이아 사령관인 디오레우스를 때려서 죽여 땅바닥에 넘어뜨렸다.

그러나 페이로스가 미처 승리감을 맛볼 겨를도 없이, 이번에는 아이톨리아의 토아스가 그를 죽였다. 토아스도 무기를 벗겨 가고 싶어 했지만 제아무리 용감한 그도 엄청나게 많은 적군 앞에 몸을 던지지는 못했다. 수많은 트라키아 병사들이 죽어 넘어진 자기네 장군을 지키고 서 있었던 것이다.

이 격전에서 여러 아카이아 장수들이 이름을 얻었으나, 한 사람의 활약이 단연 두드러졌다. 그는 명망 높은 티데우스의 아들, 디오메데스였다. 아테나 여신은 이날 그에게 가장 큰 영광을 안겨 주고 싶어 했다.

성급한 판다로스는 디오메데스가 트로이 군대를 누비며 한바탕 아수라장을 일으키는 것을 보자, 서슴없이 앞으로 달려나갔다. 그는 비록 메넬라오스를 죽이는 데는 실패했지만 티데우스의 막강한 아들을 해치움으로써 한층 큰 영광을 얻어 낼 좋은 기회가 왔다고 생각했다. 한순간의 머뭇거림도 없이 그는 무시무시한 활시위를 팽팽히 당긴 다음 뾰족한 화살대를 놓았다. 화살은 디오메데스의 어깨에 가서 맞았다.

판다로스는 승리감에 차서 외쳤다.

"보라, 트로이의 영웅들이여! 내가 아카이아 군대 제일의 용장을 쏘아 맞혔소. 이리들 와서 저자가 어디에 쓰러지는지를 보시오!"

그러나 디오메데스는 쓰러지지 않았다. 전차 몰이꾼 스테넬루스는 디오메데스가 아테나 여신에게 도움을 호소하고 있는 사이 화살을 빼냈다. 여신은 한달음에 그의 곁에 와 있었다.

아테나 여신이 격려했다.

"디오메데스, 계속 싸우라! 나는 네 심장에 네 아버지 티데우스의 기운과 담대함을 몽땅 불어넣어 주었다. 아무도 겁낼 게 없다. 설령 아프로디테가 네 앞에 나타난다 해도 용감하게 넘어뜨려라."

디오메데스는 벌떡 일어나 다시금 전투에 뛰어들었다. 그의 길을 가로막는 자들은 죽은 목숨이었다. 프리아모스 왕의 두 아들, 에케몬과 크로미우스가 그를 막으려고 달려 나왔으나, 디오메데스는 둘 다 처치한 다음 무기와 말을 차지했다.

자신에게 화살로 상처를 입힌 판다로스를 찾아다니던 디오메데스는 그가 전차를 타고 오는 것을 보았다. 판다로스는 안키세스와 아프로디테 사이에서 태어난 아이네이아스와 함께였다.

그들을 본 디오메데스의 전차 몰이꾼 스테넬루스의 가슴은 철렁 내려앉았다. 그는 숨 가쁘게 말했다.

"저들은 무적의 몸입니다. 여기서 빠져나가야 합니다!"

디오메데스가 대꾸했다.

"자네도 내가 적에게서 달아나지 않는다는 걸 잘 알겠지. 자네는 전차 안에 앉아 있게. 나는 내려서 싸울 테니. 만일 아테나 여신이 내게 승리를 안겨 주거든 달려가서 아이네이아스의 말들을 붙잡게. 제우스가 트로스의 아들 가니메데스를 올림포스산으로 데려갈 때 그에게 준 불사의 군마에서 태어난 말들일세. 이 세상에 가니메데스보다 더 아름다운 미소년은 태어난 적이 없었지. 제우스는 그를 곁에 두고 신들의 향연에서 잔에 넥타르를 따르게 하고 있지."

이런 말과 함께 디오메데스는 전차에서 펄쩍 뛰어내려 적들을 맞으러 달려갔다.

그를 본 판다로스가 소리쳤다.

"용맹스러운 틴데우스의 아들이여, 내가 상처를 입혔는데도 죽음의 손아귀는 피한 모양이구려. 이번에야말로 그대를 하데스에게로 내려보낼 테니 어디 두고 보거나!"

다음 순간 판다로스는 기다란 창을 디오메데스를 향해

던졌다. 창은 갑옷을 찢고 들어갔지만 가슴 받이 앞에서 멈췄다.

"내가 다시 상처를 입혔지!"

판다로스는 옆 사람 모두에게 다 들릴 만큼 큰 소리로 외쳤다.

"천만에! 내 몸에는 손톱만 한 상처 하나 없다. 그러나 아레스 신에게 네놈의 피를 배불리 먹이기 전에는 편안히 쉬지 않으리라."

이번엔 디오메데스가 무거운 창을 던졌다. 아테나 여신의 도움으로 창은 과녁에 꽂혔다. 판다로스는 숨이 끊어져 전차에서 거꾸러졌다. 말들은 공포에 질려 뒷발로 일어섰다.

그러자 아이네이아스는 달리던 전차에서 뛰어내려, 시체를 향해 다가오는 적병들에게 창과 방패를 마구 휘둘러 댔다. 아카이아 군대가 판다로스의 시체를 끌고 가서 함부로 모독할까 두려웠기 때문이었다. 그러나 디오메데스는 남자 둘이서도 들지 못할 바윗덩이를 집어 들어 아이네이아스에게 던져 다리를 부러뜨렸다.

아이네이아스가 쿵 하며 쓰러졌다. 그의 어머니 아프로디테가 그를 급히 싸움터에서 데리고 나가지 않았더라면, 손을 짚고 일어서려다가 고통을 견디지 못하고 죽었을 것이다.

이제 디오메데스를 막을 수 있는 건 아무것도 없었다. 그는 정신을 잃은 아들을 안고 가는 아프로디테 여신에게도 창을 던져 팔뚝에 부상을 입혔다. 여신의 상처에서 피가 솟구치기 시작했다. 아프로디테는 고통스러운 비명을 내지르면서 아이네이아스를 다시 땅에 떨어뜨렸다. 아프로디테는 공포에 질린 채, 제우스 신에게 불평을 늘어놓으러 올림포스산으로 날아갔다.

제우스 신이 아프로디테를 타일렀다.

"내 딸아, 전쟁은 너와 같은 여신이 관여할 게 못 된다. 너는 사랑의 기술을 위해 만들어진 몸이 아니냐. 나머지는 아테나와 아레스에게 맡겨 두어라."

피를 흘리는 아프로디테가 아이네이아스를 떨어뜨렸을 때, 아폴론이 그를 구하러 달려갔다. 그러나 디오메데스는 아폴론에게도 거침없이 맞서려고 했다. 적에게 죽음의 일격을 가하고 그의 빛나는 갑옷을 챙겨 갈 생각에만 골몰해 있었다. 활의 신 아폴론이 노발대발하여 고함을 질렀다.

"티데우스의 아들아, 올림포스 신들을 한낱 인간들과 견줄 수 있다고 생각하지 마라. 발밑을 조심하고 썩 비켜나지 못할까!"

그 말에 디오메데스가 뒤로 물러났다. 아폴론은 아이네이아스를 품에 안고 트로이 시내로 날아갔다. 아이네이아스는 신들의 도움으로 말끔히 나았다. 그러나 그의 훌륭한 말들은 전차 몰이꾼 스테넬루스가 아카이아군의 함대로 끌고 가 버렸다.

디오메데스에게 당한 일에 심기가 불편해진 아폴론은 전쟁터로 되돌아갔다. 거기서 전쟁의 신 아레스를 만나서 말했다.

"아레스, 티데우스의 아들이란 놈이 우리에게 하는 짓을 보았소? 처음엔 아프로디테를 부상 입히더니 이젠 나한테까지 폭력을 쓰는구려. 정신 나간 녀석이 앞으로는 우리 아버지 제우스 신에게도 덤벼들 참이오. 녀석이 더 이상 싸우지 못하도록 단단히 손봐 줄 때요."

아레스는 즉각 트로이 병사들에게 달려가 새로운 용기와 열정을 불어넣어 주었다. 그리고 헥토르와 사르페돈을 전쟁터로 보냈다. 사르페돈은 제우스의 아들로, 리키아를 다스리는 왕이었다. 그가 전열의 선두로 나서자 상황은 순식간에 바뀌었다. 이들 무시무시한 용사들을 한번 보기만 하고도 아카이아군은 뒤로 주춤 물러났다. 헤라클레스의 아들 틀레폴레모스만이 죽음을 겁내지 않고 그 자리에서 버텼다.

사르페돈이 앞으로 나서서 그와 맞섰다. 이렇게 하여 제우스의 손자와 아들이 목숨을 건 싸움에 맞서게 되었다. 두 장수는 동시에 창을 던졌다. 틀레폴레모스는 사르페돈의 다리를 맞혔다. 그러나 사르페돈의 창은 틀레폴레모스의 심장을 꿰뚫어 그를 땅바닥에 쓰러뜨렸다.

틀레폴레모스의 죽음을 본 오디세우스의 가슴은 고통과 분노로 가득 찼다. 리키아 군대를 향해 덤벼든 그는 사르페돈의 동료 장수 일곱을 혼자서 해치웠다.

헥토르가 아레스와 함께 그의 앞에 나서지 않았더라면

더 많은 병사가 죽었을 것이다. 여섯 명의 영웅이 트로이군 총사령관의 무시무시한 창에 쓰러졌다. 전황은 다시 한번 아카이아 연합군에게 불리하게 돌아갔다.

바로 이때, 안절부절못한 헤라가 아레스를 싸움에서 빼달라고 간청했다. 제우스는 그 청을 들어줬을 뿐만 아니라 그 일에 아테나를 이용했다.

아테나는 심부름을 잘 이행했다. 디오메데스는 아테나의 도움으로 아레스에게 치욕적인 부상을 입혔다. 아레스는 원한에 찬 가슴을 안고 초라한 몰골로 전쟁터에서 물러났다.

우정을 맹세하는 두 적장

방금 전의 위업에 의기양양해진 디오메데스는 다시 리키아 군대 쪽으로 관심을 돌렸다. 리키아군에서 한 대담한 장수가 앞으로 나서면서 디오메데스에게 도전했다. 그를 본 디오메데스는 그의 담대함과 뛰어난 외모에 놀라 우뚝 멈춰 섰다. 그는 신처럼 잘생긴 장수였다.

디오메데스가 물었다.

"늠름한 용사여, 그대는 누구인가?"

적장은 버티고 선 채 냉정하고 씩씩한 태도로 대답했다.

"티데우스의 장한 아들이여, 내 이름은 글라우코스이며 내 아버지는 영웅 벨레로폰의 아들, 히폴로코스라고 하오. 나는 리키아에서 태어났으나 우리 가문의 뿌리는 코린토스에 있소."

그는 할아버지 벨레로폰이 어떻게 해서 리키아로 오게 되었던가를 들려준 다음 이렇게 덧붙였다.

"아버님이 나를 이 전쟁에 보내실 적에 항상 최전방에서 용감하게 싸우라고 당부하셨소. 코린토스와 리키아의 드넓은 평원에서 명성을 얻은 우리 선조들의 명예를 드높이도록 말이오. 나는 이런 가문의 후예임을 자랑스럽게 여기는 바요."

그의 말을 들은 디오메데스는 깜짝 놀라 외쳤다.

"이제 보니 그대는 우리 집안의 오랜 친구로군요. 나의 할아버지 오이네우스가 손님으로 찾아온 벨레로폰을 20일 동안 대접한 적이 있는데, 그분이 떠나실 때 두 분은 귀한 선물을 주고받으셨소. 혹시라도 그대가 아르고스에 올 일이 있다면 나 역시 그대를 즐겁게 맞아들이겠소. 그대 또한 내가 리키아에 갈 일이 있을 때 똑같이 해 주리라 믿소. 우리 두 사람은 싸울 이유가 전혀 없소. 나 아니라도 그대가 죽일 아카이아 병사들이 많이 있는 것처럼, 그대 아니라도 내가 죽일 트로이 병사들은 아주 많소이다. 자아, 우리들의 무기와 갑옷을 맞바꿈으로써, 우리가 조상 대대로 내려오는 친구임을 보여 줍시다."

두 장수는 즉각 전차에서 뛰어내려 무기를 교환하고, 악수로 형제애를 맹세했다.

한편 헥토르는 모든 트로이 병사들이 나와 싸우는데도 이 모든 불행을 불러온 장본인인 파리스가 보이지 않는 것에 기분이 상했다. 그는 파리스를 찾으려고 성으로 향했다.

성문을 지나가는데, 전쟁터로 나간 자식과 형제들 소식에 애태우던 병사들의 어머니와 딸들이 그를 붙잡았다. 헥토르는 그들 한 명 한 명에게 소식을 전해 주었다. 아직 살아남은 병사의 가족에게는 안심을 주었지만 이미 전사

한 병사의 가족에겐 쓰라린 눈물을 흘리게 해야 했다.

헥토르가 궁전으로 올라갔을 때 맨 처음 만난 사람은 어머니 헤카베였다. 헤카베는 걱정스러운 얼굴로 아들의 손을 붙잡고 포도주를 권했다.

"안 됩니다, 어머니. 몸도 씻지 않고 마시거나 제우스 신께 술을 바칠 수는 없어요. 또 머물 짬도 없고요. 여자분들은 아테나 신전에 가서 여신께서 이 성스러운 도시를 가엾게 여기도록 제물을 바치세요. 저는 파리스를 찾아 싸움터에 데려가렵니다. 제 말을 듣는다면 말입니다. 나쁜 자식, 제우스가 녀석을 구해 준 것은 우리를 파멸시키기 위한 게 틀림없어요. 녀석이 하데스의 저승 세계 밑바닥에 가라앉는 것을 볼 수만 있다면 제 슬픔이 덜어질 텐데 말입니다."

어머니와 아들은 무거운 가슴으로 헤어졌다. 헤카베는 헥토르의 당부대로 여자들을 불러 아테나 신전으로 향했다. 여신에게 제물을 바쳐 노여움을 풀려고 했지만 아무 소용이 없었다. 아테나는 제물을 받아들이지 않았다.

헥토르와 안드로마케

헥토르는 파리스가 헬레네와 함께 여자 노예들에게 둘러싸여 있는 것을 발견했다.

그 광경을 본 헥토르는 호통쳤다.

"이런 나쁜 자식! 트로이의 꽃다운 청년들이 네놈을 위해 죽어 가고 있는 판국에 이 무슨 짓이냐! 네 조국이 불길에 휩싸이기 전에 당장 일어나지 못하겠느냐!"

파리스가 말했다.

"형님이 화를 내시는 것도 당연합니다. 아까는 너무 아파서 갈 수가 없었어요. 하지만 이젠 괜찮습니다. 갑옷만 챙겨 입고 곧 나갈게요. 먼저 가십시오, 곧 뒤따라가겠습니다."

그러자 헬레네가 헥토르에게 말했다.

"아주버님, 저는 차마 부끄러워 아주버님을 마주 볼 면목이 없습니다. 우리 모두에게 이런 불운이 닥치게 하느니, 차라리 제가 태어났을 때 어머니가 갓난 저를 바다에 던져 버리거나 험한 산에 내다 버렸더라면 천 배나 나았을 텐데요. 하지만 잠시만 앉아서 쉬십시오. 부정한 저와 파리스 때문에 힘든 전쟁을 하고 계시지 않습니까. 하지만 이것은 저희 이야기가 노래와 이야기로 전해지도록 제우스께서 정하신 운명이겠지요."

"고맙소, 헬레네. 하지만 지체할 수가 없어요. 트로이 병사들이 나를 부르고 있습니다. 다만 내 사랑하는 아내 안드로마케와 갓난 아들을 잠깐 보고 가려 합니다. 언제 다시 볼 수 있을지 알 수 없으니까요."

그러나 안드로마케는 궁전 안에 없었다. 트로이 군대가 밀리고 있다는 소식에 걱정이 되어, 자세한 소식을 듣고 싶어 성문으로 달려나간 것이었다.

헥토르는 도시의 거리를 성큼성큼 서둘러 걸어갔다. 이젠 안드로마케를 만날 희망도 버린 뒤였다. 그는 다시 한번 성문을 지나 싸움터로 접어들고 있었다.

"오 헥토르, 미쳤어요? 지금 어디 가는 거예요?"

뒤에서 귀익은 목소리가 들려왔다. 고개를 돌려 보니 사랑하는 아내가 어린 아스티아낙스를 품에 안고 서 있었다. 그들을 보자 헥토르의 지친 얼굴에 환한 미소가 떠올랐다. 안드로마케는 뺨에 눈물을 흘리면서 그에게 바

짝 매달렸다. 두 손을 그의 넓은 손바닥에 갖다 대면서 말했다.

"급한 성질을 부리다가 죽으려고 그러는군요? 우리 아기와 제가 불쌍하지도 않으세요? 아카이아 군대가 한꺼번에 당신에게 달려들 텐데, 그럼 당신은 끝장이에요. 나는 과부가 되는 거고요. 하지만 당신을 잃게 되면 고통 속에서 계속 살아가느니 나도 하데스의 나라로 내려가는 편이 천 배나 나을 거예요. 내 주위엔 당신밖에 남지 않았어요. 아버지는 아킬레우스의 칼에 죽었고, 오빠들 역시 마찬가지였지요. 어머니는 처음엔 노예 생활의 쓰라린 맛을 보다 분노에 찬 아르테미스 여신에게 죽임을 당했지요. 헥토르, 당신은 제게 사랑하는 남편일 뿐만 아니라 아버지요, 어머니요, 오빠예요. 우리를 불쌍히 여겨 성안에 머물러 주세요. 부디 저를 과부로 만들지 말고 우리 아기를 고아로 만들지 말아 주세요. 벽을 타넘기 쉬워서 아카이아 군대가 세 번씩이나 성안으로 뚫고 들어오려고 했던 야생 무화과나무 가까이에 우리 군대를 배치해 두면 되잖아요."

헥토르가 아내를 달랬다.

"여보, 나도 모든 것을 곰곰 궁리해 봤소. 허나 나는 싸움터를 떠날 수가 없소. 만일 그랬다간 내가 어찌 부하들을 볼 수가 있으며, 그 어머니들의 눈을 똑바로 바라볼 수가 있겠소? 겁쟁이 모습을 보이다니, 그건 내가 절대로 용납할 수 없는 일이오. 나는 항상 맨 앞줄에 서서 아버님과 나 자신에게 영광을 얻는 것을 배워 왔소. 그러나 나는 우리의 신성한 도시가 패망하고, 그와 함께 프리아모스 왕과 우리 시민 모두가 죽게 될 날이 온다는 걸 알고 있소. 그렇다 한들 나를 가장 괴롭히는 것은 트로이 백성들의 고통이나 존경하는 부모님, 또는 흙먼지 속에 죽어 나뒹굴게 될지도 모를 용감한 내 형제들이 아니오. 그 어떤 것도 아카이아 장수에게 노예로 끌려가는 당신을 상상할 때만큼 나를 괴롭히지는 못하오. 당신의 쓰라린 눈물과 당신이 당할 모욕을 상상하기 싫소.

노예가 된 당신이 머나먼 아르고스에서 베틀 위에 엎드려 베를 짜거나 물동이 무게 때문에 비틀거리며 우물에서 물을 길어 올 때……. 그때 당신의 가슴을 짓누를 고통은 생각만 해도 끔찍하오. 사내들이 눈물이 글썽한 당신의 눈을 들여다보며 '저 여자가 트로이군의 영웅 헥토르의 부인이라네!'라고 말하는 광경을 상상할 때 내가 느끼는 고통을 당신이 안다면! 그러면 당신은 당신을 구해 줄 수 있었을 단 한 남자를 잃은 슬픔에 더욱 가슴이 메어질 것이오. 부디 제우스 신이 내 무덤 위의 흙을 두껍게 만들어, 당신이 끌려갈 때 울부짖는 소리가 내 귀에 들리지 않기를."

이런 말과 함께 헥토르는 아들 아스티아낙스에게 팔을 벌렸다. 그러나 어린 아들은 번쩍거리는 청동 갑옷과 사그락거리는 투구의 말총 장식에 겁을 먹고 몸을 뒤로 뺐다. 헥토르와 안드로마케는 이 모습을 보고 웃음을 터뜨렸다. 헥토르는 번쩍이는 투구를 벗어서 땅바닥에 내려놓았다. 그러고는 아들을 들어 올려 입을 맞추고 품에 안고 얼렀다. 마침내 그가 외쳤다.

"오, 아버지 제우스여, 제가 그러했듯이 제 아들이 트로이의 일인자로서 강대한 이 나라를 명예롭게 다스리게 하소서! 신들이시여, 전쟁에 나가 많은 전리품을 얻고 개선

하는 그를 보는 어머니 가슴을 기쁨에 뛰게 하시고, 사람들이 이렇게 말하는 것을 듣는 어머니 가슴을 더욱 큰 기쁨으로 가득 차게 하소서. '그의 아버지도 뛰어난 영웅이었지만 그는 더욱 훌륭하도다.'"

말을 마친 헥토르는 아기를 어머니의 향긋한 품에 돌려주었다. 안드로마케는 눈물이 글썽한 눈으로 미소 지으면서 헥토르에게 안겨 작별의 말을 들었다.

"내가 당신의 가슴을 아프게 했다면 용서하시오. 내 본심이 아니니까. 아무도 자신의 종말을 알 수 없는 법이오."

헥토르가 다시 투구를 쓰면서 말했다.

"용감한 자도 비겁한 자도 자신의 운명을 피할 수는 없소."

헥토르는 떠났다. 그것이 그들의 마지막 작별이었다.

헥토르가 성 밖으로 걸어 나가는데 파리스가 뒤따라왔다. 그도 용감하게 싸울 결의에 차 있었다. 두 왕자가 치열한 싸움판에 뛰어들자, 트로이 군대의 사기는 새롭게 불타올랐다. 헥토르는 아카이아 장수 한 명과 일 대 일로 붙기로 했다. 그런 생각을 한 것은 아우 헬레노스였다. 예언

가인 그가 형에게 아직은 죽을 때가 아니라고 말했던 것이다.

죽을 때까지 싸우는 결투를 제안한 헥토르

기다란 창을 든 헥토르는 트로이 병사들을 뒤로 밀쳐내면서 싸움을 중단시켰다. 이 광경을 본 적군의 아가멤논도 그렇게 했다. 헥토르는 앞으로 걸어 나와 외쳤다.

"트로이 병사들과 아카이아 병사들이여, 내 가슴에서 우러난 말을 들어주시오. 나는 아카이아 장수 한 명과 일대 일로 싸우고 싶소. 그가 누구든 그럴 용기가 있는 장수면 되오. 제우스를 증인으로 약속합시다. 만일 적장이 나를 이기면 내 무기를 가져가도 좋소. 그러나 내 시신은 명예롭게 장사를 치르도록 내 백성들에게 돌려주시오. 만일 내가 이기면 적장의 무기를 갖고 아카이아 진영은 그를 헬레스폰토스 해협 끝에 묻은 다음, 그 무덤 위에 높다란 봉분을 만들어 후세가 길이 기억하게 하는 거요. 그러면 근처 바닷가를 지나는 선원들은 이렇게 말할 것이오. '저것이 오래전에 죽은 어떤 영웅의 무덤이라네. 용감하게 싸웠지만 위대한 헥토르에게 죽임을 당하고 말았지.'"

트로이 총사령관의 대담한 제안에 아카이아 진영에는 정적이 내려앉았다. 아무도 입을 열지 않았다. 도전을 거절하는 것도 수치스러웠지만 받아들이는 것 또한 두려웠다.

침묵이 더 이상 견딜 수 없도록 불편해졌을 때, 메넬라오스가 고함을 지르며 일어섰다. 그는 모두들 말로만 잘난 척하는 겁쟁이라고 쏘아붙인 다음, 불길한 예감을 애써 누르며 말했다.

"아무도 헥토르와 대적할 용기가 없으니 내가 한판 붙겠소. 신들이 마음에 드시는 쪽에 승리를 내려 주시기를!"

아가멤논이 단박에 호통을 쳤다.

"네가 어찌 감히 아킬레우스도 두려워하는 영웅과 싸운다는 게냐? 옆으로 물렀거라. 적수가 될 만한 장수를 찾아볼 테니."

메넬라오스는 총사령관의 명령에 복종했다. 그러자 백발의 네스토르가 비틀거리며 일어나 말했다.

아카이아 장수들에게 박차를 가하는 네스토르

"아카이아 용사들이 트로이 장군 헥토르 앞에서 겁에 질려 벌벌 떠는 것을 본다면, 죽은 펠레우스도 가슴속 깊은 곳에서부터 신음하면서 차라리 하데스의 저승 세계로 끌려 내려가기를 간청할 것입니다. 오, 아버지 제우스와 아테나와 아폴론 신이시여, 그 옛날 에레우탈리온을 쓰러뜨릴 때처럼 내게 젊음만 있다면! 우리 필로스가 아르카디아와 맞서 싸울 때, 적의 맨 앞줄에 기운과 체격이 신과도 같아 모두가 벌벌 떠는 에레우탈리온이 있었지요. 그도 우리들 중 가장 용감한 장수가 나서서 자기와 한판 겨뤄 보자고 도전장을 내밀었습니다. 그러나 지금처럼 그때도 아무도 감히 일어나서 대적하는 인물이 없었지요. 그래서 군대에서 가장 나이 어린 내가 나서서 그와 맞붙었는데, 아테나 여신이 내게 승리를 안겨 주었지요. 위대한 에레우탈리온은 참나무처럼 키가 훤칠하고 몸집은 외양간처럼 우람했지만, 나는 그를 땅바닥에 납작하게 쓰러뜨렸습니다. 나는 이후 그보다 더 용감하고 힘센 장사를 죽여 본 적이 없습니다. 오, 내가 젊음을 되찾을 수만 있다면 헥토르와 붙어 볼 텐데! 허나 부끄러운 일이구려. 나가서 맞설 인물 하나 없다니요."

노인의 질책은 효과가 있었다. 즉각 아가멤논, 디오메데스, 두 명의 아이아스, 이도메네우스, 메리오네스, 오디세우스, 에우리필로스 그리고 타오스의 아홉 장수가 동시에 벌떡 일어났다. 이제 그들은 앞다투어 무적의 헥토르와 싸우고자 나섰다. 결국엔 제비뽑기로 그 특권을 차지하기로 했다.

텔라몬의 거인 같은 아들 아이아스가 뽑혔다. 그는 피에 굶주린 얼굴에 기대에 찬 미소를 환히 지으면서 앞으로 나섰다. 그를 본 아카이아 병사들은 열광했다. 그를 본 트로이 병사들은 공포에 사로잡혔다. 용장 헥토르조차 그를 보자 심장 박동이 빨라졌다. 그러나 그는 굳건히 자리를 지키고 섰다.

다음 순간, 두 영웅은 얼굴을 마주하고 한판 붙기 시작했다. 아이아스는 처음에 적을 한번 을러 보았다. 그러나 헥토르가 겁을 먹지 않자, 좀 더 점잖게 먼저 창을 던지라고 양보했다. 그 대답으로 용감무쌍한 헥토르도 정정당당

하게 싸울 것을 약속했다.

헥토르가 창을 던졌다. 창은 아이아스의 높다란 방패에 떨면서 날아가 꽂혔으나 이를 꿰뚫지는 못했다. 이번엔 아이아스가 창을 날렸다. 그의 창은 헥토르의 커다랗고 둥근 방패를 깨끗이 뚫고 들어갔다. 헥토르는 재빨리 몸을 피해 죽음을 면했다. 둘은 창을 집어 들어 다시 던졌다. 이번에는 헥토르의 창 끝이 아이아스 방패 가장자리의 쇠붙이에 맞아 구부러졌다. 아이아스의 창이 헥토르의 목을 스쳤다. 헥토르는 뿜어져 나오는 피를 무시하고, 이번엔 커다란 돌덩이를 집어 들어 무지막지한 힘으로 던졌다. 돌덩이는 아이아스의 방패에 가서 맞았으나 아이아스는 끄떡도 하지 않았다.

이번엔 아이아스가 맷돌 만한 크기의 바위를 들어 올려 헥토르의 방패를 향해 뱅글뱅글 돌리다 던졌다. 어찌나 크고 빠른지 바윗덩이는 그를 납작 쓰러뜨렸다. 그러나 싸움을 지켜보고 있던 아폴론 신은 눈에 안 보이게 슬쩍 다가가 헥토르를 일으켜 세웠다. 두 영웅이 막 칼을 뽑아 들었을 때, 두 전령 탈티비오스와 이다이오스가 관봉을 치켜든 채 두 사람 사이에 끼어들었다.

프리아모스의 대변인 이다이오스가 먼저 외쳤다.

"멈추시오! 이 싸움으로 제우스께서 두 장군을 모두 사랑하신다는 것이 분명해졌소. 어둠이 깔리고 있으니 싸움을 그만두는 게 좋겠소."

싸움은 끝이 났다. 헥토르와 아이아스는 칼을 칼집에 넣은 다음 악수를 나누었다.

헥토르가 말했다.

"이제 선물을 교환합시다. 그리하여 사람들이 우리에 대해 '두 용장은 죽음을 걸고 싸웠으나 친구로서 헤어졌도다.'라고 말할 수 있도록 말이오."

헥토르는 아이아스에게 은으로 돋을새김한 칼을 선물했고, 그에게서 자주색 허리띠를 선물로 받았다.

두 영웅 사이의 결투는 이렇게 우정으로 끝났다. 하지만 모든 사람은 피비린내 나는 잔혹한 싸움이 다음 날 계속될 것임을 알고 있었다.

그날 밤, 아카이아 진영의 사령관들은 전략 회의를 했다. 네스토르의 제안에 따라, 그들은 진지와 뭍에 끌어올려 놓은 함대 주위에 야밤을 틈타 흙으로 방어둑을 쌓기로 했다.

트로이 진영도 전략 회의를 위해 모였다. 모든 장수들에게 존경받는 늙은 안테노르가 먼저 입을 열었다.

"트로이 장군들이여, 내가 하는 말은 깊은 충정에서 우러나온 것이니 부디 내 말을 들어 주시오. 미녀 헬레네와 보물을 돌려줘야 하오. 지금 우리는 우리가 한 맹세를 거스르며 싸우고 있는 것이오. 그러므로 신들이 우리에게 승리를 내려 주기를 기대할 수 없소."

파리스가 벌떡 일어나면서 소리쳤다.

"노인장, 우리에게 그따위로 말하다니 정신이 나간 거 아니시오! 난 절대로 헬레네를 포기할 수 없소. 내가 할 수 있는 일은 보물을 돌려주는 것뿐이오. 필요하다면 내 것을 보태서라도 말이오."

그러자 프리아모스 왕이 입을 열었다.

"나도 파리스의 말에 동의하오. 아침에 이다이오스에게 내 제안을 들려서 아가멤논에게 보냅시다. 만일 아카이아 측이 거절하면, 전사자들을 묻을 수 있도록 잠시만이라도 전쟁을 멈추자고 요청합시다."

이다이오스가 트로이 측의 전언을 아카이아 진영에 가서 전했다. 그 말을 들은 디오메데스가 벌떡 일어서면서 고함을 질렀다.

"파리스의 제안에 아무도 속아 넘어가선 안 됩니다. 트로이군은 이미 멸망 직전에 와 있습니다!"

모든 참석자도 큰 소리로 동의했다. 아가멤논은 전령에게 대답했다.

"이다이오스, 아카이아 사령관들이 한목소리로 외친 대답을 그대도 들었지. 다만 전사자들에 대해서만은 우리도 이의 없네. 전투 중에 죽은 자들을 묻어 주는 데 누가 반대하겠는가."

이튿날 새벽, 트로이군과 아카이아군은 서둘러 싸움터로 나가 평화롭게 섞여 시체들을 운반했다. 아카이아 진영은 밤새도록 작업하여 돌덩이와 나무 둥치로 전략 회의에서 결정했던 방어벽을 쌓았다. 높다란 탑과 대못을 박은 방어 해자를 튼튼하게 세웠다.

이런 일이 진행되는 동안, 제우스 신은 신들을 모두 불러 선언했다.

제우스의 결정

"제신들은 내 명령을 귀담아들으시오. 이제부턴 아무도 아카이아 군대든 트로이 군대든 돕지 마시오. 내 말은 법이오. 만약 어느 누구라도 이 법을 어기면, 그의 앞엔 무한 지옥 타르타로스가 기다리고 있음을 기억하시오. 땅에서 하늘까지의 거리만큼 깊은 저 아래 하데스 나라 말이오. 나는 그대들 모두를 합친 것보다 더 강한 큰 신이니 내 의지대로 할 수 있소. 만일 나와 힘을 겨루고자 한다면 하늘에서 황금 밧줄을 늘어뜨려 나를 땅으로 잡아당기려 해보시오. 장담하지만, 아무도 나를 이 높은 올림포스로부터 단 일 인치도 움직이지 못할 것이오. 하지만 만일 내가 그대들을 끌어올리고자 한다면, 나는 그대들뿐만 아니라 지구까지 통째로 함께 끌어올릴 수 있소. 그 정도로 내 힘이 그대들의 힘보다 세다는 뜻이오."

신들은 두려움에 고개를 조아렸다. 그러자 제우스는 이다산에 자리를 잡고 앉아, 트로이군이 우세해져서 아킬레우스에게 영광의 시간이 다가오도록 싸움을 직접 관장하기 시작했다.

새 아침이 밝았다. 양쪽 군대는 다시 한번 전열을 가다듬어 전투 태세에 들어갔다. 제우스는 막 진군하려는 아카이아 연합군 위에 벼락을 내렸다.

그들은 이 불길한 징조에 혼비백산하여 공포에 사로잡혔다. 트로이 군대는 즉각 진격했다. 아카이아군은 내빼기 시작했다. 장수들이 가장 먼저 달아났다. 맨 뒷줄에서 후퇴하던 군사들이 가장 큰 낭패를 당했다.

파리스가 쏜 화살에 말 한 마리가 다리를 맞는 바람에 백발의 네스토르는 곤경에 빠지고 말았다. 도움을 호소하는 그의 절박한 외침에 아무도 주의를 기울이지 않았다.

오디세우스마저 제우스의 벼락에 어찌나 겁을 먹었던지 도와주지 않고 허겁지겁 지나쳤다.

마침내 디오메데스가 네스토르를 발견하고 말을 달려 그의 곁으로 다가갔다.

디오메데스가 소리쳤다.

"서두르십시오! 제 전차에 올라타십시오! 제 말은 트로스의 말입니다. 아이네이아스에게서 빼앗은 훌륭한 군마지요. 이놈들은 필요하다면 싸움에서 언제 뒤쫓고 언제 달아나야 할지를 알고 있지요. 어르신의 말들은 마부에게 맡겨 두십시오."

네스토르는 얼른 디오메데스의 전차에 올라 고삐를 붙잡고 채찍을 휘둘렀다. 그 순간, 헥토르가 번개처럼 달려와 그를 도망치지 못하게 막으려 했다.

그러나 디오메데스가 때맞춰 창을 날렸다. 창은 트로이군의 총사령관인 헥토르를 빗나갔지만 대신 전차 몰이꾼을 찔러 넘어뜨렸다. 헥토르는 가슴이 무너지는 것만 같았다. 전차 몰이꾼 없이는 싸움에서 물러날 수밖에 없

었다.

헥토르의 위기를 알아챈 디오메데스와 네스토르는 몸을 돌려 트로이군을 향해 무서운 기세로 달려들었다. 만약 이를 본 제우스가 그들의 말굽에 벼락을 떨어뜨리지 않았더라면, 그들은 트로이 성안까지 밀고 들어갔을 것이다.

놀란 네스토르는 말고삐를 놓았다.

"디오메데스, 제우스께서 우리에게 떠나라고 경고하고 계시오!"

디오메데스가 우겼다.

"그런 것 같습니다. 하지만 헥토르가 이 디오메데스가

자기 앞에서 도망쳤다고 뽐내는 꼴을 보느니, 차라리 캄캄한 땅이 갈라져서 저를 삼켜 버리게 하겠습니다."

네스토르는 디오메데스의 반대를 무시하고 전차를 돌려 재빨리 위험에서 빠져나왔다. 그리고 헥토르가 그들의 등에 대고 소리를 질렀다.

"디오메데스, 지금까지 아카이아 군대는 그대를 영웅으로 높이 받들었지만 이제부턴 조롱하게 될 거요! 계집애처럼 자기 한 목숨 살겠다고 달아나는 꼬락서니라니! 나 헥토르는 뒤돌아서 도망가지 않는다! 당신네들이 트로이를 짓밟고 우리 여자들을 붙잡아 가게 하느니, 난 당신들을 죽여 하데스에게 보낼 거요!"

용맹스러운 디오메데스는 당장 전차를 돌려 헥토르와 맞서자고 세 번씩이나 우겼다.

제우스 신은 트로이가 승리할 거라는 표시로 그때마다 벼락을 내리쳐서 경고했다.

아카이아 장군들을 뒤쫓는 헥토르
그러자 헥토르가 외쳤다.

"오, 트로이와 다르다니아 그리고 리키아 병사들은 들으라. 제우스께선 우리 쪽을 편들어 주고 계시다. 앞으로 진격하여 저들의 해자를 건너가라! 적을 모조리 무찌르자! 적의 함대 사이사이에 불을 질러라!"

그러고는 몸을 숙여 말들에게 일렀다.

"서둘러라, 나의 말들아. 정성껏 보살펴 준 안드로마케에게 보답할 때가 왔느니라. 향긋한 여물을 먹여 주고 포도주를 섞은 물을 마시라고 주지 않았느냐. 이제 네스토르의 방패를 빼앗고 디오메데스의 앞가슴에서 가슴 받이를 벗겨 내도록 날 도와다오. 지금 그 두 적장을 죽일 수만 있다면, 오늘 밤이 아카이아 군대가 트로이 땅에서 머무르는 마지막 밤이 될 것이다."

그러나 헤라 여신은 제우스 몰래 아카이아 군대를 도와주고 있었다. 아가멤논, 메넬라오스, 두 명의 아이아스 그리고 선두에 선 여러 장수들과 함께 아카이아 군사들은 다시 한번 진격해 들어갔다. 트로이 병사들 사이에 가장 큰 위력을 드러낸 것은 큰 아이아스의 동생인 테우크로스였다.

죽음의 궁사인 그는 형의 커다란 방패 뒤에 몸을 숨기고는, 아이아스가 잠깐씩 방패를 들어 올릴 때마다 적의 전열에서 한 명씩을 골라 겨냥했다. 화살을 맞은 적장이 몸을 피하지 못하고 쓰러지는 것을 눈으로 확인하는 즉시, 어머니의 치맛자락에 숨는 아이처럼 다시금 방패 뒤로 몸을 감췄다.

사망자가 늘어나는 것을 본 헥토르는 테우크로스를 처치하려고 앞으로 나섰다. 테우크로스는 꿈쩍도 하지 않고 화살을 쏘았다. 헥토르의 전차 몰이꾼이 대신 맞고 쓰러졌다. 먼젓번 전차 몰이꾼에 이어 두 번째 전차 몰이꾼도 잃은 것이다.

격분한 헥토르는 전차에서 뛰어내렸다. 그러고는 큼직한 돌덩이를 집어 들어 막 자신을 겨냥하고 있는 테우크로스에게 던졌다. 돌덩이는 그의 팔에 맞았고 활은 땅바닥에 떨어졌다. 테우크로스는 팔목을 부여잡으면서 무릎을 꿇고 주저앉았다. 두 명의 동료가 달려 나와 동생을 안전한 곳으로 데리고 나갈 때까지 아이아스는 방패로 막아 주었다.

이제 제우스는 트로이군에게 새로운 불길을 불어넣어 주었다. 헥토르의 지휘 아래 트로이군은 뒤처지는 적병을 가차 없이 해치우면서 아카이아군을 방어벽 안으로 되쫓아 버렸다. 다급한 아카이아 장군들은 하늘을 향해 도움을 청했다. 그러나 그들의 간청을 들어 주는 신은 없었다.

마침내 장수들은 제각기 병사들을 격려하여 함대 앞에서 가까스로 전열을 가다듬은 다음, 밤이 되어 더 이상 전투를 계속할 수 없을 때까지 싸웠다.

헥토르가 장담했다.

"어둠만 아니었으면 몽땅 궤멸시켜 버릴 수도 있었을 텐데. 내일 첫 새벽이 밝는 대로 무기를 들고 나가 싸워서 적을 섬멸하고 기쁨과 영광을 쟁취하도록 하세."

헥토르가 이런 희망찬 말로 부하들을 격려하는 동안, 적진에서는 아가멤논이 장군들에게 무거운 가슴으로 말하고 있었다.

"하기 힘든 말이오만, 이것은 쓰라린 진실이오. 제우스는 나를 속였소이다, 여러분. 수많은 탑으로 둘러싸인 트로이가 내 발아래 무너질 거라고 약속해 놓고도, 제우스는 이제 군사의 절반을 잃는 수모를 당한 내가 도망치길 바라시오. 허나 그것이 크로노스의 아들이 원하시는 바라면, 우리가 그의 뜻을 거스를 길은 없소. 함대에 올라 그리운 고향으로 돌아갈 수밖에."

모두들 발등만 내려다볼 뿐 아무 말이 없었다. 마침내 디오메데스가 성난 고함으로 침묵을 깼다.

"아가멤논, 장군은 지금 자신이 무슨 말을 하고 있는지도 모르고 있소이다. 아카이아 군대는 싸우는 걸 겁내지 않소. 고향밖에 생각하는 게 없다면 배를 타고 떠나시구려. 나는 내 군사들과 스테넬루스만 데리고 여기 남아 우리 손에 일리아드가 함락되는 것을 보고야 말겠소!"

디오메데스의 결연한 의지는 그들 모두에게 새로운 용기를 불어넣었다.

네스토르가 말했다.

"티데우스의 아들이여, 그대는 용감무쌍한 장수로서 현명한 말을 했소. 허나 다른 할 일이 있는데 그것은 아가멤논 총사령관만이 할 수 있는 것이오. 내가 전에도 말했듯이 아가멤논 장군은 아킬레우스의 전리품인 미녀 브리세이스를 그에게서 빼앗지 말았어야 했소. 허나 장군은 내 말을 무시했고 우리 중 가장 용감한 영웅을 모욕했소. 이제 내 말을 듣고 그대가 저지른 잘못을 갚아 주시오."

아가멤논은 이번에는 백발 노장 네스토르의 지혜로운 말에 귀를 기울였다.

아킬레우스와 화해할 수만 있다면 무엇이든 다 내놓겠다고 말이다! 브리세이스를 돌려줄 뿐만 아니라 지금 당장 수많은 선물을 줄 것이며, 트로이성 안에 발을 내딛기만 하면 더 많은 선물을 내놓겠다고 했다.

나아가 고국에 돌아갔을 때, 아킬레우스를 자기 딸들 중 하나와 혼인시킬 뿐만 아니라 부유한 도시 일곱 개를 그에게 넘겨주겠다고 했다. 이 모두를, 아킬레우스가 분노를 삼키고 아카이아 군대를 이끌고 전투에 나서 준다면 말이다.

포이닉스, 아이아스, 오디세우스가 이런 제안을 아킬레우스에게 전달했다.

그러나 아킬레우스의 유일한 대답은 아가멤논에 대한 저주뿐이었다. 모든 울분을 쏟아 낸 다음 아킬레우스는 이런 말로 결론지었다.

"그가 내게 자기 재산의 스무 배를 내놓는다고 해도 내 분노를 묻어 버릴 수는 없소. 오르코메노스에 있는 온갖 보물이나, 문이 백 개 있는 이집트의 테베에 묻힌 모든 보물을 다 준다고 해도 말이오. 끝없는 바닷가의 모래알만큼이나 많은 황금을 준다고 해도 난 받아들이지 않을 것이오. 천만에! 그가 내게 가한 모욕의 대가를 훨씬 비싸게 치를 때까지 나는 그와 절대로 화해할 수 없습니다. 이게 나의 대답이니 총사령관에게 가서 그리 전하시오. 다만 사랑하는 포이닉스는 여기 남겨 두시오. 그는 많은 충고로 나를 키워 준 사람이니, 그와 더불어 고향으로 돌아가겠소."

오디세우스와 아이아스는 이런 답을 들고 아가멤논에게 돌아갔다. 아가멤논은 더한층 걱정에 휩싸였다.

첩자 돌론

밤이 깊어지자 모두들 잠이 들었다. 그러나 아가멤논은 이리 뒤척 저리 뒤척 잠을 이룰 수가 없었다. 마침내 그는 자리에서 일어나 옷을 입고 막사 문간으로 나갔다. 맞은편 트로이 진영에는 수많은 불이 켜져 있었다. 대체 이게 무슨 뜻일까 하고 그가 의아해하는데, 역시 잠을 이루지 못하던 아우 메넬라오스가 그를 찾아와 말했다.

"무슨 대책을 마련해야 합니다. 트로이군이 저토록 가까이 있는데 우리 병사들이 태평스레 잠자게 내버려 둘 순 없습니다."

두 사람은 사령관들을 모두 깨워 전략 회의를 열었다.

"트로이군이 어떤 계획을 세우고 있는지를 알아내야 하오. 첩자를 두 명 보내 뭘 좀 알아내도록 합시다."

네스토르의 말에 디오메데스와 오디세우스가 가기로 했다.

적진에서는 헥토르 역시 잠을 이루지 못하고 있었다. 그에게도 똑같은 생각이 떠올라, 돌론을 아카이아 진지로 보내기로 했다. 아킬레우스의 신마를 상으로 준다는 약속으로 그를 설득했다.

돌론이 아카이아 진지에 반쯤 다다랐을 때, 그는 디오메데스와 오디세우스와 맞닥뜨리고 말았다. 그들의 손아귀에서 벗어나려고 했지만 소용없었다.

"죽이지만 말아 주십시오. 저를 살려 돌려보내 주신다면 제 아버님이 두 장군님을 부자로 만들어 주실 것입니다!"

돌론은 무릎을 꿇고 빌었다.

오디세우스가 명령했다.

"먼저 네놈이 왜 왔는지, 너희들이 무엇을 꾀하고 있는지를 말해라."

돌론은 겁에 질려 벌벌 떨면서 자기가 아는 것을 낱낱이 털어놓았다.

"그리고 커다란 공을 세우고 싶다면 저쪽으로 가십시오. 트라키아 군대가 방금 도착하여 곤하게 자고 있습니다. 바람보다 날쌘 훌륭한 말들을 데리고 온 레소스 왕도 같이 있습니다."

이런 식으로 헥토르의 신뢰를 배반한 돌론은 이제 목숨을 건졌다고 생각했다. 그러나 배반자를 동정할 사람이 어디 있겠는가? 디오메데스는 그를 한 칼에 베었다.

그러고는 지체 없이 오디세우스와 함께 돌론이 알려 준

트라키아 군대를 찾으러 떠났다.

돌론의 말대로 모두들 곤히 잠들어 있었다.

오디세우스가 속삭였다.

"장군께선 병사들을 맡으시오. 나는 먼저 말들에게 가 보리다."

디오메데스는 사자가 양치기 없는 양 떼를 덮치듯이 그들을 덮쳐, 레소스 왕을 포함한 장수 열셋을 죽였다. 아테나 여신이 달려와 트로이군이 낌새를 눈치채기 전에 어서 떠나라고 채근하지 않았더라면, 디오메데스는 그보다 더 많이 해치웠을 것이다.

디오메데스와 오디세우스가 말 떼를 끌고 진지로 돌아오자, 훌륭한 전리품에 다들 눈이 휘둥그레졌다.

네스토르는 감탄했다.

"이 늙은이가 그동안 수많은 것을 보았지만 이렇게 훌륭한 말들은 처음이오."

레소스 왕의 군마들

오디세우스가 말했다.

"이것은 레소스 왕의 군마들입니다. 디오메데스 장군은 왕과 그의 용감한 트라키아 장수 열둘 그리고 도중에 만난 첩자를 죽였습니다."

지평선 위에 해가 떠오르자마자, 제우스는 에리스를 보

내 전투에 다시금 불을 붙이게 했다. 먼저 무기를 든 쪽은 아카이아군이었다. 그들은 함대 앞에서 트로이군을 몰아내는 데 성공했다.

그러나 그들은 올림포스의 제왕이 그들 앞에 무엇을 마련해 두고 있는지 알지 못했다. 해가 저물기 전에 아가멤논 총사령관은 팔에 부상을 입고 물러나야 했다. 헥토르를 쫓던 디오메데스는 멀리서 파리스가 쏜 화살에 맞았고, 아스클레피오스의 아들인 마카온도 부상을 입었다.

마카온의 부상 소식을 들은 아카이아 군대는 충격을 받았다. 유능한 의사인 그의 손길이 절실히 필요했기 때문이었다. 이 모든 불운은 트로이군에게 승리를 안겨 주고자 하는 제우스 신의 뜻이었다. 이제 오디세우스를 제외한 모든 장수들이 적에게서 도망쳤다.

오디세우스가 중얼거렸다.

"나는 절대로 도망치지 않는다. 그러나 혼자 죽음을 당하다니, 그거 참 유감이로군."

오디세우스가 마음을 정하지 못하고 거기 서 있는데 트로이 병사들이 달려와 그를 에워쌌다. 그들은 불길 속으로 곧장 달려든 거나 다름없었다. 라에르테스의 아들인 오디세우스는 100마리의 사냥개가 덤벼도 죽일 수 없는 들짐승처럼 무섭게 싸웠던 것이다. 그에게 덤벼든 최초의 트로이 용사 넷은 단칼에 죽음을 맞았다. 그다음엔 히파소스의 아들인 용장 카로푸스가 죽었다. 그의 옆에서 싸우던 동생 소쿠스는 형이 죽는 것을 보자, 영웅다운 목소리로 부르짖으며 덤볐다.

"너 오디세우스, 꾀와 지력의 일인자여, 오늘 그대는 히파소스의 아들을 둘 다 죽였다고 자랑하기 전에 내 창에 죽음을 맞으리라."

소쿠스는 오디세우스의 방패를 향해 온 힘을 다해 창을 던졌다. 창은 가죽 방패의 껍질을 뚫고 들어가 그 안쪽의 청동을 찢은 다음, 가슴 받이 속으로 들어가 갈빗대 밑의 살에 깊숙이 박혔다. 그러나 오디세우스는 상처가 치명적이지 않다는 것을 알고는 창을 뽑지도 않은 채 소리쳤다.

"가련한 젊은이여, 그대의 창은 내게 상처를 입혔을 뿐이지만 내 창은 아예 그대의 숨줄을 끊어 놓으리라."

오디세우스의 창은 목숨을 구하려고 달아나려는 소쿠

스의 등에 날아가 박혔다. 운 나쁜 젊은이는 갑옷을 쟁강거리면서 땅바닥에 꽈당 쓰러졌다.

"젊은 소쿠스여, 이것이 자네의 운명이라네. 내겐 영광을 안겨 주고 그대의 영혼은 무한 지옥으로 내려가는 것 말일세."

이런 말과 함께 오디세우스는 아직도 옆구리에 꽂혀 있던 소쿠스의 창을 뽑아냈다. 솟구치는 피를 본 트로이 병사들은 치를 떨면서 다시 한번 덤벼들었다. 오디세우스는 동료들에게 자기를 도와달라고 고함을 질렀다. 메넬라오스는 오디세우스가 외치는 세 번의 고함 소리를 들었다.

메넬라오스가 아이아스에게 말했다.

"오디세우스가 우리의 도움을 청하고 있소. 저기, 트로이 병사들이 잔뜩 모여 있는 곳이오."

이내 오디세우스를 찾아낸 아이아스는 곧바로 그의 곁으로 달려갔다. 아이아스의 사나운 기세와 우람한 몸집에 놀란 트로이군은 주춤주춤 뒤로 물러났다. 그 틈을 타서 메넬라오스는 오디세우스의 팔을 붙잡아 그를 안전한 아카이아 진영으로 끌고 왔다. 그 사이 아이아스는 오디세우스를 부상 입힌 데 대한 복수로 적병 여러 명을 마구 죽여 버렸다. 어찌나 날뛰는지 헥토르조차 감히 맞설 엄두를 내지 못했다.

이 모든 것을 이다산 꼭대기에서 내려다보고 있던 제우스는, 아이아스의 가슴속에 불길한 예감을 들어앉히는 한편 트로이 군대에겐 용기를 불어넣었다. 아이아스는 아카이아 함대에 무슨 위험이 닥친 것은 아닐까 걱정되어 후퇴하기로 했다. 방패로 등 뒤를 막으면서 그는 몸을 돌려 달렸다. 트로이군이 그 뒤를 쫓았다. 아이아스는 이따금씩 전차를 멈추고 적병들을 막아 내면서 마침내 해안가에 당도했다.

아카이아군 누벽에서의 전투

아카이아군 장군들이 부상당하고 병사들은 충격으로 우왕좌왕하자, 트로이군의 사기는 한층 불타올랐다.

헥토르가 외쳤다.

"형제들이여, 제우스 신께선 우리와 함께하고 계신다! 해자를 건너 나아가자! 누벽을 넘어가서 함대를 태워 버리자!"

 용기를 얻은 트로이 군사들은 물밀듯이 앞으로 내달았다. 아카이아 군사들은 겁을 먹고 뒤로 물러났다. 트로이군은 전차를 해자 옆에 놓아둔 채, 걸어서 해자를 건너 누벽에 이르렀다.

 어떤 병사들은 누벽 위로 오르려고 했고, 어떤 병사들은 문으로 들어오려고 했다. 거기서 일대 격전이 벌어졌다. 트로이군은 안으로 밀고 들어올 수가 없고, 아카이아군은 그들을 밀어낼 수가 없었다.

 헥토르는 해자 둑에 서서 누벽을 기어오르려는 병사들을 격려하고 있었다. 그때 그의 왼쪽 하늘로 높이 날고 있는 독수리 한 마리가 눈에 들어왔다. 독수리는 발톱 사이에 뱀 한 마리를 움켜쥐고 있었다. 뱀이 갑자기 몸부림치며 이빨로 독수리를 물었다. 독수리는 깜짝 놀라 트로이 병사들 한가운데로 뱀을 떨어뜨렸다.

 이 광경을 본 폴리다마스가 헥토르에게 말했다.

 "이는 제우스 신께서 보내시는 징조입니다. 우리 군의 왼쪽에서 날아든 저 독수리가 새끼들에게 먹일 수 있도록 뱀을 둥지로 가져가는 데 성공하지 못한 것처럼, 우리도 누벽을 넘어가 함대를 태우는 데 실패할 것입니다. 공격 계획을 취소하는 게 좋겠습니다. 어느 예언자라도 같은 말씀을 드릴 것입니다."

"그대는 지금 무슨 말을 지껄이고 있는 것이냐? 내가 어째서 한낱 새 따위를 보고 제우스 신이 내게 하신 약속을 무시한단 말인가? 새들이 새벽을 향해 오른쪽으로 날든, 지는 해와 어둠을 향해 왼쪽으로 날든, 나는 그런 징조 따위는 믿지 않겠네. 트로이를 위해 용감하게 싸우는 것만이 중요할 뿐이네!"

이런 말과 함께 헥토르는 성난 바람처럼 전쟁터에 뛰어들었다. 트로이 병사들은 함성을 지르며 그 뒤를 따랐다. 몇 명의 병사가 누벽 위로 기어 올라가 싸웠다. 쇠지레로 누벽 밑동의 커다란 돌덩이들을 뽑아내는 병사들도 있었고, 망루를 쓰러뜨리려는 병사들도 있었다.

그러나 아카이아 병사들도 끈질기게 맞서 싸웠다. 망루 부근에서는 아테네 군사들이 메네스테우스의 지휘 아래 무시무시한 장수 사르페돈과 용맹무쌍한 글라우코스가 이끄는 리키아 군사들을 맞아, 한창 불꽃 튀는 접전을 벌이고 있었다. 위기 상황을 본 아이아스와 테우크로스가 달려가 메네스테우스를 도왔다. 그들이 아테네 군대를 도우려고 애쓰는 동안, 제우스 신은 헥토르를 정문으로 데려갔다.

헥토르가 소리쳤다.

"앞으로 나아가라, 트로이 병사들이여! 아카이아의 누벽을 깨뜨릴 시간이 왔도다!"

헥토르는 끝이 뾰족한 큼직한 바위를 집어 들어, 자신의 엄청난 기운과 제우스 신이 빌려준 힘을 합해 커다란 출입구의 나무 문을 향해 곧장 내던졌다. 판자가 쪼개지고 경첩이 떨어져 나가면서 두 짝의 문이 땅바닥에 부서져 내렸다. 헥토르는 무시무시한 얼굴을 하고는 뻥 뚫린 문으로 폭풍처럼 밀고 들어갔다.

트로이군이 그 뒤를 뒤따랐다. 그들은 누벽을 기어 올라와 이제 그것을 마구 무너뜨리기 시작했다. 아카이아군은 공포에 질려 함대로 도망쳤다.

목적이 달성된 것에 만족한 제우스는 싸움터에서 고개

를 돌려 트라키아 땅을 바라보았다. 제우스의 관심은 이제 다른 곳에 가 있었다.

이를 본 포세이돈은 아카이아군의 운세가 급격하게 나빠진 것에 경악하여 그들을 도와주기로 마음먹었다. 칼카스로 변장한 포세이돈은 아카이아 진영으로 달려갔다. 그러곤 두 명의 아이아스에게 용기를 불어넣어 헥토르에게 덤벼들게 했다. 이어 얼른 뒤로 물러나 자기들에게 닥쳐온 재앙을 한탄하고 있던 장수들 틈에 끼어들었다. 거기엔 안틸로코스, 메리오네스, 토아스 등도 있었다. 그들 사이에 서서 포세이돈이 부르짖었다.

"아카이아의 용사들이여, 부끄럽지도 않소! 그대들은 젊고 힘도 센데 함대를 구하려 싸우지 않는구려. 성문 밖으론 감히 나올 생각도 못 하던 트로이 군대가 지금은 아카이아군의 출입구를 부수고 누벽을 맹공할 줄 누가 알았겠소? 이 모두가 아가멤논의 부당한 행위와 아킬레우스의 분노 때문이오. 허나 그렇다 해서 용감무쌍한 용사들이 전의를 잃어야 할 까닭이 어디 있소. 나는 콩알만 한 심장을 지닌 겁쟁이들을 꾸짖으며 시간을 보내지 않으려오.

다만 내가 화를 내는 것은, 그대들이 군대를 구할 정신력과 능력을 충분히 지녔으면서도 그러지 않기 때문이오."

포세이돈의 질책은 아주 적절한 때 떨어졌다. 아카이아 용사들은 벌떡 일어나 둥근 방패와 뾰족한 창을 움켜잡고는 두 명의 아이아스가 있는 곳으로 달려가 함께 싸웠다. 그들의 사기가 어찌나 하늘을 찌를 듯한지, 헥토르가 아무리 필사적으로 공격해도 단 한 발도 함대에 다가가지 못했다.

포세이돈이 열렬하게 아카이아군을 돕는 것을 보고, 헤라 여신은 제우스의 관심을 더 오래 딴 데로 돌려놓을 꾀를 냈다.

헤라는 목욕을 하고 몸에 향기로운 향수를 바른 다음 아름다운 옷을 차려입었다. 그리고 말다툼한 오케아노스와 테티스를 화해시킨다는 구실로 아프로디테 여신을 속여 사랑의 속옷까지 빌렸다. 사실은 자신과 제우스를 위해 쓸 속셈이었다. 그런 다음엔 잠의 신 힙노스를 찾아가 자기를 도와달라고 부탁했다. 두 신이 이다산에 올라가자, 힙노스는 헤라가 제우스에게 다가갈 동안 키 큰 전나무 뒤에 숨었다.

제우스는 아내를 본 순간 깜짝 놀라며 기뻐했다. 그토록 아름답고 유혹적인 아내의 모습에, 함께 있고 싶다는 욕망뿐 다른 일은 이내 깡그리 잊어버리고 말았다.

헤라는 순진한 표정에 입가엔 사랑스러운 미소를 머금었다. 그리고 오케아노스와 테티스를 화해시키려고 찾아가는 길에 우연히 당신을 만난 거라고 둘러댔다.

제우스가 다정하게 말했다.

"다른 날 방문하지 그러오. 여기 나와 같이 있읍시다. 요즘엔 그대를 통 못 만나서 나도 보고 싶던 차요."

헤라의 속임수는 들어맞았다. 신들과 인간들의 아버지 제우스는 여신의 곁에 누웠다. 그러고는 아무도 그 힘에 저항할 수 없는 힙노스의 주문으로 깊은 잠에 곯아떨어졌다.

임무를 끝낸 힙노스는 포세이돈에게 달려갔다.

"제우스께선 잠들어 계십니다. 금세 깨시진 않을 거예요. 신께선 이제 마음껏 아카이아군에게 영광을 내려 주고 트로이군을 멸망시켜도 좋습니다."

포세이돈은 순식간에 사람으로 변해 아카이아 군대 사이로 들어가 열렬히 사기를 북돋웠다.

한편 아테나 여신은 아가멤논과 다른 부상당한 장군들을 일으켜 세워 막사에서 데리고 나왔다. 장군들이 자기들 곁에 있는 것을 보고 아카이아 병사들이 용기를 얻도록 해 주기 위해서였다. 두 명의 아이아스와 테우크로스, 이도메네우스, 메리오네스, 메넬라오스 그리고 안틸로코스는 트로이 군대에게 맹공을 가했다. 헥토르와 아이네이아스, 파리스 그리고 사르페돈은 홍수처럼 밀고 나오는 아카이아 병사들을 막아 보려 했지만 소용이 없었다.

큰 아이아스는 적병들 사이를 무시무시하게 휘젓고 다니며 마구 무찔렀다. 헥토르는 용감하게 달려가 그와 맞섰다. 그는 주의깊게 겨냥한 다음 창을 던졌다.

그러나 창은 칼과 방패의 끈이 가슴팍에서 교차하는 부위에 가서 맞았다. 아이아스는 아슬아슬하게 죽음을 면했다. 아이아스는 이런 위기 상황에도 끄떡 않고, 맷돌만 한 바위를 집어 들어 헥토르를 향해 던졌다.

바위는 무서운 기세로 빙글빙글 공중을 날아갔다. 제우

스의 무시무시한 벼락에 밑동을 맞은 키 큰 참나무처럼, 프리아모스 왕의 용감무쌍한 아들은 정신을 잃고 땅바닥에 쓰러지고 말았다.

헥토르의 손에서 창이 미끄러져 나갔고 방패가 떨어졌다. 그의 투구는 덜그럭거리면서 땅바닥을 굴러갔다. 폴리다마스, 아이네이아스, 사르페돈 그리고 글라우코스가 우루루 달려와서 아카이아 병사들이 그를 사로잡기 전에 떠메고 갔다.

헥토르의 부상은 트로이군에겐 크나큰 충격이었다.

트로이 군대는 아카이아군이 총공격을 시작하기 전에 안전한 곳으로 피했다.

제우스의 새로운 명령

바로 그 순간, 헤라 곁에 누워 있던 제우스가 잠에서 깼다. 그는 얼른 저 아래 들판을 내려다보았다. 자신의 눈을 믿을 수가 없었다. 트로이 군대가 아카이아 군대에게 쫓겨 도망치고 있었고, 숨을 헐떡거리는 헥토르는 싸움터에서 벗어나 땅바닥에 엎드려 기침을 하면서 검은 피를 토

해 내고 있었다.

제우스는 노발대발했다. 그러나 먼저 이렇게 기분이 돌

변하게 된 이유를 헤라에게 조금 설명해 줘야 했다.

"나는 테티스에게 돌이킬 수 없는 약속을 했소. 아킬레우스가 영광을 얻을 때까지 트로이 군대를 도와주겠다고 말이오. 만일 신들 중 누구라도 또다시 아카이아 군대를 도와줬다간 크게 당할 줄 아시오!"

제우스는 이리스 여신을 불러 포세이돈에게 가서 당장 전쟁터를 떠나도록 명령하라고 일렀다. 그다음으론 아폴론 신을 불러 말했다.

"내 방패를 가져가서 그들이 물러날 때까지 아카이아 병사들 앞에서 휘둘러라. 그다음엔 헥토르에게 달려가 새로운 전의를 불러일으켜서 아카이아군을 자기네 함대로 물러나게 만들라."

아폴론은 기꺼이 명령을 받들었다. 헥토르를 찾아낸 아폴론은 그의 몸에 새 기운을 불어넣어 주었다. 이어 전차 부대를 이끌고 다시 한번 적진을 향해 돌격하라고 명령했다.

아폴론은 앞장서서 해자를 뚫고 전차를 몰았다. 트로이 군이 말과 전차를 탄 채 지나갈 수 있도록 벽 한쪽을 허물어뜨리기까지 했다.

헥토르를 선봉장으로 하여 트로이 군대는 아가멤논의 진지로 밀고 들어갔다. 습격당한 아카이아 병사들은 공포에 질려 이리저리 흩어졌다.

그러나 용감한 아이톨리아 출신 장군 토아스는 일부 용사들을 모아 아이아스, 이도메네우스, 메리오네스 등의 장수들과 함께 기다란 창을 곧추세운 울타리 대형을 만들었다. 트로이 군사들은 대형으로 달려들었으나 거친 기세로 격퇴당했다.

서로 아무런 이득도 얻어 내지 못한 채 양쪽 모두 사상자들만 늘어났다. 이때 아폴론 신이 등골이 오싹해지는 함성을 내지르면서 제우스 신의 방패를 마구 휘두르며 앞으로 내달렸다. 아카이아 병사들은 혼비백산하여 달아났고, 트로이 군대는 마지막 한 명의 도망자까지 거꾸러뜨리면서 승리를 거두었다.

함대를 향한 피비린내 나는 혈투

헥토르가 외쳤다.

"함대를 향하여 앞으로! 전사자들과 전리품들은 놔 두라. 지금이야말로 저들의 함대를 불지를 때다."

함대 위에서는 아이아스, 테우크로스를 비롯해 몇몇 용감한 아카이아 장군들이 전차를 타고 휙휙 지나가는 트로이 장수들을 향해 창을 던지면서 끈질기게 저항했다. 필사적인 한판 결전이었다. 귀가 먹먹한 소란 사이사이로 헥토르는 병사들을 격려했다.

"트로이 형제들이여, 대장부답게 싸워라! 이 전쟁에서 죽는 자들은 우리의 조국을 위해 죽는 것이요, 우리의 아내와 자식과 집을 불길에서 구하기 위해 죽는 것이다!"

반대편에서는 아이아스가 아카이아 병사들에게 격려의 말을 외치고 있었다.

"영웅처럼 싸워야만 우리는 살아남는다. 함대에 불이 붙으면 모든 희망은 사라진다. 우리와 고향 사이를 넓디넓은 바다가 갈라놓기 때문이다. 계속 싸워라. 이는 죽느냐 사느냐 하는 문제다!"

아이아스는 용사들에게 계속 사기를 불어넣었다. 그들은 필사적으로 맞싸웠다. 그러나 헥토르는 이미 함대에 당도하고 있었다. 뱃머리에 기어 올라간 헥토르는 부하들에게 횃불을 가져오라고 소리쳤다. 그 배는 이번 전쟁에서 가장 먼저 쓰러진 프로테실라오스를 트로이로 실어 온 배였다.

열두 명의 트로이 병사가 목숨을 걸고 배를 향해 다가왔다. 아이아스는 보통 길이의 두 배 정도 되는 창을 휘둘러 이들을 모두 해치웠다. 그러나 아카이아 함대는 점점 위험한 상황으로 치닫고 있었다.

한편 아킬레우스의 막사에서는 파트로클로스가 아카이아군대에 닥친 불운을 한탄하고 있었다.

파트로클로스는 마음을 누그러뜨리지 않는 아킬레우스에게 다그쳤다.

"자네에겐 동정심이라곤 없나? 자네는 펠레우스와 테티스 여신의 아들이 아니야. 아카이아 군대가 전멸하는 판에 꼼짝도 않고 여기 앉아 있는 걸 보면 자네는 성난 바다와 잔인한 바위들이 낳은 사람이 틀림없어. 자네가 울화만 어루만지며 앉아 있겠다니, 나라도 미르미돈 군대를 이끌고 나가 싸우도록 허락해 주게. 내 부탁은 그저 자네의 갑옷을 빌려달라는 것뿐이야. 혹시 트로이군이 나를 자넨 줄로 착각하고 혼비백산할지 아나."

마침내 아킬레우스도 승낙했다.

"적을 함대에서 몰아낸 다음엔 승리에 취해서 일리아드까지 뒤쫓아가선 절대로 안 되네. 저들을 들판에 놔둔 채 이리로 돌아오게. 아가멤논은 내가 평생 그 누구보다도 더 미워하는 작자일세. 나는 자네가 아가멤논을 위해 목을 내놓게 할 순 없네."

한편 아이아스도 더 이상은 제우스 신의 뜻을 거슬러 프로테실라오스의 배를 지킬 수 없었다. 사방에서 창과 화살이 날아와 그의 방패에 빗줄기처럼 튕겨 나갔다. 그가 막아 내기 바쁘게 새로운 공격이 뒤따랐다. 방패를 잡은 손은 무감각해졌고, 온몸은 땀으로 흥건했으며, 숨결은 고통스럽게 헐떡거리며 터져 나왔다.

트로이 군대의 공격은 시시각각 더욱 격렬해졌다. 마침내 헥토르는 아이아스의 기다란 창을 향해 칼을 던져 청동 날을 부러뜨렸다. 뭉툭해진 창을 든 아이아스는 후퇴할 수밖에 없었다. 저항은 끝났다.

헥토르는 타오르는 장작을 집어 들어 뱃머리에 불을 붙였다. 그러나 이 불운한 영웅은 지금이 제우스 신이 트로이군에게 주던 도움을 멈추려 작정하고 기다려 온 순간임을 알 리 없었다. 프로테실라오스의 배에서 하늘로 치솟는 연기는 트로이 멸망의 시작을 알리는 신호였다.

전투에 참가한 파트로클로스

불길이 미처 배를 감싸 안으며 타오르기 전에, 미르미돈 군대가 트로이군을 덮쳤다. 파트로클로스는 아킬레우스의 금박 입힌 전차에 올라 앞장서서 돌진했다. 불사의 말들이 끄는 전차 고삐는 무적의 전차 몰이꾼 아우토메돈이 잡고 있었다.

파트로클로스를 본 트로이 병사들은 그를 펠레우스의 무시무시한 아들인 아킬레우스인 줄로 알고 공포에 질려 달아났다. 파트로클로스는 잠깐 멈춰 배에 붙은 불을 끈 다음, 추격을 시작했다. 어찌나 맹렬하게 쫓았는지, 트로이군은 그가 아킬레우스가 아니라는 걸 알아차린 뒤에도 계속 달아났다.

이제 전 아카이아 군대가 새로운 결의에 차서 반격하여 해자와 누벽에서 트로이군을 몰아냈다. 싸움터는 이내 탁트인 들판으로 옮겨졌다. 파트로클로스는 아직 부상을 입지 않은 다른 장수들의 도움을 받아 여러 명의 적군을 해치웠다.

파트로클로스의 손에 특히 큰 피해를 입은 것은 리키아 군대였다. 사르페돈이 소리 질렀다.

"리키아 병사들이여, 부끄러운 줄 알아라. 한 치도 물러서지 말아라. 내가 선두에서 진격하겠다. 우리의 승리를 막으려는 자가 누군지 어디 보자!"

이렇게 외친 그는 전차에서 뛰어내렸다. 파트로클로스도 전차에서 뛰어내렸다.

이 광경을 본 제우스는 몹시 가슴이 아팠다. 사랑하는 아들인 사르페돈이 이제 막 시작될 결전에서 죽게 될 운명임을 알았던 것이다. 심지어는 그를 싸움터에서 슬쩍 채어 갈까 하는 생각마저 들었다. 그러나 헤라가 반대하고 나섰다.

"아무도 인간의 운명을 바꿀 권리는 없어요. 당신이라

해도 마찬가지예요. 당신이 할 수 있는 것은 당신 아들이 리키아에서 명예롭게 묻히도록 돌봐 주는 것뿐입니다."

사르페돈의 최후는 멀지 않았다. 그가 먼저 공격했으나 그의 창은 엉뚱한 곳으로 빗나갔다. 반면 파트로클로스는 기회를 낭비하지 않았다. 사르페돈은 잔인한 나무꾼의 도끼에 넘어지는 키 큰 나무처럼 땅바닥에 거꾸러졌다. 글라우코스가 곁으로 달려갔으나 때는 이미 늦었다. 사르페돈은 죽어 가면서 속삭였다.

"글라우코스, 내 시체가 모독당하는 것을 막아 주게. 저들이 내 무기를 빼앗아 가지 못하도록 해 주게."

글라우코스는 트로이 장수들에게 어서 와서 영웅의 시신을 지켜 달라고 소리쳤다. 폴리다마스, 아이네이아스 그리고 헥토르가 시체를 놓고 결전을 치를 태세로 달려왔다.

파트로클로스도 아이아스와 테우크로스를 불렀다. 메리오네스와 다른 장수들도 왔다. 죽은 사르페돈 곁에서 치열한 싸움이 벌어졌다.

제우스는 사랑하는 죽은 아들을 두고 이런 혈전이 벌어

지는 것을 보자 그나마 위안이 되었다. 아들이 그만큼 영웅 대접을 받았기 때문이다. 수많은 아카이아 용사들과 트로이 용사들이 영웅의 시체 옆에 쓰러졌다.

마침내 제우스는 사르페돈의 무기는 파트로클로스가 갖도록 해 주고, 시신은 잠과 죽음의 신에게 명하여 기름진 리키아로 가져가게 했다. 이렇게 해서 위대한 영웅은 고향 땅에 명예롭게 묻혔다. 사르페돈의 무덤 위에는 높다란 봉분이 올려졌고, 그 주위에는 기둥이 세워졌다.

사르페돈을 둘러싼 싸움이 끝나자, 파트로클로스는 아우토메돈에게 전차를 다시 트로이군 쪽으로 몰도록 명령했다. 그는 전투에 취해 아킬레우스의 충고를 까마득하게 잊고 있었다. 이제 그는 닥치는 대로 적병을 쓰러 넘어뜨리면서 적을 추격하기 시작했다. 만약 아폴론 신이 끼어들어 트로이를 막아 주지 않았다면, 그는 그날로 트로이도 함락시켰을 것이다.

파트로클로스는 몇 번씩이나 성벽을 기어오르려고 했다. 그때마다 아폴론은 그를 미끄러지게 만들었다. 마침내 아폴론이 부르짖었다.

"물러나라, 용감한 파트로클로스여. 트로이는 네 손에 함락되지 않을 것이다. 또한 아킬레우스가 그대보다 더 강하다고는 하나 그의 손에도 무너지지 않을 것이다."

신의 외침에 파트로클로스는 복종하고 물러났다.

파트로클로스의 죽음

한편 트로이의 성문에서는 헥토르가 마음을 정하지 못한 채 전차 위에 서 있었다. 군대를 이끌고 싸워야 하나, 아니면 성벽 안쪽으로 후퇴해야 하나? 그가 이런 생각을 하고 있을 때 아폴론 신이 인간의 모습을 하고 나타나 다시 한번 전쟁터로 나아가도록 용기를 부추겼다.

그러나 파트로클로스는 여전히 신들린 사람처럼 싸우는 중이었다. 그는 세 번씩이나 트로이 용사들을 향해 전차를 몰아, 공격할 때마다 아홉 명씩 죽였다.

그러나 용기만으로는 충분하지 않았다. 파트로클로스가 네 번째 공격을 시도할 때 아폴론이 다시 한번 다가와 손으로 그의 등을 쳤다. 어찌나 세게 쳤던지 눈알이 튀어나올 정도였다.

아폴론은 파트로클로스의 투구를 땅에 내동댕이치면서 창을 두 동강이 냈고, 가슴에서 가슴 받이를 잡아채어 무방비 상태로 만들었다.

그러자 트로이 장수가 다가왔다. 그때까지 스무 명을 죽인 용장 에우포르보스는 파트로클로스를 창으로 찔렀다.

그러나 파트로클로스는 쓰러지지 않았다. 에우포르보스는 창을 뽑아 병사들 사이에 숨었다. 그의 얼굴을 바라보기가 겁이 났던 것이다. 그러자 이번에는 헥토르의 무시무시한 창이 파트로클로스를 꿰뚫었다. 파트로클로스는 하늘까지 울리는 쿵 소리와 함께 키 큰 소나무처럼 쓰러졌다. 그것은 아카이아군에게 말할 수 없는 슬픔을 안겨 주는 일이었다.

헥토르는 의기양양하여 파트로클로스를 굽어보았다.

"불운한 바보 같으니, 감히 트로이를 약탈하고 우리의 여자들을 노예로 삼을 생각을 하다니! 이제 너는 숨이 끊어질 것이고, 나는 살아남아 백성들이 소름 끼치는 노예가 되는 것을 막아 낼 것이다!"

파트로클로스는 죽어 가는 숨결로 헐떡거리며 말했다.

"얼마든지 뽐내게나, 헥토르. 그러나 나를 죽인 것은 아폴론 신이지 네가 아니다. 너 따위 영웅 스물이 와도 나를 무찌르고 살아남아 이야기를 전할 수는 없을 것이다. 너무 기뻐하지 말게나. 내 목숨에 대한 대가로 네놈의 목숨을 요구할 영웅이 아직 살아 있으니."

말을 마치자마자 파트로클로스는 숨을 거두었다.

헥토르가 죽은 파트로클로스에게 쏘아붙였다.

"나의 죽음을 예언하지 말라. 네가 말한 자가 내 손에 쓰러지지 않는다고 어찌 장담하느냐?"

헥토르는 이제 아우토메돈에게 덤벼들었다. 그러나 아킬레우스의 불사의 말들은 그를 재빨리 안전한 곳에 데려다 놓았다.

파트로클로스의 시체를 건 결전

파트로클로스의 시체를 지키기 위해 가장 먼저 달려온 아카이아 장수는 메넬라오스 왕이었다. 에우포르보스는 험상궂은 기세로 앞으로 나가 그를 맞았다.

"물러서시오, 메넬라오스. 안 그러면 내 손에 죽음을 맞을 것이오. 파트로클로스를 맨 처음 찌른 것은 나요. 그러므로 내가 그의 무기를 갖겠소."

메넬라오스도 맞섰다.

"그대는 용감한 창기병이네, 에우포르보스. 그대의 형 히페레노르도 용감한 장수였으나 내 손에 죽었지. 그대 판토오스의 아들들은 너무 무례하고 거만해. 함대 옆에서 히페레노르가 나를 조롱하며 감히 말했지. 뻔뻔스럽게도 모든 아카이아 장군들 가운데서도 내가 가장 웃긴다고 말이지. 바로 그런 오만함 때문에 젊은 목숨을 내 창 끝에 잃어, 그의 착한 아내는 지금도 눈물 흘리고 있지. 어서 물러가게. 그대의 무모한 행동을 후회할 시간이 아직 남아 있을 때 말일세."

에우포르보스는 끄떡도 하지 않고 버티고 서서 먼저 창을 던졌다. 그러나 메넬라오스를 맞히지 못했다. 반면 메넬라오스가 던진 창은 정확했다. 판토오스의 아들은 이렇게 해서 목숨과 모든 무기를 잃고 말았다.

에우포르보스가 쓰러지는 것을 보고, 헥토르는 트로이

군사를 한 무리 이끌고 달려왔다. 주위를 둘러본 메넬라오스는 자신이 혼자임을 알고 하는 수 없이 후퇴했다. 이 기회를 틈타 헥토르는 죽은 파트로클로스에게서 아킬레우스의 훌륭한 무기들을 빼앗았다. 그러나 메넬라오스는 아이아스와 함께 곧 돌아왔다. 두 영웅이 함께 오는 것을 본 헥토르는 겁이 났다. 특히 그는 몸집이 거인 같은 아이아스를 항상 두려워했다.

글라우코스가 외쳤다.

"헥토르 장군, 장군은 겁쟁이요. 빛나는 명성 값도 못 하고 무슨 짓이오. 아카이아군도 바로 이런 식으로 사르페돈의 무기를 손에 넣었소. 만약 신들이 들고 가지 않았으면 그들은 그의 시체까지도 가져가 버렸을 것이오."

헥토르가 말했다.

"그대는 용감한 자요, 글라우코스. 그리고 용감한 자는 그렇게 말하지 않는 법이오. 내가 두려워하는 것은 아이아스가 아니라 제우스 신이오. 가장 용감무쌍한 영웅도 도망치게 만드는 분 말이오. 그대는 진정 내가 파트로클로스의 시체를 놓고 싸울 용기가 없다고 생각하는 게요?

그렇다면 내 옆에 서서 지켜보시오."

헥토르는 트로이군을 향해 몸을 돌렸다.

"진격하라, 나의 영웅들이여! 내가 아킬레우스의 갑옷을 입는 동안 파트로클로스의 시체를 지켜라."

헥토르는 재빨리 아킬레우스의 번쩍거리는 가슴 받이를 하고 방패를 찬 다음 싸움에 뛰어들었다.

적장이 예전에 신들이 펠레우스에게 선물한 갑옷을 챙겨 입은 것을 보자, 메넬라오스는 가슴이 찢어지는 것만 같았다. 그 갑옷은 펠레우스에게서 아킬레우스에게 물려졌고, 아킬레우스는 아카이아군을 위해 쓰도록 파트로클로스에게 빌려준 것이었다. 그런데 이제 그것은 헥토르의 몸과 손에서 번쩍거리고 있었다.

그러나 그의 생각은 재빨리 죽은 파트로클로스에게 돌아왔다. 메넬라오스는 허파 속에 남아 있는 마지막 힘을 다해 아카이아 장수들에게 소리쳤다. 트로이군이 그의 주위를 물밀듯이 에워싸고 있었으나 그의 곁에는 아이아스뿐이었다.

"용감한 아카이아군의 용사들이여, 파트로클로스를 사

냥개 같은 트로이군의 밥이 되도록 버려 둘 수는 없소!"

고함 소리에 여러 장수들이 앞다투어 달려왔다. 가장 먼저 달려온 것은 오일레우스의 아들인 작은 아이아스였다. 적장들이 달려오는 것을 본 트로이군은 시체를 끌고 가려고 서둘렀다. 그러나 두 아이아스가 달려드는 바람에 주춤 물러났다. 다시 한번 돌격한 트로이군의 헥토르는 큰 아이아스를 향해 창을 던졌다. 창은 아슬아슬하게 비껴 갔으나, 포키아군 출신 중에서 가장 용감한 장수 스케디오스를 쓰러뜨렸다. 아이아스는 그 보복으로 영웅 포르키스를 죽였다.

그러자 트로이군은 다시 한번 겁을 먹고 후퇴했다. 헥토르도 함께 후퇴했다. 이때 아폴론이 아이네이아스를 싸움판에 집어넣지 않았더라면 이번엔 아카이아군이 추격에 나섰을 것이다. 아이네이아스는 적장 한 명을 해치워 트로이군의 사기를 드높였다. 파트로클로스의 시체를 둘러싸고 싸움은 또다시 불붙었다. 아까는 저편이 우세했다가, 지금은 이편이 우세했다가 하면서 양편은 엎치락뒤치락했다. 그러나 어느 쪽도 싸움을 포기할 생각이 전혀 없었다. 아카이아군은 이렇게 생각했다.

'차라리 땅이 갈라져서 우리를 집어삼키면 삼켰지, 파트로클로스의 시체를 저들의 성안으로 끌려가 모욕을 당하게 놔두나 봐라.'

트로이군은 이렇게 생각했다.

'설사 우리가 몰살을 당할 운명이라 해도, 이 장수 가까이에서 죽는다면 그만한 가치가 있지!'

조금 떨어진 곳에서는 누가 죽었는지를 비로소 알아챈 아킬레우스의 말들이 슬프게 히힝거렸다. 아우토메돈이 아무리 따뜻한 목소리로 위로해도, 말들은 찬란한 전차 굴대 사이에 서서 굳어 버린 듯 움직이지 않았다.

마침내 아이아스는 아킬레우스에게 파트로클로스의 죽음을 알려야 한다고 마음먹었다. 메넬라오스는 파트로클로스의 시체 곁을 잠깐 떠나기로 하고 달려가서 네스토르의 아들 안틸로코스를 찾아왔다. 파트로클로스가 죽은 것을 모르고 있던 안틸로코스는, 이 슬픈 소식에 놀라며 애통한 마음으로 아킬레우스에게 알리러 갔다.

곧바로 싸움터로 돌아온 메넬라오스가 아이아스에게

말했다.

"아킬레우스는 오지 않을 것이오. 무기가 있어야 말이지. 어떻게 하면 아무 도구도 없이 시체를 운반할 수 있을지를 강구해야 하오."

"맞습니다. 제일 좋은 건 다른 용사들이 트로이군을 공격하는 동안 장군과 메리오네스가 시신을 들고 뛰는 겁니다."

한 떼의 군사들이 나서 적의 관심을 딴 데로 돌린 덕분에, 메넬라오스와 메리오네스는 파트로클로스의 시체를 어깨에 둘러멜 시간을 벌 수 있었다. 그들은 동료 장수들에게 둘러싸여 함대로 물러났다.

시체를 메고 가는 것을 본 트로이군은 맹렬하게 추격해 왔다. 두 명의 아이아스가 몸을 돌려 그들을 막았다. 또다시 혈전이 벌어졌다. 헥토르와 아이네이아스가 어찌나 가까이 추격해 오는지, 파트로클로스를 위한 싸움은 끝이 없을 것만 같았다.

친구의 죽음 소식을 들은 아킬레우스

마침내 아킬레우스도 동료 장수들이 저 멀리서 무질서하게 돌아오고 있는 것을 보았다. 가슴이 쿵 내려앉았다. 사랑하는 친구에게 떨어진 불행에 대한 예감이었다. 그는 신음했다.

"내 말을 듣지 않았구나. 용감한 파트로클로스가 죽은 거야."

그러나 확인하고 싶었다. 바로 그 순간 명망 높은 네스

토르의 아들이 나쁜 소식을 가지고 도착했다. 깊은 슬픔이 아킬레우스의 몸을 휘감았다.

슬퍼하는 그의 모습이란 차마 바라볼 수 없을 정도였다. 아킬레우스는 두 손에 재를 움켜쥐고는 자기 머리에 뿌리고 잘생긴 얼굴에도 마구 문질렀다. 그러고는 먼지 속에 몸을 던져 머리카락을 쥐어뜯으며 몸부림쳤다.

갑자기 그는 무시무시한 신음을 내질렀다. 수평선 너머로 메아리치면서 가냘픈 속삭임이 되어 망망한 바다 끝까지 퍼져 나가는 신음이었다.

신음 소리를 들은 그의 어머니 테티스 여신은 바닷속에서 몸을 일으켰다. 여신은 눈물이 글썽하여 무슨 새로운 불행이 닥쳤느냐고 물었다.

아킬레우스에게 새 무기를 주겠다고 약속한 테티스 여신

"내 친구 파트로클로스가 죽었어요, 어머니. 모든 동료 장수들 중에서도 제가 가장 아끼는 친구가요. 나는 그를 잃었고, 그와 함께 내 무기도 몽땅 잃었어요. 살인자 헥토르가 이 세상에 둘도 없는 훌륭한 무기들을 빼앗아 갔단 말이에요. 전 항상 어머니께 슬픔밖엔 가져다주지 않는군요. 그리고 가장 큰 슬픔은 이제 곧 닥쳐올 테고 말이죠. 제가 살아갈 날이 얼마 남지 않았다는 걸 저도 압니다. 하지만 먼저 헥토르부터 먼지 구덩이 속에 거꾸러뜨려야 해요. 나머지는 이제 더 이상 상관없어요."

아들에게 정해진 불행한 운명을 알고 있기 때문에 테티스도 그를 달래 줄 수가 없었다. 다만 날이 밝는 대로 헤파이스토스 신이 만든 빛나는 새 갑옷과 무기를 가져오겠노

라고 약속했다.

여신은 헤파이스토스에게 새 무기를 만들어 달라고 간청하러 즉각 올림포스산으로 떠났다. 그동안에도 아카이아군은 뒤쫓아오는 트로이군의 손아귀에서 파트로클로스의 시체를 지키려고 필사적으로 버티는 중이었다. 헥토르와 아이네이아스가 지칠 줄 모르고 공격해 왔기 때문이었다.

헥토르는 세 번씩이나 파트로클로스의 발을 붙잡았고, 그럴 때마다 두 명의 아이아스는 그의 손을 가까스로 털어 냈다. 만약 헤라 여신이 끼어들지 않았더라면 결국엔 헥토르가 파트로클로스의 시체를 빼앗고 말았을 것이다. 헤라는 아킬레우스에게 가서 트로이 용사들의 눈에 잘 보이도록 해자 위에 서 있으라고 일렀다. 그러면 저들을 얼어붙게 만들어 아카이아군에게 숨 쉴 틈을 줄 수 있을지도 모른다는 생각이었다.

아킬레우스는 헤라 여신의 충고를 받아들였다. 해자를 둘러친 흙둑에 서서 그는 등골이 오싹해지는 고함을 질렀다. 아테나 여신도 귀청이 떨어져 나갈 것 같은 소리를 내질렀다. 그들의 합창은 트로이 병사들 사이에 소름이 오싹 끼치는 공포를 불러일으켰다. 말들은 붙잡을 겨를도 없이 몸을 돌려 뛰어 달아났다. 일대 아수라장이 벌어졌다.

그러나 트로이 병사들을 가장 두려움에 떨게 만든 것은, 아킬레우스의 머리 위에 나타난 신비로운 광채였다. 이것을 본 열두 명의 용감한 트로이 병사들은 공포심을 견디지 못하고 죽어 넘어졌다. 그 틈을 타서 아카이아군은 파트로클로스의 시체를 안전한 거리로 옮겨 장례 침상에 눕힐 수 있었다.

아킬레우스는 말없는 슬픔 속에 죽은 친구를 맞았다. 그러나 흘러내리는 눈물은 그의 견딜 수 없는 고통을 말해 주고 있었다.

태양신 헬리오스는 헤라의 요청에 따라 이글거리는 원반을 서둘러 지평선 밑으로 감추었다. 격전 사흘째의 끔찍한 하루가 어느새 끝나 가고 있었다. 제우스가 뜻한 대로 아가멤논과 다른 아카이아 장수들의 부상으로 시작한 하루였다. 이제 그것은 파트로클로스의 죽음과 그의 시체에 가해지는 모독을 막으려는 치열한 혈전 끝에 저물어 갔다.

그날 밤도 트로이 장수들은 모여서 전략 회의를 열었다. 아킬레우스가 다시 나타나자 그들의 마음은 어두운 예감으로 가득 찼다. 폴리다마스는 어둠을 틈타서 성벽 뒤쪽으로 한번 더 방벽을 쌓자고 주장했다. 헥토르는 반대했다.

"우리는 제우스 신이 우리를 이끌고 간 바로 그곳에서 함대가 뭍에 올라와 있는 곳에서 싸워야 합니다. 설령 아킬레우스가 또다시 나온다 해도 난 도망치지 않고 맞설 거요. 최고 영웅이 이기겠지요. 나는 아직도 전쟁의 신 아레스는 공정하며 침략자를 벌주실 거라고 믿습니다."

이는 맞는 말이긴 했지만 조금도 현명한 말은 아니었다. 그러나 트로이 장군들은 설득당했다. 아테나 여신이 그들의 판단력을 빼앗아 버렸기 때문이었다. 이리하여 아무도 폴리다마스의 분별 있는 조언에 귀 기울이지 않게 되었다.

한편 헤파이스토스 신은 아킬레우스를 위한 새 갑옷을

만드느라 밤새도록 대장간에서 땀을 뻘뻘 흘렸다. 신들의 대장장이는 렘노스섬에 버려진 자신을 발견한 테티스의 도움을 한 번도 잊은 적이 없었다. 이제 그녀를 기쁘게 해 주려고 그는 온 정성을 다해 만들었다. 일을 시작하기 앞서 헤파이스토스는 장담했다.

"사람들이 이 갑옷을 보면 하도 눈부셔서 눈이 멀어 버릴 겁니다."

날이 밝기 전에 헤파이스토스의 작품은 완성되었다. 금과 은으로 장식된 무기들은 햇빛을 받아 번쩍번쩍 빛났다. 커다란 둥근 방패에 새겨 넣은 온갖 장식과 인간의 형상들은 보기만 해도 즐거웠다. 인간들은 물론이고 신들조차도 이런 무기의 아름다움에 눈이 부실 터였다.

아킬레우스와 아가멤논의 화해

테티스는 아침 일찍 번쩍이는 갑옷을 아킬레우스에게 가져왔다. 그는 죽은 파트로클로스를 껴안고 눈물을 흘리고 있었다. 어머니를 본 순간 그는 격정적인 기쁨에 사로잡혔다. 복수의 시간이 가까워지고 있었다.

테티스가 말했다.

"이제 무장을 하거라. 먼저 모든 아카이아군 장수들을 모아 회의를 해야지. 부드럽게, 말을 삼가면서, 마음에서 아가멤논에 대한 분노를 씻어 내 버려야 한다. 시신은 부패하지 않도록 암브로시아와 넥타르를 발라 내가 처리해 주마."

아킬레우스는 어머니의 충고를 따랐다. 막사를 나온 그는 군대를 깨워 회의를 소집했다. 모두들 달려왔다. 요리사와 창고지기 같은, 함대 밖으로 한 번도 나와 본 적 없는 사람들까지 다 왔다. 그토록 사랑하는 아킬레우스가 다시금 그들 곁에 돌아왔기 때문이었다.

디오메데스와 오디세우스도 지팡이를 짚고 절뚝거리면서 왔다. 부상당한 그들은 아직도 몹시 아팠다. 마지막으로 아가멤논이 부상당한 팔을 붕대로 감고 도착했다.

모두 모이자 아킬레우스가 일어나서 말했다.

"아가멤논 총사령관님, 우리 사이에 그런 불미스런 일이 일어나지 않았더라면 얼마나 좋았겠습니까. 결국 트로이군만 이득을 보고 말았지요. 아카이아 군대도 우리 두 사람의 다툼을 항상 기억하게 될 것이고 말입니다. 하지만 이제 중요한 것은 단 하나입니다. 다시 한번 뭉쳐서 적을 무찌르는 것입니다."

아킬레우스의 말에 모두들 환호성을 터뜨렸다.

아가멤논이 고백했다.

"나는 그대에게 저지른 것과 같은 잘못에 자주 빠지곤 한다네. 내 자유 의지로 그런 게 아니네. 전능하신 제우스 신께서 내게서 이성을 빼앗아 간 데다 불운의 여신 아테가 내 눈을 멀게 했기 때문일세. 아테의 힘을 막을 자 누가 있겠는가? 전능하신 제우스조차도 아니라네. 자아, 펠레우스의 아들이여, 어제 내가 오디세우스를 통해 약속했던 모든 것을 주겠네. 그대 마음이 어서 싸우고 싶어 조급한 줄은 알지만, 먼저 젊은 장수들을 보내 그것을 가져오게 하세."

네스토르의 아들들이 달려가 아가멤논의 막사에서 선물을 가져왔다. 맨 처음 데려온 가장 중요한 선물은 아리따운 브리세이스였다. 그 뒤를 일곱 명의 어여쁜 몸종이 따라왔다. 이들도 아가멤논이 아킬레우스에게 주는 선물이었다.

파트로클로스가 죽어 누워 있는 것을 본 브리세이스는 그의 시신 위에 쓰러졌다. 그러고는 영혼 가장 깊숙한 곳에서부터 갈기갈기 찢기는 것 같은 흐느낌을 터뜨렸다.

"장군께서 살아 계실 때 떠나왔는데 이렇게 돌아가신 모습을 뵙다니요. 오, 친절하신 파트로클로스 님, 제 가족에게 불행과 죽음이 닥쳤을 때 눈물 흘리는 저를 위로해 주신 분이 아니십니까. 장군께선 저를 아킬레우스 님의 아내로 만들어 주시겠다고 하셨지요. 피티아에서 미르미돈 군대와 함께 성대한 결혼 잔치를 열어 주신다고요."

이런 말을 쏟아 놓는 브리세이스의 뺨에는 눈물이 줄줄 흘러내렸다. 옆에 있던 여자들도 자신들의 슬픈 처지를 생각하며 함께 애도했다.

이제 곧 싸움이 시작될 것이었다. 전 군대는 먼저 식사부터 했다. 그러나 아킬레우스는 아무것도 입에 댈 수가 없었다. 다행히 이를 본 아테나 여신이 그의 혈관 속에 암브로시아와 넥타르를 떨어뜨려, 그가 허기 때문에 기운을 잃지 않도록 했다.

양쪽 군대는 재빨리 무기를 챙겨 전투 준비에 들어갔다. 아킬레우스는 전차에 올랐다. 눈부시게 번쩍이는 갑옷을 입은 그는 태양처럼 빛났다. 그의 옆에는 아우토메돈이 전차를 달리라는 명령이 떨어지기만을 기다리며 말고삐를 틀어잡고 있었다.

전투에 뛰어든 아킬레우스

하늘에서 모든 것을 내려다보고 있던 제우스는 신들에게 이제 어느 편이든 마음대로 응원하라고 말했다. 타오르는 분노에 아킬레우스가 그날로 트로이를 함락시켜 정해진 운명을 바꿔 버릴지도 모른다는 생각에, 제우스는 막상막하의 전세가 되기를 바랐다.

전투가 시작되었다. 신들이 아직 거리를 두고 있는 동안에는 아킬레우스가 이끄는 아카이아군이 이겼다. 트로이군은 계속 후퇴했다. 그러다가 신들이 싸움에 뛰어들면서 치열한 접전이 되었다.

한쪽에서 제우스가 벼락을 내리치면 다른 쪽에선 포세이돈이 땅을 뒤흔들었다. 이다산과 트로이, 아카이아 함대 그리고 생명 있는 모든 것들은 격렬하게 몸서리를 쳤다. 땅이 쩍 갈라져서 캄캄한 지하 왕국에 빛이 새어 들어오는 것이 아닌지, 하데스 신이 겁을 낼 정도였다. 귀가 먹먹한 혼란 속에서도 아킬레우스는 헥토르를 찾아다녔다. 그러나 아이네이아스가 대신 나서서 도전장을 내밀었다.

아킬레우스는 비웃으며 말했다.

"무엇 때문에 그대가 나와 싸우겠다고 나서는가? 아이네이아스, 그대 말고도 자식이 수두룩한 판에 프리아모스 왕이 그대가 나를 죽인다 해서 왕좌라도 물려줄 줄로 아는가? 게다가 이다산에서 내게 쫓겨 달아나던 일을 잊었단 말인가? 아직 시간 있을 때 비켜라. 위대한 영웅 아킬레우스를 건드린 정신 나간 바보였다는 말 듣지 말고!"

"그따위 엄포에 내가 겁낼 줄 아는가, 아킬레우스? 욕설이라면 내 혀도 그대 못지않네. 허나 뭣 하러? 우리 둘 다 백 개의 노가 달린 전함조차 가라앉힐 정도로 많은 욕설을 아는 터에. 사람의 혀란 많은 것을 말할 수 있지. 허나 그래서 무얼 얻는가? 자기가 준 것만큼밖에 돌려받지 못하는 법이지! 그러니 길거리에서 싸우는 사람들같이 투닥

거리진 마세. 우리의 창이 대신 말할 시간이네. 제우스께서 둘 중 누가 죽음을 맞고 누가 영광을 차지할 것인지 판가름해 주실 것이네."

아이네이아스를 구해 주는 포세이돈

결투가 시작되었다. 두 영웅은 창으로, 다음엔 칼로, 나중에는 바위까지 들고 싸웠다. 아이네이아스는 영웅적이고 노련한 싸움을 펼쳤다. 그러나 적수는 그보다 훨씬 뛰어난 용사였다. 그런데도 아프로디테 여신의 아들은 물러서려 하지 않았다.

트로이군에게 아무 애정도 없는 포세이돈이었지만 마음이 불편해지기 시작했다.

'아킬레우스는 아이네이아스를 죽일 거야. 그럼 제우스 신은 노발대발할 테고. 운명의 여신들은 아이네이아스가 최후의 대 참살에서 살아남은 트로이 유민들의 왕이 될 거라고 써 놓았으니 말야.'

이렇게 생각한 포세이돈은 아킬레우스의 눈앞에 구름을 던져 놓고는 아이네이아스를 번쩍 들어 저 뒤쪽 안전

한 곳에 데려다 놓았다.

아킬레우스는 사태를 알아차리곤 중얼거렸다.

"신들은 아이네이아스를 사랑하시는구나. 그가 아프로디테의 아들이라는 사람들의 말이 옳군."

그는 계속 아카이아군을 격려하여 트로이 군대를 무찔러 나갔다. 헥토르도 지지 않고 맞섰다. 이내 전면전이 벌어졌다. 그러나 아폴론 신은 헥토르를 아킬레우스에게 다가가지 못하도록 신경 썼다. 아킬레우스는 금세 트로이 군대를 둘로 나눠 놓는 데 성공했다. 절반은 이제 아카이아 군대와 들판에서 싸우고 있었고, 나머지 절반은 사람들이 '크산토스강'이라고 부르는 신성한 스카만드로스강 기슭까지 밀어냈다.

강둑에서 피비린내 나는 혈전이 펼쳐졌다. 아킬레우스의 치명적인 창날에 프리아모스 왕의 두 아들, 리카온과 폴리도로스가 제물로 쓰러졌다.

사랑하는 친구의 죽음 이후, 끝도 없는 아킬레우스의 분노를 달래 줄 향유는 오직 피 냄새뿐이었다. 그의 가슴은 쇳덩이로 변했고, 그의 손아귀에 잡힌 자들에게 구원이란 없었다.

아킬레우스는 열두 명의 트로이 용사를 사로잡곤 곧장 죽이지 않았다. 그것은 동정심에서가 아니라 누그러지지 않는 복수심 때문이었다. 죽은 친구에게 바치는 마지막 선물로 파트로클로스의 장례식 때 죽이려고 살려 둔 것이었다.

스카만드로스강 둑에서의 전투는 누그러질 기색 없이 계속되었다. 아킬레우스의 미르미돈 부대는 트로이군을 크게 무찔렀다. 아킬레우스가 그렇게 많은 트로이 병사들을 죽인 적은 이제껏 없었다. 크산토스강 물은 피로 붉게 물들었고, 강바닥은 적병들의 시체로 가득 찼다.

비위가 상해 더 이상 견딜 수 없게 된 강의 신은, 마침내 성난 홍수를 보내 미르미돈 군대와 아킬레우스를 물살로 휩쓸어 버리려고 했다. 헤라가 헤파이스토스에게 연락하여 지글거리는 대장간의 불로 물길을 말려 버리지 않았더라면, 막강한 영웅은 볼품없이 익사하고 말았을 것이다.

예상치 않은 헤파이스토스의 도움으로 살아난 아킬레우스는 더욱 격분하여 트로이군을 거침 없이 무찔렀다.

적병들은 자기네 도시의 높다란 성벽 아래로 도망쳤다. 높다란 누벽에서 전세를 지켜보고 있던 프리아모스 왕은 성문을 활짝 열고 군대를 들여보내라고 명령했다. 트로이 병사들은 목이 바싹 타고 얼굴은 먼지로 허옇게 뒤덮인 채, 기진맥진하여 들판에서 후퇴했다.

아킬레우스는 닥치는 대로 창을 던지면서 그 뒤를 추격했다. 적병들을 줄줄이 쓰러뜨렸다. 아폴론의 계략만 아니었다면 그는 분명 성안까지 밀고 쳐들어갔을 것이다. 그러나 아폴론은 안테노르의 아들인 용감하고 고귀한 청년 아게노르에게 용기와 자신감을 불어넣어, 자기가 아킬레우스를 죽이고 트로이를 구할 수 있다고 믿게 만들었다.

결의에 가득 찬 아게노르는 미쳐 날뛰는 아킬레우스에게 단호히 맞서서 창을 던졌다. 창은 그의 다리에 맞았으나 헤파이스토스가 만들어 준 튼튼한 갑옷은 창을 옆으로 밀어 냈다. 이번엔 아킬레우스가 자신의 무시무시한 창을 던졌다. 과녁을 정확하게 맞혔다.

그러나 놀란 아폴론은 마지막 순간에 아게노르를 얼른

들어 올려 구름으로 가려 주었다. 그러고는 아게노르의 모습으로 몸을 바꾸어 내달리면서 아킬레우스를 성문에서 멀리 떨어진 곳으로 유인했다. 아폴론이 원래 모습으로 돌아오자 노발대발한 아킬레우스라도 더 이상 아무것도 할 수 없었다. 트로이 군대는 모두 안전하게 성안으로 들어가 버리고 없었다.

성문 밖에서 혼자 버티는 헥토르

안전한 성안으로 피하지 않고 성문 앞에 혼자 버티고 서 있는 장수가 있었다. 바로 헥토르였다. 그의 가혹한 운명은 복수욕에 목마른 무시무시한 적장을 기다리며 그를 거기 묶어 두었던 것이다. 누벽 저 높은 곳에서는 프리아모스 왕과 헤카베 왕비가 어서 안으로 들어오라고 눈물로 애원했다. 그러나 헥토르에겐 그들의 간청이 전혀 들리지 않았다. 그러는 동안에도 아킬레우스는 빠르게 다가오고 있었다.

그를 먼저 알아본 것은 프리아모스 왕이었다. 번쩍거리는 갑옷을 입은 아킬레우스는 가을날 지평선 위에 떠오르는 시리우스처럼 밝게 빛났다. 그 별은 인간에게 불행밖엔 가져다주는 게 없는 별이었다.

프리아모스 왕이 내뱉었다.

"신들도 나처럼 저자가 거꾸러지기를 바라신다면 자칼과 독수리 떼가 순식간에 그의 살을 발라 먹어 치울 것이다. 그러면 내 어깨에서도 저자에게 살육당한 내 용감한 아들들을 위한 비탄의 무게가 좀 덜어지련만."

그러나 신들의 뜻은 달랐다. 아킬레우스는 먹이를 물어뜯으려고 덮치는 굶주린 사자처럼 으르렁거리면서 점점 더 가까이 돌진해 왔다. 불운한 헥토르는 그 자리에 뿌리박힌 듯 서 있었다. 머릿속으론 그가 취할 수 있는 행동들이 휙휙 지나갔다.

'지금 와서 성벽 안으로 뛰어 들어가 피한다면, 폴리다마스는 진작부터 안으로 후퇴하자고 그러지 않았느냐고 나를 비난할 거야. 난 그의 경고를 무시하고 우리 군대를 궤멸로 이끌고 말았어. 이제 내겐 한 가지 길밖에 없어. 여기 서서 아킬레우스와 맞붙어 그를 죽이고 트로이를 구하든가, 아니면 이 성스러운 도시 앞에서 죽음을 맞든가.'

그러나 타오르는 불길처럼 갑옷을 번쩍거리면서 자신을 향해 돌진해 오는 아킬레우스를 본 순간, 소문난 그의 용맹은 온데간데없이 사라지고 헥토르는 갑자기 적을 대면할 자신감을 잃고 말았다. 성문을 뒤에 둔 채 그는 벽을 따라 달아나기 시작했다. 아킬레우스는 빠른 발걸음으로 뒤쫓아왔다.

헥토르는 빠른 발걸음으로 뛰면서, 바람에 휘청거리는 무화과나무가 자라고 있는 시계탑을 지나갔다. 그다음엔 적이 뒤쫓는 가운데 마찻길을 벗어나, 하나는 뜨겁고 하나는 차가운 샘물이 솟는 스카만드로스 우물가에 이르렀다. 평화 시에 이곳은 얼마나 아름다운 곳이었던가. 트로이의 여인들과 그녀들의 사랑스러운 딸들이 석조 대야 안에 옷을 넣고 빨래를 하던 곳이 아닌가!

그러나 지금은 용감한 영웅이 그보다 더 용감한 영웅에게 쫓기는 모습을 지켜보는 증인이 되고 있었다. 이 경주의 상품은 구운 암소나 값진 짐승의 털이 아니라 헥토르 왕자의 목숨이었다. 새끼 사슴이 사냥개로부터 달아날 수 없듯이, 그도 발 빠른 아킬레우스보다 더 빨리 뛸 순 없었다.

 헥토르가 몇 번씩 성문 옆구리의 탑 쪽에 다다를 때마다, 적장은 그를 가로막고 들판 쪽으로 밀어내곤 했다. 마치 쫓는 자를 떨쳐 낼 수도 없고 쫓기는 자가 잡히지도 않는 꿈속의 장면과도 같았다.

 아폴론 신이 그의 발에 제아무리 힘을 불어넣어 줘도 헥토르는 달아날 수가 없었다. 아킬레우스는 뒤쫓는 동안에도 손짓을 하여 부하들이 헥토르에게 화살을 쏘지 못하게 했다. 어느 궁수가 활을 쏘아 영광을 가로채 버릴까 봐서였다.

 그들은 성벽을 세 바퀴나 돌며 달렸다. 그들이 또다시 우물가에 이르렀을 때 제우스는 황금 저울을 들어 올려 한쪽 접시에는 아킬레우스의 운명을, 다른 쪽 접시에는 헥토르의 운명을 각각 올려놓았다. 저울은 하데스의 지하 세계를 가리키면서 헥토르 쪽이 무겁게 기울어졌다. 그러자 아폴론 신은 그의 곁을 떠났고, 파란 눈의 아테나 여신이 달려와 이 끝없는 경주를 멈추게 했다.

 "멈추고 한숨 돌리거라, 아킬레우스. 용감한 헥토르를

죽여 우리가 위대한 영광을 차지할 시간이 왔다."

아킬레우스에게 이렇게 말한 다음, 여신은 헥토르에게 가서 그의 아우 데이포보스가 곁에 서 있는 것 같은 환영이 보이게 했다. 헥토르에게 아킬레우스 앞에 마주 설 용기를 부추겨 주기 위한 것이었다.

헥토르가 소리쳤다.

"펠레우스의 아들이여, 난 더 이상 네게서 도망치지 않겠다. 내 영혼은 너와 결판을 내라고 다그치고 있다. 이제 너를 죽이든가 내가 죽든가 할 시간이 왔다. 먼저 신들 앞에서 엄숙한 맹세를 하자. 너를 죽이면 내가 너의 무기와 갑옷을 갖겠다. 그러나 시신은 아카이아군에게 넘겨 주겠다. 내가 네 손에 쓰러지면 내게도 똑같이 해 다오."

아킬레우스는 헥토르의 공정한 제안에 씩씩거리면서 그를 노려보았다.

"헥토르, 나는 네가 한 짓을 잊지 않았다. 그러니 내게 조건을 달지 마라. 사자와 인간 사이에 어떤 맹세도 있을 수 없듯이, 늑대와 양이 조건을 의논하지 않듯이, 우리 두 사람도 약속 따위는 할 수도 지킬 수도 없다. 이제 우리 둘 중 한 명이 자신의 피로 하데스를 배불리 먹일 시간이 왔다. 그러니 네가 기억하는 모든 전술을 동원하여 용감하고 빼어난 창기병답게 싸워라. 허나 내 곁엔 아테나 여신이 계시니 네가 달아날 길은 없다. 네놈이 그 긴 창을 휘두르며 찔러 죽인 내 모든 친구들에 대한 핏값을 치를 시간이 왔다."

이어 아킬레우스는 아무런 경고의 말도 없이 무시무시한 창을 던졌다. 그러나 헥토르는 재빨리 몸을 피했고, 창은 그의 머리 위를 날아가 땅에 깊숙이 박혔다. 아테나는 그것을 뽑아 아킬레우스에게 돌려주었다. 아무것도 보지 못한 헥토르는 빈정거렸다.

"흥, 여신이 네 곁에 있다고 자랑깨나 하더니만 창이 잘도 빗나갔구나. 네 위협에 내가 용기를 잃을 줄 알겠지만, 내가 몸을 돌려 도망칠 때 잔등에 창을 던지려고 기다리진 말게나. 내가 돌진할 때 내 가슴을 찌르게. 허나 먼저 내가 던지는 창부터 피해야 할 게야. 그 창이 네 가슴팍을 관통하기를! 그러면 트로이군은 훨씬 싸우기 쉬울 거야. 네놈은 우리 모두에게 크나큰 저주니까!"

이런 조롱과 함께 헥토르는 무지막지한 힘으로 기다란 창을 들어 올려 아킬레우스의 방패 한가운데로 던졌다. 그러나 그 창이 어찌 신의 작품을 뚫을 수가 있었겠는가?

헥토르는 슬픈 얼굴로 창이 방패에 부딪쳐서 멀리 비껴 나가는 것을 지켜보았다. 그에겐 다른 창이 없었다.

헥토르의 죽음

"데이포보스! 네 창을 다오. 어서!"

헥토르는 허공에 대고 헛되이 소리쳤다. 그러나 동생은 저 멀리 트로이성 안에 있었다.

"아테나가 나를 속인 거야. 내 곁에는 죽음밖에 없어. 그러나 나는 싸우면서 죽을 테다!"

헥토르는 이렇게 외치고는 지체 없이 날카로운 칼을 뽑아 들었다. 그러고는 몸을 숙이면서 더한층 빠른 속도로 공격하기 시작했다. 아킬레우스도 맹렬한 증오로 끓어 넘치는 가슴을 안고 동시에 공격해 들어갔다. 한시 바삐 헥토르를 처치하고자 그는 오른손에 잡은 창을 뒤로 쑥 뺐다.

밤하늘에 밝게 빛나는 금성처럼 기다란 창 끝의 잘 갈아 둔 날이 번쩍 빛났다. 아킬레우스는 헥토르를 바라보았다. 미칠 듯한 증오가 솟구쳤다. 적은 머리끝부터 발끝까지 파트로클로스의 시체에서 벗겨 낸 자신의 갑옷을 휘감고 있었다.

그러나 목 한 부분이 느슨하게 드러나 있었다. 죽음이 쉽사리 파고들 수 있을 만한 부위였다. 헥토르가 아킬레우스를 향해 죽기 살기로 덤벼든 바로 그 순간, 아킬레우스는 기다란 창으로 헥토르의 목을 냉정하게 찔렀다. 숨이 끊어지기 전에 아직 그가 말을 할 수 있게끔 겨냥했던 바로 그 부위였다. 헥토르는 먼지 구덩이 속에 거꾸러졌다. 아킬레우스는 그를 내려다보며 선 채 도도하게 외쳤다.

"헥토르, 네놈이 파트로클로스에게서 내 갑옷을 벗겨 가고도 벌도 안 받고 넘어갈 줄 알았더냐. 그의 죽음에 똑같이 앙갚음해 줄 더 용감한 영웅이 한 명 남아 있다는 걸 생각지도 못했더란 말이냐. 이제 네놈이 개들과 말똥가리 떼에게 뜯어 먹히는 동안, 우리 아카이아 군대는 파트로클로스에게 온갖 휘황찬란한 장식을 해 줄 것이다."

헥토르는 죽어 가는 숨결로 속삭였다.

"그대가 신성하게 여기는 모든 것들을 걸고 애원한다.

나를 네 사냥개들의 먹이가 되게 놔두지 말아 다오. 트로이 백성들과 여자들이 묻어 줄 수 있도록 네가 내 시신을 돌려만 준다면, 우리 아버님은 네가 바라는 모든 금은보화를 다 주실 것이다."

아킬레우스는 잔인하게 물리쳤다.

"숨이나 아껴라, 이런 자칼 같은 놈. 네놈이 내게 끼친 슬픔을 생각하면 생살을 씹어 삼켜도 시원치 않다. 이 세상 그 무엇을 준다 해도 난 네놈에게 눈곱만큼의 동정심도 느끼지 않는다. 스무 배가 넘는 몸값을 가져오고 또 그만큼을 더 준다고 약속한다 해도, 프리아모스가 네 몸무게만큼 금으로 쳐 준다고 해도, 네 어미가 붙들고 눈물 흘리라고 네 시체를 내줄 성싶으냐? 진지 안의 개들과 사나운 새 떼에게 던져 주어 뜯게 할 테다."

헥토르는 숨이 끊어지면서 신음했다.

"너를 설득하지 못할 줄은 알았다. 네 심장은 차갑고 쇳덩이처럼 딱딱하니. 허나 이 일로 얼마나 신들의 노여움을 살지를 생각해 봐라. 너 자신의 종말도 다가오고 있지 않느냐."

이런 말을 헐떡이는 사이 죽음의 그림자가 그를 뒤덮었다. 아킬레우스는 시체에다 대고 계속 말했다.

"너는 하데스에게나 내려가 봐라. 제우스와 다른 신들이 내게 마련하고 계신 일이라면 나도 내 죽음을 받아들일 테니."

아킬레우스는 마지막 말을 내뱉은 다음, 헥토르에게서 자신의 갑옷과 무기를 되찾았다. 다른 아카이아 병사들은 둥그렇게 모여들어 죽은 자의 늠름한 체격과 잘생긴 얼굴에 감탄했다. 그러나 병사들은 곧 그가 적장임을 깨달았다. 제각기 한번씩 발로 차 보거나 찔러 보지 않는 사람은 한 명도 없었다. 누군가가 이렇게 비웃었다.

"우리 함대에 마구 불을 지를 때보다 훨씬 순해졌는걸!"

아킬레우스의 생각은 이제 함대 안에 아직 애도도 하지 못하고 묻지도 못한 채 그대로 놔둔 파트로클로스에게로 돌아갔다. 문득 무시무시한 영감이 떠올랐다. 그는 헥토르의 발목에 가죽끈을 꿴 다음, 시체를 자신의 전차에 묶었다. 그러고는 갑옷을 들고 그 위에 올라탄 다음, 말잔등을 채찍으로 후려쳤다. 말들은 불운한 헥토르를 먼지 구름 속에 질질 끌면서 앞으로 펄쩍 내달렸다. 헥토르의 머리카락은 헝클어지고 한때 잘생겼던 영웅의 얼굴은 흙으로 더럽혀졌다. 조국의 흙으로 말이다. 하지만 이는 제우스 신이 직접 이렇게 되도록 선포한 일이었다.

헥토르의 죽음을 애도하는 트로이 사람들

누벽 위에서는 헥토르의 어머니가 머리카락을 쥐어뜯고, 아버지 프리아모스 왕은 고통을 당하는 짐승처럼 신음했다. 그 광경을 본 모든 사람들이 눈물을 흘렸다. 슬픔은 도시 이쪽 끝에서 저쪽 끝으로 불길처럼 퍼져 나갔다.

궁전 안에서는 안드로마케가 아무것도 모른 채 베틀에 앉아 베를 짜고 있었다. 아무도 달려가서 차마 헥토르가 성문 밖에 홀로 남겨졌다고 알릴 수 없었기 때문이었다.

얼마 뒤 통곡 소리를 들은 안드로마케는 거리로 나가 누벽 위로 미친 듯이 달려 올라가기 시작했다. 성벽 위에 올라선 그녀는 끔찍한 광경을 보았다. 헥토르가 아카이아 함대 쪽으로 달리는 말들에게 참혹하게 끌려가고 있었다.

안드로마케는 그 광경을 더 이상 지켜볼 수가 없었다.

캄캄한 어둠이 그녀의 눈앞을 가리면서 그만 기절하고 말았다. 정신이 되돌아왔을 때 안드로마케는 짐승의 울부짖음 같은 통곡을 터뜨렸다. 자신의 어두운 운명과 헥토르의 운명은 너무나도 닮은꼴이었다. 그녀의 생각이 어린 아들 아스티아낙스에게 향했다. 설사 죽음은 면한다 해도, 아기는 내버려진 채 멸시를 받으면서 자라날 것이었다. 부모를 잃은 모든 아이들이 그렇듯이.

안드로마케가 한탄했다.

"아아, 헥토르. 이것이 당신에게 선고된 운명인가요? 끌려가서 인정 없는 아카이아 진지의 사냥꾼들에게 잡아먹히는 것 말이에요?"

트로이 군대가 헥토르를 위해 슬퍼하는 동안, 아카이아 군대는 함대로 돌아가 제각기 자기네 배로 올라갔다. 그러나 아킬레우스는 미르미돈 군대를 해산하지 않았다.

아킬레우스가 말했다.

"완전 무장을 하고 군마들 옆에 서서 파트로클로스를 애도하세. 벗들의 애도야말로 죽은 자가 누릴 수 있는 최고의 영예지. 더 이상 흘릴 눈물이 없을 정도로 실컷 울고 나서 말을 풀어 주고 함께 식사를 하세."

그러고는 슬픈 목소리로 통곡하기 시작했다. 미르미돈 군대도 즉각 따라 했다. 그러고는 말을 끌고 시신 주위를 세 번 빙 돌았다. 테티스 여신이 눈에 보이지 않게 그들의 눈물샘에 물을 주었다. 어찌나 격렬하게 우는지, 눈물은 그들의 갑옷을 적시고 발 밑의 모래를 적셨다.

아킬레우스는 울부짖었다.

"이젠 너의 영혼도 기뻐하겠지, 파트로클로스! 내가 헥토르를 여기 끌고 온 것은 그대를 위해서였네. 그대를 위해 그대의 화장단 위에 열두 명의 용감한 트로이 용사를 제물로 바치겠네!"

아킬레우스는 헥토르의 머리카락을 잡고 끌어당겨, 파트로클로스의 관대 옆의 먼지 속에 얼굴을 아래로 하여 내던졌다.

그는 눈물이 마를 때까지 실컷 운 다음, 병사들을 모두 함대 옆에 마련한 자리에 앉히고는 전통적인 장례 음식을 대접했다.

파트로클로스를 묻다

그날 밤, 헥토르와의 추격전으로 지친 아킬레우스는 모래 위에 누워 잠이 들었다. 꿈속에서 그는 자기를 굽어보는 파트로클로스를 만났다. 친구는 자신의 영혼이 불길에 의해 자유로워질 수 있도록 장례를 늦추지 말아 달라고 애원했다.

"나를 화장하고 난 다음, 내 뼈를 나중에 자네의 뼈를 담을 단지에 함께 담도록 하게. 자네 아버님이 나를 가족으로 받아들여 주신 날 이래, 아무것도 우리 둘을 갈라 놓지는 못했네. 죽어서도 그러도록 하세."

깊이 감동한 아킬레우스는 파트로클로스를 향해 팔을 뻗쳤다. 그러나 그의 팔이 껴안은 것은 허공뿐이었다. 그는 친구의 말을 마음에 단단히 새긴 채 잠이 깼다. 친구가 부탁한 대로 해 줄 참이었다.

다음 날 동이 트자마자 미르미돈 군대는 짐승들에게 등짐을 지워 장작을 실어 날랐다. 많은 양이 모이자 그 장작으로 높다란 화장단을 만들었다. 엄숙한 애도 속에 그들은 파트로클로스를 그 꼭대기에 안치했다. 아킬레우스는 자신의 머리카락을 잘라 친구의 시신 위에 놓았다. 강의 신 스페르키우스에게 주려고 아껴 왔으나, 이제 두 번 다시 프티아로 돌아갈 수 없는 운명임을 알기에 친구에게 준 것이었다. 그다음엔 죽은 자와 함께 태워지도록 여러 마리의 짐승을 바쳤다. 마지막으로 아킬레우스는 직접 열두 명의 트로이 용사를 죽인 다음 파트로클로스에게 제물로 바쳤다. 바로 이 목적을 위해 스카만드로스강 가에서 사로잡은 트로이 용사들이었다.

아킬레우스는 부르짖었다.

"기뻐하게, 파트로클로스여. 비록 그대가 지금 어둠 속을 헤매고 있다 해도 말일세. 나는 자네에게 약속한 대로 모두 이행했네. 영혼을 해방시키는 불길은 헥토르의 몸을 태워 주지 않을 걸세. 사냥개들이 몽땅 뜯어 먹을 걸세."

그러나 신들은 트로이 영웅의 시체가 이렇게 조롱당하도록 내버려 두지 않을 작정이었다. 아프로디테는 개들을 밤이고 낮이고 멀찌감치 떼어 놓았고, 장미 기름을 발라 시신이 찢기고 멍드는 것을 막았다. 아폴론은 태양을 검은 구름 뒤에 감춰 두었다. 따가운 햇살이 살을 그을려, 죽은 헥토르의 아름다움을 빼앗아 가지 못하게 하기 위해서였다.

바람의 신인 보레아스와 제피로스의 도움으로 파트로클로스의 화장단에 불이 붙여졌다. 아킬레우스는 밤새도록 그 주위를 서성이면서, 친구의 영혼을 위해 땅에 술을 붓고 하늘을 향해 비탄의 눈물을 흘렸다. 이윽고 지평선 위에 샛별이 떠오르고 타다 남은 장작은 깜부기불이 되었다. 그제야 비로소 아킬레우스는 지쳐 땅바닥에 드러누워 잠깐 눈을 붙였다. 그러나 곧 다시 일어났다. 동이 트고 모든 아카이아 군대가 연기가 피어오르는 잿더미를 둘러싸고 모여들었다. 아킬레우스는 아가멤논과 다른 장수들을 향해 다가갔다.

"아가멤논 총사령관님, 그리고 아카이아 연합군의 모든 장군님들. 먼저 포도주로 불을 끈 다음 파트로클로스의 유골을 추려 주십시오. 장작단 한가운데 안치했으니 다른 뼈들과 구별이 될 겁니다. 이다음에 내 뼈를 같이 넣을 때가 올 때까지 황금 단지에 넣어 주십시오. 그런 다음 그에게 걸맞게 봉분을 쌓아 주십시오. 나중에 나를 거기 묻을 때는, 무덤을 더 넓고 높게 만들어 주십시오."

그의 요구대로 한 다음에도 아킬레우스는 아카이아 군대를 보내려 하지 않았다. 그는 장례 경기를 열어 파트로클로스를 기념하고 싶었다. 아킬레우스는 경기장을 마련하도록 명령한 다음, 함대에서 갖가지 상품을 가져왔다. 가마솥, 모조 청동 제단, 말, 노새와 암소, 예쁜 여자 노예들 등을 참가자들에게 나눠 주었다. 가장 좋은 상품은 이긴 사람들에게 주었다. 군대 안에서도 가장 유명한 영웅들은 전차 경주, 권투, 레슬링, 달리기, 원반던지기, 투창 등에 참가하여 이름을 날렸다.

경기와 함께 장례식은 모두 끝났고 깊은 애도의 시간도 지나갔다. 그러나 아킬레우스에겐 아니었다. 파트로클로스를 마음에서 몰아낼 수가 없어, 아킬레우스는 용기 있고 성급했던 친구의 죽음을 끊임없이 슬퍼했다. 그는 땅바닥에 털썩 엎드리거나 멍하니 하늘을 올려다보며 누워 있곤 했다. 그러다간 갑자기 실성한 듯이 벌떡 일어나서 바닷가로 달려가곤 했다. 때론 말을 전차에 매어 뒤에 헥토르의 발을 묶은 다음, 파트로클로스의 무덤 주위를 몇

바퀴씩 돌았다. 그는 이런 식으로 열이틀 동안이나 헥토르의 시체를 학대했다.

보다 못한 제우스는 마침내 테티스를 불러, 가서 아들을 타이르라고 말했다. 만일 자신의 노여움을 사지 않으려면, 몸값을 받고 프리아모스 왕에게 죽은 아들의 시체를 돌려주라고 말이다. 이어 이리스 여신을 프리아모스에게 보내, 막사로 아킬레우스를 찾아가도록 일렀다. 무사하게 아킬레우스의 막사로 들어갈 수 있을 테니 그를 찾아가서 간청하라고. 좋은 선물을 줄 테니 부디 헥토르의 시체를 돌려달라고.

아킬레우스는 마지못해 제우스의 뜻에 따랐다. 프리아모스는 여신의 지시에 안도했다. 안 그래도 목숨을 내놓고 찾아가서 무릎을 꿇고 아들의 시신을 돌려달라고 애원할 참이었다. 프리아모스는 아들들에게 곧장 이륜 전차와 노새가 끄는 튼튼한 네 바퀴 수레를 대령시키라고 일렀다. 그러고는 헤카베 왕비에게 자신의 결심을 밝혔다.

"그런 일을 할 생각을 하시다니, 정신이 나가신 모양입니다. 그 야만인은 폐하를 죽일 것입니다!"

아킬레우스를 찾아가 무릎을 꿇은 프리아모스 왕

왕비의 반대를 무릅쓰고, 프리아모스는 그녀의 손을 잡고 잠긴 방문을 함께 열어 갔다. 방 안의 조각을 새긴 나무 궤짝 안에는 온갖 값진 보물이 들어 있었다. 그는 최상품 담요 열두 장과 양탄자 열두 장, 흰 망토 열두 장, 또 그만큼의 화려한 길고 헐렁한 겉옷을 꺼냈다. 그다음엔 금과 번쩍이는 모조 청동 제단 두 개, 가마솥 네 개, 마지막으로 트라키아 사람들에게서 선물로 받은 값을 매길 수 없을 만큼 귀한 컵을 보탰다. 그 컵조차 전혀 아깝지 않았다. 죽은 아들을 다시 한번 품에 안아 볼 수만 있다면! 방을 나간 프리아모스는 서둘렀다. 급한 마음에 궁전 안의 트로이 왕실 식구들이 자신의 앞길을 일부러 가로막는 것처럼 느껴졌다.

프리아모스는 벌컥벌컥 소리쳤다.

"비켜라, 이런 게으름뱅이들 같으니! 여기서 뭣들 하는 게냐? 너는 내 슬픔을 더해 주려고 여기 얼씬거리느냐? 이 겁쟁이들아, 이제 그 애가 죽었으니 우리 모두에게 얼마나 큰 재앙이 닥칠 것인지 곧 알게 될 게다. 아아, 우리 도시가 불길에 휩싸이는 것을 보느니 차라리 내가 먼저 하데스의 저승으로 내려갈 수만 있다면!"

그는 사람들을 밀치고 지나갔다. 그리고 불렀는데도 아직 나타나지 않는 헬레노스, 파리스, 데이포보스 등 다른 아들들을 비난하며 호통쳤다.

"빨리 안 오고 뭣들 하는 게냐! 얼뜬 낯짝들을 내밀고 나타나란 말이다! 차라리 네놈들이 대신 죽었더라면. 용맹스러운 아들들이 그리 많았건만 죄다 싸움에 나가 죽어 버렸어. 내 백성들의 입에서 고기를 훔쳐 가는 거짓말쟁이, 사기꾼, 이런 쓸모없는 찌꺼기만 남았으니! 가서 내가 시킨 대로 전차를 대령하라. 그리고 금고에서 꺼내 온 선물을 어서 실어라. 어서 헥토르의 몸값을 지불하고 싶다!"

아버지의 호통에 주눅이 들어, 다들 명령을 받들고자 뛰어다녔다. 프리아모스는 충성스러운 전령 이다이오스를 곁으로 불렀다. 그도 주인과 마찬가지로 늙었다. 왕은 그에게 보물을 실은 수레를 몰도록 지시한 다음, 자신은 직접 전차의 말고삐를 잡았다.

그들은 시내를 지나 성문 앞에 이르렀다. 사람들이 울

면서 그들의 뒤를 따랐다. 일로스의 무덤에 이르기도 전에 이미 날이 어두워졌다. 그들은 길을 멈추고 말들에게 물을 먹였다.

문득 그들은 보드레한 뺨의 청년이 다가오는 것을 보았다. 왕자처럼 보이는 청년이었으나, 실은 제우스가 보낸 헤르메스 신이었다.

헤르메스가 물었다.

"노인장, 이 밤중에 이런 값진 선물을 갖고 어디로 가십니까? 아카이아 군사들이 두렵지도 않으십니까? 노인장은 제 아버님을 닮으셨군요. 어디로 가시는지 말씀해 주시면 제가 모셔다드리겠습니다. 전 미르미돈 병사이고 당신의 아들을 죽인 사람의 동료이긴 합니다만, 저를 겁내지 마십시오."

"만일 그대가 아킬레우스 군대에 있다면 부디 말 좀 해주시오. 내 아들의 시신은 아직 그대로 있소, 아니면 사냥개들이 이미 먹어 치웠소?"

"개들도 독수리들도 먹지 않았습니다. 시신은 아킬레우스의 함대 가까이에 온전하게 눕혀져 있습니다. 아킬레우스가 먼지 속으로 마구 끌고 다녔지만, 아드님의 아름다움을 망가뜨리진 못했습니다. 오늘이 열이틀째 밤인데도 시신은 차갑고 말짱합니다. 거기 묻은 피는 씻겨 나갔고, 죽은 다음에 입은 상처까지 모두 봉합되었습니다. 당신의 아들은 신들의 사랑을 받았습니다."

프리아모스 왕은 뛸 듯이 기뻐하면서 청년에게 부탁했다.

"훌륭한 선물을 줄 테니 나를 아킬레우스 막사로 데려다 주시오."

헤르메스가 대답했다.

"선물은 받을 수가 없습니다. 그의 노여움을 사게 될 테니까요. 하지만 기꺼이 아카이아 영웅에게 당신을 모셔 다드리지요."

헤르메스는 프리아모스를 단 한 명의 미르미돈 병사 눈에도 띄지 않게 아킬레우스에게 데려다주었다. 막사가 세워진 마당으로 들어가려면 장정 세 명이 달려들어야 하는 묵직한 빗장을 풀어야 했다. 혼자서 그것을 열 수 있는 사람은 아킬레우스뿐이었다.

그러나 헤르메스는 아무 어려움 없이 빗장을 풀고는 바퀴 소리나 말발굽 소리 하나 내지 않고 들어갔다.

"다 왔습니다. 난 이만 가 보겠습니다."

이어 안내자는 신분을 밝혔다.

"나는 헤르메스이며 제우스께서 그대를 도와주라고 나를 보내셨다. 이제 막사 안으로 들어가서 그대가 아는 가장 공정한 말로 그에게 애원해라."

전차에서 내린 프리아모스는 이다이오스에게는 말을 붙잡고 있으라고 한 다음 혼자 안으로 들어갔다. 아킬레우스는 아우토메돈, 알키모스와 함께 탁자 앞에 앉아 있었다. 뒤편에도 몇몇 사람이 있었다. 아킬레우스 앞으로 다가간 프리아모스 왕은 그의 무릎을 붙잡고 그 손에 입을 맞췄다. 그의 아들들 여럿을 죽인 손이었다.

함께 눈물을 흘린 아킬레우스와 프리아모스

아킬레우스는 인망 높은 프리아모스가 자기 발치에 앉아 있는 것을 보고 깜짝 놀랐다. 막사 안의 다른 장수들도 놀라 서로서로 얼굴을 쳐다보았다.

프리아모스가 애원했다.

"아킬레우스 장군이여, 그대의 아버님을 한번 생각해 보시구려. 그대 때문에 아버님이 얼마나 마음고생을 하고 계신지 누가 알겠소? 허나 그분은 그대가 살아 있다는 걸 알고 있고 또다시 만날 것을 기대하실 수도 있소. 허나 나는 가장 비극적인 아버지라오. 아들 쉰을 두었으나 그중 여럿이, 그리고 가장 용감한 아이들이 장군과 장군의 아카이아 동료들에게 죽임을 당했소. 그리고 제 도시의 유일한 방패였던 헥토르는 며칠 전 장군에게 목숨을 잃었고

말이오. 오늘 밤 내가 넉넉한 몸값을 가지고 아카이아군 진지로 찾아온 것은 아들의 시신을 찾기 위해서요. 아킬레우스, 신들을 존중하고 부디 그대의 아버님을 생각해서라도, 세상의 그 어떤 인간도 할 수 없는 일을 하려고 온 이 사람을 불쌍히 여겨 주오. 자기 아들을 그토록 여러 번 죽인 사람의 손에 입 맞추러 온 노인을 말이오."

 프리아모스의 말을 듣자 아킬레우스는 눈물을 흘렸다. 다른 장수들도 다 함께 눈물을 흘렸다. 프리아모스도 죽은 아들을 위해 울었다.

아킬레우스는 자기 무릎에 놓인 불운한 노인의 손을 가만히 잡았다. 그러고는 노인의 팔을 붙잡고 그를 일으켜 세웠다.

"가엾은 백발노인이시여, 왕께서 참혹한 슬픔을 겪었다는 말은 사실입니다. 그 사랑과 용기가 얼마나 컸길래, 당신에게 사악한 짓을 저지른 자를 만나러 적군의 함대로 찾아오셨단 말입니까? 자아, 이리 와서 앉으십시오. 쓰린 눈물로 슬퍼해 봤자 아무것도 이루어지지 않습니다. 신들의 사랑을 받으셨으나, 나의 아버지 역시 가엾은 분이십니다. 신들은 그분께 여신을 아내로 맞게 해 주었으나 다만 짧은 기쁨과 오랜 슬픔을 허락했을 따름입니다. 나는 그분에게 하나밖에 없는 아들입니다. 그러나 그분은 내가 미처 성인도 되기 전에 당신과 당신의 아들들을 몰락시키려고 여기로 떠나올 때 이미 나를 잃었습니다. 그러나 그분에게 가장 잔인한 슬픔은 당신의 아들이 오래 살지 못한다는 걸 알고 있으며, 두 번 다시 그 아들을 못 볼 거란 사실입니다. 나의 아버지처럼 왕께서도 한때는 행복하셨지요. 이웃 어느 왕들보다도 더 부강하고 많은 왕자를 두었으니까요. 그러나 신들께서 당신에게 주신 것은 결국엔 패망과 깊은 슬픔뿐입니다. 허나 너무 슬퍼하지 마십시오. 눈물을 흘린다고 해서 되는 건 아무것도 없으니까요. 여기, 잠깐만 앉으십시오."

"헥토르가 저 밖에 내팽개쳐져 있는데 내가 어찌 앉을 수가 있겠소. 몸값을 받고 부디 그 애를 보게 해 주시오. 그리고 부디 신들께서 내 목숨을 구해 준 그대를 안전하게 귀향하도록 도우시길."

"너무 서두르지 마십시오, 노인장. 아드님을 내드릴 것입니다. 제우스 신께서 원하시는데 내가 어찌 거절할 수가 있겠습니까! 어떤 신이 당신을 여기로 인도해 오셨음을 내가 모를 줄 아십니까? 보통 인간이라면 보초병들 모르게 지나올 수도, 혼자서 문의 빗장을 풀 수도 없었을 것입니다."

아킬레우스는 아우토메돈, 알키모스와 함께 밖으로 나가 말을 풀어 놓은 다음, 수레에서 몸값을 꺼냈다. 그리고 이다이오스를 막사 안에 들어와 좀 앉으라고 권했다. 선물 중에서 망토 두 벌과 긴 겉옷 한 벌은 시신을 감싸기 위해 그냥 놔두었다. 아킬레우스는 노예 소녀에게 헥토르의 시체를 목욕시키라고 일렀다. 프리아모스가 먼지투성이가 된 헥토르를 보고 울음이라도 터뜨릴까 봐 두려웠다. 그러면 자칫 분노가 다시 폭발하여 프리아모스를 죽이고, 그리하여 제우스의 뜻을 거스르게 될까 봐 두려웠다.

시신을 다 씻기고 나자 아킬레우스는 자신이 직접 긴 겉옷을 입혔다. 그리고 수레 위에 침상을 놓고 그 위에 안치했다. 그 순간 눈물이 왈칵 쏟아졌다.

"파트로클로스, 헥토르를 돌려준다고 내게 화를 내지 말게나. 이것은 신들의 뜻이라네. 몸값으로 가져온 값진 선물들 중 가장 좋은 것을 골라 그대에게 바치겠네."

아킬레우스는 막사 안으로 들어가 프리아모스에게 말했다.

"당신의 아들은 자유가 되었습니다. 망토를 덮고 수레 안에 누워 있습니다. 날이 밝은 다음 떠날 때 그를 보시지요. 마침 식사 때니 함께 식사를 합시다."

저녁을 먹으면서 아킬레우스가 물었다.

"그런데 장례를 치르는데 며칠 간이나 휴전이 필요합

니까? 말씀하십시오. 제가 책임지고 군대를 묶어 두겠습니다."

"내가 부탁하는 대로 다 들어 준다면 장군은 정말로 너그러운 적이 될 것이오. 애도 기간으로 아흐레가 필요할 것이고, 열흘째는 화장을 하고 장례 만찬을 먹어야 하고, 열하루째는 매장을 하고 봉분을 올려야겠지요. 열이틀째 날에는 다시 싸움을 시작할 수 있겠소. 그래야만 한다면."

"왕이 바라시는 대로 해 드리겠습니다. 요구하신 기간만큼 전쟁을 중단하도록 하지요."

아킬레우스는 이렇게 말한 뒤 프리아모스와 이다이오스를 천막 아래 마련한 침소로 안내했다.

지친 두 사람은 이내 잠이 들었다. 다른 사람들도 모두 잠이 들었을 때, 헤르메스가 다시 찾아와 프리아모스의 베개 위에 몸을 숙여 말했다.

"적진에서 잠을 자다니 두렵지도 않은가, 프리아모스? 일어나서 당장 떠나게. 다른 아카이아 장수들이 그대가 여기 와 있다는 걸 알기 전에."

소스라치게 놀란 두 사람은 어둠 속을 빠져나갔다. 헤

르메스는 그들을 진지 밖으로 안내하여 스카만드로스강까지 데리고 갔다. 거기서부터 다시 둘만 남았다. 두 사람은 소중한 시체를 싣고 성문에 이르렀다. 장밋빛 손가락을 가진 새벽의 여신이 고통받는 도시 위로 분홍 베일을 드리우는 시간이었다.

온 트로이 시민들이 슬퍼하며 헥토르의 시신을 맞아들였다. 늙은 부모와 사랑하는 아내는 줄줄 흐르는 눈물로 그의 잘생긴 얼굴을 씻어 주었다. 그의 시신을 붙잡고 실컷 울었으면 하는 간절함도 마침내 만족되었다. 트로이 사람들은 아흐레 동안 헥토르의 화장단을 쌓을 장작을 실어 날랐다. 불길이 활활 치솟아 그의 몸을 태우고 나자, 헥토르의 유골은 황금 상자 속에 담겼다.

이튿날에는 그를 성벽 아래 묻은 다음 그 위로 높다란 봉분을 올렸다. 용감무쌍한 영웅은 그가 받아 마땅한 예우로써 다음 세상으로 보내졌다.

헥토르의 장례식은 이렇게 치러졌다. 우리가 '일리아드 이야기'라고 부르는 호메로스의 불멸의 대서사시는 여기에서 끝난다.

트로이 최후의 나날들

헥토르가 죽은 뒤, 트로이군은 성안에 바리케이드를 친 채 밖으로 나올 엄두조차 내지 못했다. 그런데 호전적인 아마존으로부터 생각지도 못한 도움이 왔다.

아마존

구성원이 여성 뿐인 아마존의 젊은 왕 펜테실레이아는 전쟁 경험이 없었다. 이것은 아마존 왕으로선 합당치 않은 일이었다. 그래서 그녀는 트로이에 가서 프리아모스 왕을 도와 싸우기로 했다.

펜테실레이아와 여전사들은 아카이아 군대를 급습하여 많은 영웅을 죽였다. 아카이아 군대는 성벽에서 멀리 떨어진 곳에 있어서, 이 참패를 당하기 전까지 아이아스와 아킬레우스는 무슨 일이 벌어지고 있는지 전혀 알지 못했다.

파트로클로스를 잃은 슬픔에 아킬레우스는 막사 안에 틀어박혀 있었고, 아이아스 역시 동정심에 그를 거기 혼자 놔두고 싶어 하지 않았다. 마침내 아카이아 군대와 추격하는 아마존 사이의 일대 격전 소리가 두 영웅이 앉아 있는 곳까지 들려왔다.

처음에 그들은 무슨 영문인지 몰랐다. 그러나 도망치는 아카이아 병사들을 함대 쪽으로 몰아내는 전설적인 여전사들을 본 순간, 그들은 무기를 움켜잡고 뛰어들었다.

두 영웅이 전쟁터에 뛰어든 것을 본 아카이아 군대는 잃었던 용기를 되찾았다. 피비린내 나는 격전이 벌어졌다. 갑작스럽게 살아난 적의 사기에 놀라, 펜테실레이아는 가장 눈부시게 활약하는 한 장수를 골라내어 그에게 달려들었다. 그녀는 그가 누군지 알고 있었다. 아킬레우스의 명성은 이제 세상 방방곡곡까지 퍼져 있었다. 그러나 그의 이름은 그녀를 겁에 질리게 만들기는커녕 그와 한판 실력을 겨루어 보고 싶은 욕구를 자극했다.

펜테실레이아는 아킬레우스를 향해 돌진했다. 기다란 창을 세 번씩이나 던졌지만 창은 그의 방패에 맞아 세 번 모두 튕겨 나갔다. 그녀는 네 번째 창을 던졌다. 그러나 창이 그에게 와 닿기 전에, 아킬레우스의 무시무시한 창이 그녀의 갈빗대 사이에 날아가 박혔다.

아마존의 여왕은 죽어 땅에 축 널브러졌다. 아킬레우스는 적장의 용맹과 대담함에 경탄했다. 자신과 맞싸운 사람이 여자라는 게 믿기지 않았다. 아킬레우스는 적의 얼굴에서 투구를 벗겨 냈다. 그리고 그녀를 죽인 것을 가슴 아파했다. 아킬레우스는 경건하게 무릎을 꿇고는 죽은 그녀의 입술에 입을 맞췄다. 전쟁에서 허용되는 관습이었으나, 그는 그녀의 무기와 갑옷을 가져가지 않았다. 심지어 주변에 쓰러진 아마존군의 시체를 아무도 건드려선 안 된다고 명령을 내리기까지 했다. 시체와 무기를 돌려주어 다른 아마존들이 정중하게 묻어 주게 했다.

아킬레우스와 멤논

펜테실레이아의 죽음 이후 트로이 성문은 또 한번 굳게 닫혔다. 그러나 곧 다시 열렸다. 용감한 새 지원군이 강력한 군대를 이끌고 일리아드로 왔던 것이다.

그는 에티오피아 왕인 멤논으로, 티토노스와 새벽의 여신인 에오스 사이에서 태어난 아들이었다. 멤논의 아버지는 프리아모스 왕의 동생이어서, 이 도시의 곤경 소식을 듣자 자기 아들을 보내 트로이 군대를 돕게 한 것이다.

흑단처럼 검은 피부와 거인 같은 체구의 멤논은 누구라도 벌벌 떨게 할 만한 용장이었다. 그의 기운이 아킬레우스와 맞먹는다고 말하는 사람들도 있었다. 그도 아킬레우스처럼 여신의 아들이었고, 헤파이스토스가 만들어 준 갑옷을 입고 있었다.

멤논은 아카이아 군대 사이를 질풍노도처럼 휩쓸고 다녔다. 그의 가차 없는 칼날에 영웅들은 줄줄이 쓰러졌다.

아킬레우스는 어머니 테티스 여신으로부터 그에게 도전하러 나와선 안 된다는 경고를 받았다. 멤논을 죽이게 되면 그가 죽을 차례가 오기 때문이었다. 아킬레우스는 어머니의 충고에 따랐다. 그러다가 파트로클로스가 죽은 뒤로 자신의 가장 절친한 친구가 된 안틸로코스까지 전사했다는 것을 알자 더 이상 참을 수가 없었다.

네스토르의 불운한 아들은 더없이 영웅적으로 죽었다. 멤논의 무시무시한 칼날로부터 늙은 아버지를 구하고자, 그를 가로막고 죽음의 칼을 대신 맞았던 것이다. 안틸로코스마저 죽자 아킬레우스는 커다란 슬픔에 잠겼다. 격노한 그는 어머니의 경고를 무시한 채 한달음에 싸움판으로 뛰어들었다. 그는 큰 아이아스와 맞붙고 있는 멤논을 찾아냈다. 아이아스는 적장과 힘겹게 싸우는 중이었다.

아킬레우스가 소리쳤다.

"비키게, 아이아스. 그대가 죽일 장수들은 많이 있네. 이자는 내게 맡겨 두게!"

아킬레우스는 이 흑인 용장과 목숨을 건 결전에 돌입했다. 난생처음으로 그는 막상막하의 적수를 맞은 셈이었다. 몇 시간 동안 둘 중 누가 승리할 것인지 불분명했다. 멤논은 어깨에, 아킬레우스는 팔에 부상을 입었으나 그들은 사납게 날뛰는 두 마리 개처럼 계속 싸웠다. 겁이 난 테티스와 에오스는 제각기 제우스에게 자기 아들을 이기게 해 달라고 졸랐다.

"운명에 쓰인 것은 나도 지울 수가 없느니라."

제우스는 헤르메스 신을 불러 두 영웅의 운명을 저울에 달게 했다. 추는 멤논 쪽으로 무겁게 기울었다. 가슴이 찢어지는 듯한 비명과 함께 에오스는 허겁지겁 싸움터로 달려갔다. 그러나 너무 늦었다. 아킬레우스가 이미 최후의 일격을 가한 다음이었다. 에오스는 가까스로 아들을 하늘로 안고 올라가, 아킬레우스가 갑옷을 벗겨 내는 것을 막을 따름이었다.

아킬레우스의 죽음

멤논을 죽였으니 이젠 아킬레우스가 죽을 차례였다. 승리에 취한 그를 막을 자는 아무도 없었다. 그는 적병들이 모두 성문 안으로 쫓겨 들어갈 때까지 그 뒤를 추격했다. 어찌나 기세등등하게 돌진했는지 아폴론이 그의 앞을 가로막지 않았더라면 그는 혼자 손으로 트로이를 함락시켰을 것이다.

노발대발한 아킬레우스는 자신의 칼로 베어 넘어뜨리겠다면서 아폴론 신에게까지 위협을 했다. 그러자 아폴론은 더한층 진노하여 노여움에 떨리는 목소리로 소리쳤다.

"돌아가라, 아킬레우스! 불행한 자여, 네 운명은 네가 태어나던 순간부터 정해졌다. 너는 절대로 트로이에 들어갈 수 없다."

아폴론은 급히 파리스를 찾아내어 멀리서 활로 아킬레우스를 쏘라고 명령했다. 그는 날아가는 화살을 붙잡아 방향을 바꾸어 아킬레우스의 오른쪽 발뒤꿈치에 박아 넣었다. 용감무쌍한 영웅의 영혼이 그 육체를 떠나게 만들 수 있는 유일한 부위였다.

아킬레우스는 털썩 무릎을 꺾었다. 그는 자기 발뒤꿈치에 박힌 화살의 의미를 너무나도 잘 알고 있었다. 그때부터 '아킬레스건'이라고 부르게 된 급소 말이다. 그러나 그는 캄캄한 죽음의 품에 쓰러질 때까지도 계속 저항했다. 아킬레우스는 비틀거리면서도 마지막으로 트로이 병사들에게 덤벼들어 도망치는 그들 몇몇을 더 해치웠다.

마침내 죽음의 그림자가 그를 뒤덮고 몸에서 기운이 빠

져나갔다. 아킬레우스는 한쪽 무릎을 꿇고 땅에 주저앉은 채 최후의 무서운 저주를 내질렀다.

"트로이인들이여, 신들에게 자비를 빌어라. 나는 죽어서도 네놈들에게 복수할 테다. 너희들이 달아날 길은 그 어디에도 없다!"

이것이 그의 마지막 말이었다.

다음 순간, 위대한 영웅은 땅바닥에 죽어 넘어졌다. 그의 무기들은 와장창 하는 엄청난 굉음과 함께 나뒹굴었다. 땅이 흔들리고 하늘은 구름장으로 뒤덮였다. 적과 동지를 막론하고 모든 전사 중에서도 가장 무서운 영웅, 펠레우스와 테티스의 아들은 이제 죽어 누워 있었다!

죽은 아킬레우스를 놓고 피비린내 나는 접전이 벌어졌다. 아이네이아스가 이끄는 트로이군은 그의 시체를 차지하려고 필사적이었다. 아이아스와 오디세우스는 이를 막아 내기 위해 초인적인 노력을 기울였다. 새롭게 리키아 군대의 사령관이 된 글라우코스는 시체를 밧줄로 묶는 데 성공해 잡아끌기 시작했다. 이는 무모한 시도였다. 아이아스가 창을 날려 그의 목숨을 끊어 놓음으로써 대가를 치르게 한 것이다.

 그러나 싸움은 여전히 맹렬하게 계속되었다. 양쪽 모두 수많은 병사를 잃었으나, 트로이군이 시체를 끌고 갈 수도 없었고 아카이아군이 그들을 물리치고 시체를 차지할 수도 없었다. 죽은 아킬레우스를 두고 하루 종일 전투가 계속되었다. 이다산 꼭대기에서 쭉 지켜보고 있던 제우스는 아킬레우스가 가엾어졌다.

 제우스는 사나운 폭풍을 내려보냈다. 싸움은 잠깐 중단되었다. 그 틈을 타서 아이아스와 오디세우스는 시신을 운반할 수 있었다. 아이아스가 우람한 어깨에 시신을 떠메고 가는 동안 오디세우스는 그의 뒤를 맡았다. 트로이군은 성이 나서 추격해 왔다. 그러나 오디세우스는 자신의 안전도 돌보지 않은 채 필사적으로 막아 냈다. 아이아스 또한 지칠 줄 모르는 기운으로 시체를 메고 뛰었다. 이들 두 영웅은 아킬레우스를 무사히 아카이아 진영으로, 그리고 거기서 다시 함대로 데려갈 수 있었다.

죽은 아킬레우스를 애도하다

그들은 위대한 영웅을 관대 위에 안치했다. 애도의 의식이 시작되었다. 장수들을 맨 앞줄에 세우고 전 아카이아군대는 고귀한 동지를 애도했다. 테티스 여신과 그 자매들인 오십 명의 네레이스가 바다에서 올라와 소리 높여 함께 통곡했다. 올림포스산으로부터는 아홉 명의 뮤즈 여신들이 내려와, 그의 시신 앞에서 죽은 자를 위한 송가를 불러 주었다. 그리스 최고 영웅의 죽음에 신들도 눈물을 흘렸다.

아카이아 군대는 열이레 동안 아킬레우스를 애도했다. 열여드레째에는 그를 높다란 화장단 위에 안치하고, 그를 기리기 위해 희생된 수많은 짐승과 함께 불태웠다.

그런 다음 유골을 추려 파트로클로스의 뼈를 담은 바로 그 황금 단지에 담았다. 그들은 황금 단지를 같은 무덤에 묻은 다음 봉분을 더 넓고 높게 올렸다. 헬레스폰토스 해협을 지나가는 모든 배들은 이 봉분을 보고 그 밑에 누워 있는 영웅들의 영광을 기억할 수 있게 되었다.

그다음에는 죽은 아킬레우스를 기념하여 장례 경기가

열렸다. 테티스 여신이 바다 밑에서 멋진 상품들을 가져와, 우승한 선수들에게 아들의 용맹을 기억하도록 나눠 주었다.

가뜩이나 아킬레우스를 잃은 아카이아군에 또 다른 불행이 닥쳤다. 텔라몬의 아들인 큰 아이아스의 죽음이었다. 영웅의 최후는 비극적이었다.

전투에서 영광스러운 죽음을 맞은 게 아니라, 불행한 방법으로 죽었기 때문이었다. 큰 아이아스는 자신에게 돌아왔어야 할 아킬레우스의 갑옷을 빼앗긴 억울함에 정신이 나가 그만 스스로 목숨을 끊고 말았다. 그와 오디세우스는 트로이군으로부터 아킬레우스의 시신을 구해 내는 데 목숨을 걸고 큰 공헌을 세웠다. 우열을 가리기가 힘들 정도였다.

장수들은 헤파이스토스 신이 만든 훌륭한 갑옷을 두 영웅 중 누가 가져야 하는가를 놓고 제비뽑기를 했다.

아가멤논과 메넬라오스는 제비를 몰래 바꿔 놓았다. 그러고는 실제로 아이아스가 이겼는데도 오디세우스가 이겼다고 주장한 것이다. 속임을 당한 영웅은 사태를 알아차리자 미칠 듯한 분노에 두 사람을 죽여 버릴 뻔했다. 대신 이 일로 정신이 이상해진 그는 저도 모르게 소 떼를 죽이기 시작했다.

마침내 그는 칼로 자신의 목숨을 끊었다. 그가 죽은 다음에도 아가멤논과 메넬라오스는 당연히 치러 줘야 할 정중한 장례식을 완강히 거절했다.

오디세우스는 아가멤논과 메넬라오스에게 항의했다. 마침내 아이아스의 장례식은 정중하게 치러졌고, 그의 무덤은 아킬레우스의 무덤 곁에 높다랗게 만들어졌다.

가장 훌륭한 두 영웅을 잃은 아카이아군에게 전쟁은 더한층 힘들어졌다. 물론 트로이군도 성벽 밖으로 감히 나올 생각을 하지 않았다. 그렇지만 아이아스와 아킬레우스가 살아 있을 때도 불가능했는데 이젠 무슨 수로 트로이를 함락시킬 것인가? 칼카스는 자신의 모든 예언력도 더 이상 도움이 되지 못한다고 말했다. 다만 트로이의 멸망과 관련된 모든 신탁은 프리아모스의 아들 헬레노스가 다 알고 있다고 덧붙였다.

오디세우스가 작전을 개시하다

이 말을 듣는 순간부터 오디세우스는 어떻게 하면 헬레노스를 사로잡아 신탁을 알아낼까 하는 궁리를 하기 시작했다. 오랜 노력 끝에 그는 헬레노스를 사로잡을 수 있었다. 헬레노스가 아카이아 군대의 상황을 살피려고 어느 날 밤 성 밖으로 빠져나왔을 때였다.

오디세우스가 말했다.

"네가 도망칠 길은 없다. 그러나 목숨을 건질 한 가지 방법은 있다. 트로이의 멸망에 대해 네가 아는 신탁 내용을 말해라."

공포에 질린 헬레노스는 모든 것을 털어놓았다.

"트로이의 최후에 대해선 세 가지 신탁이 있습니다. 하나는 일리아드는 필로크테테스가 갖고 있는 헤라클레스의 화살 없이는 무찌를 수 없다는 것입니다. 두 번째는 아킬레우스의 아들, 네오프톨레모스의 도움 없이는 정복되지 않는다는 것입니다. 마지막으로는 아크로폴리스의 아테나 신전에 모셔져 있는 여신의 성상을 손에 넣지 않는 한, 프리아모스 왕의 도시를 무너뜨리지 못한다는 것입니다."

 오디세우스는 다른 장수들에게 달려가 이런 사실을 알리는 한편, 자기가 모든 것을 직접 챙기겠다고 나섰다. 한때는 트로이에 와서 싸우기를 그토록 싫어했던 사람이, 지금은 이 기나긴 전쟁을 승리로 끝내기 위한 결의에 차 있었다.

 오디세우스는 먼저 스키로스섬의 리코메데스 왕을 찾아갔다. 아킬레우스의 어린 아들 네오프톨레모스가 살고 있는 곳이었다. 아킬레우스는 물론 결혼한 적이 없었다. 그러나 그가 잠시 피해 있었던 스키로스섬을 떠날 때, 리코메데스의 딸 데이아메이아는 몹시 흐느껴 울었다. 그녀의 배 속에는 그때 아킬레우스와의 사랑의 열매가 자라나고 있었던 것이다.

 이것은 두 사람만이 간직한 비밀이었다. 그로부터 여러 해가 흘러갔다. 최초의 실패한 아카이아 원정대는 되돌아갔고, 또다시 군대를 모으는 데 8년이란 세월이 지나갔다. 그 위에 전쟁 자체만도 10년 동안 계속되었다. 아킬레우스의 아들은 이제 전쟁을 좋아하고 모험을 갈망하는 훌륭한 청년이 되어 있었다. 오디세우스는 아무 어려움 없이 리코메데스를 설득하여 그를 자기에게 넘기게 했다. 네오프톨레모스도 기꺼이 떠나왔다.

오디세우스는 아킬레우스의 아들을 데리고 이번엔 렘노스섬으로 향했다. 아카이아 군대가 여러 해 전에 필로크테테스를 버리고 온 곳이었다. 배신감으로 고통받아 온 영웅을 함께 떠나자고 설득하는 것은 쉬운 일이 아니었다. 뱀에 물린 필로크테테스를 렘노스섬에 내버리고 간 이래, 그는 오디세우스와 모든 아카이아 장수들에 대한 증오를 키워 왔던 것이다.

헤라클레스가 직접 나서서 설득한 다음에야 필로크테테스는 마침내 마음을 돌렸다. 헤라클레스는 올림포스의 다른 신들처럼 트로이로 함께 가라고 권고했던 것이다. 거기 가면 마침내 상처도 낫고 커다란 영광도 얻게 된다고 말이다.

이리하여 오디세우스는 헤라클레스의 화살을 지닌 필로크테테스와 젊은 네오프톨레모스와 함께 일리아드로 돌아왔다. 그는 네오프톨레모스에게 자신이 보관하고 있던 아킬레우스의 무기들을 기꺼이 양보했다.

   두 용사는 도착한 순간부터 아카이아 군대에 이루 말할 수 없는 도움을 주었다.

   필로크테테스는 진지에 도착하자마자 지혜로운 치료자 마카온에게 치료를 받았다. 상처가 다 낫자 그는 즉각 파리스에게 한판 붙자고 도전했다. 어리석은 파리스는 도전장을 받아들였다. 그는 필로크테테스가 히드라의 독에 적신 헤라클레스의 화살을 갖고 있다는 걸 알지 못했다.

   파리스가 화살 세 개를 쏘았고 필로크테테스도 화살 세 개를 쏘았다. 파리스의 화살은 모두 빗나갔다. 필로크테테스의 화살 중 첫 번째 것은 과녁을 놓쳤고, 두 번째 것은 파리스의 활 손잡이 부근에 맞았다. 세 번째 화살이 그의 발목에 맞았다. 그것으로 충분했다. 히드라의 독은 파리스의 핏속에 흘러 들어갔다.

   파리스는 화살에 맞는 순간, 고통의 신음을 내지르면서 펄쩍펄쩍 뛰었다. 트로이 군대가 얼른 그를 성안으로 싣고 들어갔다. 그러나 상태는 순식간에 악화되었고, 파리스는 자신의 종말이 다가오고 있음을 깨달았다.

그제야 비로소 그는 첫사랑 오이노네를 기억해 냈다.

오이노네는 이렇게 말했었다.

"만약에라도 부상을 당하면 나를 찾아오세요. 나만이 당신의 상처를 낫게 해 줄 수 있어요."

파리스는 사랑스러운 요정이 살고 있는 산으로 자기를 데려가 달라고 부탁했다. 그러나 모든 사람들이 미워하게 된 이 남자는, 한때 그를 열렬히 사랑했던 요정에게조차 미움받는 사람이 되었다.

오이노네는 그를 치료해 주지 않았다. 파리스는 절망에 빠진 채 트로이로 돌아왔다. 이내 자신의 냉정함을 후회한 오이노네는 그를 뒤따라왔다. 그러나 그녀가 파리스 곁에 도착했을 땐 이미 너무 늦어 있었다. 그가 이미 죽은 다음이었다.

파리스가 죽자 헬레노스와 데이포보스는 누가 헬레네를 차지할 것인가를 놓고 다퉜다. 그러나 헬레네는 또다시 결혼하기를 원치 않았다. 이젠 메넬라오스와 스파르타에 두고 온 딸이 기억났던 것이다. 그녀는 성벽에 밧줄을 드리워 달아나려 했다. 그러나 붙잡혀서 데이포보스에게 끌려가 강제로 그와 결혼하게 되었다.

 파리스를 죽인 필로크테테스도 즉각 영광을 얻었지만, 네오프톨레모스 역시 프리아모스 왕의 가장 새로운 우방인 막강한 영웅, 에우리필로스와 싸워 순식간에 명성을 얻었다. 에우리필로스는 미시아의 텔레포스 왕의 아들이었다. 아버지처럼 에우리필로스도 대담무쌍한 용장이어서 아카이아 용사를 여럿 해치웠다.

 죽은 자들 중엔 아스클레피오스의 아들이자 영험한 치료자 마카온도 있었다. 그때부터 미시아에 있는 아스클레피오스의 사당에서는, 텔레포스를 정중하게 기념하면서도 그의 용감한 아들의 이름은 절대로 들먹이지 않았다.

 그가 아스클레피오스의 유명한 아들을 죽였기 때문이었다. 에우리필로스는 트로이군에 상당한 도움이 되었지만 결국 네오프톨레모스의 맹공을 막아 내지 못하고 목숨과 무기를 함께 빼앗기고 말았다. 에우리필로스가 죽은 뒤에 트로이 군대는 다시 한번 성안으로 바리케이드를 치고 틀어박혔다. 그들은 두 번 다시 밖으로 나오지 못했다.

트로이성에 잠입하는 오디세우스

한편 오디세우스는 헬레노스의 마지막 신탁 내용인 팔라스 아테나의 성상에 대해 골똘히 궁리하고 있었다. 마침내 그는 혼자서 트로이성 안에 들어가 성상을 훔쳐 오기로 결심했다. 오디세우스는 먼저 거지처럼 차려 입었다. 그러곤 디오메데스에게 온몸에 울긋불긋 피멍이 들 때까지 회초리로 때려 달라고 부탁했다.

이렇듯 가련한 상태로 꾸민 오디세우스는 트로이로 들어가 도와달라고 애원했다. 그가 거짓말로 꾸며 대는 이야기에 사람들은 그를 동정했다. 아카이아 군대에 사로잡혀 고문을 받은 이야기며 탈출한 이야기 등이었다. 모든 사람이 그의 말을 믿었다. 그의 이야기는 마침내 헬레네의 귀에까지 들어갔다.

영리한 헬레네는 이 사내를 조심해야 한다는 걸 알았다. 그의 목소리와 설득력 있는 언변이 즉각 오디세우스를 떠올리게 한 것이다. 헬레네는 그에게 이런저런 질문을 했다. 그 역시 그녀가 왜 그런 질문을 하는지 잘 알았으므로, 그녀의 의심을 떨쳐 버리고자 모든 재주를 동원했다. 그러자 헬레네는 영리한 꾀를 생각해 냈다. 그를 불쌍히 여기는 척하면서, 자기가 이 헐벗고 매맞은 거지를 궁전으로 데려가 보살펴 주겠노라고 한 것이다.

궁전에 들어가자 헬레네는 그에게 목욕을 하고 먼지와 피를 말끔히 씻어 내게 했다. 그런 다음 깨끗한 옷을 주어 갈아입게 했다. 헬레네는 자기 앞에 나타난 사내를 보자 단박에 그가 오디세우스임을 알아보았다. 그도 더 이상 꾸며 댈 수 없다는 것을 알았다.

"겁내실 것 없어요. 나도 여기 노예처럼 붙잡혀 있는 몸이니 당신을 배반할 이유가 없답니다. 당신이 계획한 대로 무슨 일을 하건 상관 안 해요. 당신이 원한다면 도울 수도 있어요."

그러나 오디세우스는 은밀한 임무를 혼자 완수하길 더 좋아했다. 그는 다시 누더기 옷을 걸친 다음, 한밤중에 아무도 모르게 빠져나왔다. 먼저 그는 아테나 신전으로 갔다. 아테나 성상은 아무 어려움 없이 훔칠 수 있었다. 여신이 직접 보초들을 잠재워 놓았기 때문이었다. 그다음엔 시내로 내려갔다.

성문에 다다랐을 때, 그는 한 무리의 보초들과 혼자서 격투를 벌였다. 눈에 보이지 않는 아테나 여신이 그가 여러 명을 해치우도록 도와주었다. 나머지 병사들은 사기가 꺾여 그저 살아남은 것만으로도 고마워 하며 자기네 손으로 문을 열어 주었다. 이렇게 오디세우스는 아테나 여신의 성상을 성 밖으로 빼냈다. 이로써 트로이의 운명이 결정되었다.

트로이의 목마

이제 오디세우스는 트로이를 멸망시킬 실질적인 수단을 마련하기 위한 일에 들어갔다. 그의 머릿속에 목마 생각을 넣어 준 것은 아테나 여신이었다. 목마의 커다란 배 속에 한 부대의 용사를 숨겨 성안으로 들어간다는 것이다. 이 방법에서 가장 힘든 일은 트로이군을 속여 자기네 스스로 성안으로 목마를 끌고 들어가게 만들어야 한다는 것이었다. 대담한 발상이었지만 모든 것이 계획대로 착착 진행되었다.

목마를 만드는 임무는 에페이오스가 맡았다. 그는 트로

이 전쟁에 서른 척의 함대를 이끌고 참가했으나, 전 아카이아 군대에서도 소문난 겁쟁이였다. 그는 아직껏 단 한 번의 전투에도 참가한 적이 없었다. 에페이오스가 한 유일한 일은 아가멤논과 메넬라오스에게 물을 가져다주는 것뿐이었다.

그러나 이제 이 겁 많은 사람에게도 영광의 시간이 다가왔다. 에페이오스는 솜씨가 얼마나 좋은지 만들지 못하는 게 없었다. 그는 산 한쪽의 나무 둥치를 모두 가져오게 한 다음 작업에 들어갔다. 며칠 만에 놀라운 목마가 완성되었다. 오디세우스가 원했던 그대로, 모든 세부 사항까지 완벽한 목마였다.

그날 밤, 그들은 목마를 성벽 가까이에 끌고갔다. 40명의 선발된 용장이 무기를 든 채 목마 배 속으로 들어갔다. 그 안에는 아카이아 군대의 이름난 장수들이 다 들어 있었다. 단, 군대와 함께 남아 있어야 하는 아가멤논만 제외하고. 마지막으로 들어간 것은 공포에 질린 에페이오스였다. 감춰진 문을 여닫는 방법을 아는 사람은 그뿐이었으므로 그도 피할 수가 없었다.

같은 날 밤, 오디세우스의 지시에 따라 아가멤논은 아카이아 진지를 불태웠다. 그리고 모든 군사를 함대에 태운 다음 트로이 해안에서 조금 떨어진 작은섬, 테네도스로 옮겨 갔다. 거기서 대기하고 있다가 신호가 떨어지는 대로 즉시 되돌아올 것이었다.

 이 신호는 혼자 진지에 남아 있는 시논이 횃불을 깜박여 보내기로 되어 있었다. 시논의 임무는 이것 말고도 많았다.

 꾀 많은 오디세우스는 시논이 어떤 식으로 감쪽같이 트로이 군사들의 손에 잡히게 할 것인가를 이미 궁리해 두었다. 또한 적이 목마를 깨부수거나 태워 버리지 않도록 그들을 속여 넘길 것인가를 두고 그에게 수차례 연습을 시켰다.

 시논은 오디세우스의 사촌일 뿐만 아니라 오디세우스처럼 꾀가 많기로 유명했다. 그 일을 맡는 데 더 훌륭한 적임자는 없었다.

 새벽이 하늘을 진줏빛으로 물들이기 시작할 무렵, 성벽 위에 있던 트로이 병사들은 눈앞의 광경에 소스라치게 놀랐다. 그들은 급히 심부름꾼을 보내 프리아모스 왕을 불렀다. 왕은 허둥지둥 성문 옆의 탑으로 올라왔다.

아래를 내려다본 그는 자신의 눈을 믿을 수가 없었다. 적들이 물러가 버린 게 아닌가! 적군이 물러간 진지에선 연기가 무럭무럭 피어오르고 있었다. 또 하나 놀라운 것은 성벽에서 그리 멀지 않은 곳에 어마어마한 크기의 목마가 서 있다는 사실이었다.

프리아모스 왕은 성문을 열게 한 다음 한 무리의 귀족에게 둘러싸여 밖으로 나왔다. 그들은 경탄과 호기심을 안고 목마를 향해 다가갔다. 거기엔 이렇게 써 있었다.

'아카이아 군대가 아테나 여신께 바치는 선물. 우리가 고향으로 빨리 돌아갈 수 있도록 도와주시길 빌며.'

트로이군의 어려운 선택

그들은 모두 깊은 감명을 받았다. 그들 중 한 명이 제안했다.

"아테나 여신께 바치는 물건이니 성안으로 끌고 들어가서 이 목마가 우리를 지켜 주도록 아크로폴리스에 세워

놓읍시다."

다른 사람이 반대했다.

"안 됩니다! 아테나는 아카이아군 편이니 이 자리에서 불태워 버립시다. 아니, 이걸 깨부수고 혹시 안에 뭐가 들어 있는지 살펴봅시다."

프리아모스 왕이 경고했다.

"위대한 여신의 물건을 함부로 다루었다간 재앙이 떨어질 것이오. 아테나 여신이 우리 편으로 넘어오시기를 원한다면, 당연히 이를 성안으로 끌고 들어가야 할 것이오."

앞을 내다보는 안테노르가 말했다.

"부서뜨려서도 안 되고 성안으로 들여놓아서도 안 됩니다. 목마를 여기다 놔두고서도 여신께 바칠 수는 있습니다. 또 정성 어린 제물을 봉헌할 수도 있을 것입니다."

이렇게 여러 의견이 분분할 때, 아카이아군의 포로로 보이는 한 병사가 욕설을 내뱉고 발버둥을 치면서 끌려왔다. 물론 그는 어떤 양치기들에게 투항해 온 시논이었다.

프리아모스 왕이 명령했다.

"네가 누군지, 어째서 다른 병사들과 떠나지 않았는지

말해 보아라."

시논은 그럴듯한 태도로, 미리 달달 외운 사연을 털어놓았다.

"그 저주받을 오디세우스는 나를 미워하여 오랫동안 나를 죽이려고 해 왔지요. 내가 팔라메데스의 죽음을 둘러싼 비밀을 아는 유일한 사람이기 때문이에요. 그는 다른 장수들을 꼬드겼습니다. 바람이 일게 하여 고향에 돌아가려면 신들에게 누군가 한 사람을 제물로 바쳐야 한다고 말입니다. 그리고 나를 뽑은 거지요. 그런데 마지막 순간에 바람이 저절로 불어왔단 말입니다. 출발 준비로 다급하고 혼란스러운 틈을 타서 나는 가까스로 도망쳐 나왔습니다."

이야기를 들은 프리아모스 왕은 그를 가엾게 여겼다. 그리고 자신과 트로이 백성들에게 불행을 가져다 주리라곤 꿈에도 생각하지 못하고 순진하게 그를 믿고 물었다.

"그런데 아카이아 군대는 무엇 때문에 이 목마를 만들었느냐?"

시논은 오디세우스가 가르쳐 준 거짓말의 두 번째 장을

시작하기 위해 이 질문을 기다리던 참이었다.

"아테나 여신의 마음을 풀어 드리기 위해 만든 겁니다. 여신은 오디세우스가 자신의 성상을 훔쳤기 때문에 우리에게 화가 나셨거든요. 여신의 성상에서 세 번씩이나 불길이 솟구쳐서 우린 모두 공포에 사로잡혔지요. 그러나 칼카스가 '이제 우리는 아테나 여신의 지원을 잃었으므로 절대 트로이를 멸망시킬 수가 없다. 이제 우리에게 남은 길은 고향으로 돌아가는 것뿐이다.'라고 말했습니다. 그래서 여신이 저희 항해를 방해하지 않도록 여신에게 바치는 공물로 목마를 만들라고 가르쳐 준 것입니다."

프리아모스가 다시 물었다.

"그런데 왜 이렇게 크게 만들었는고?"

시논은 이 질문도 기다리고 있었다. 그의 대답 역시 준비되어 있었다.

"당신네가 성안으로 끌고 들어가지 못하게 하기 위해서지요. 왜냐하면 아테나 여신께 바치는 이 선물이 트로이 성안으로 들어가는 날이면 당신네는 너무나 강성해질 것이기 때문입니다. 트로이가 빛나는 미케네를 정복하고 온 그리스를 지배하게 될 것이기 때문입니다. 하지만 만약 이 목마를 부서뜨리면 트로이 또한 멸망하게 됩니다."

시논의 말은 너무나도 그럴듯했다. 마침내 프리아모스 왕뿐만 아니라 모든 귀족도 목마를 성안으로 끌고 들어가 아크로폴리스에 세워 둬야 한다고 생각했다.

그들은 그렇게 했다. 다만 목마가 어찌나 거대한지 성벽 한 부분을 허물어야만 했다. 그런 다음에도 그 틈으로 간신히 끌고 들어가느라 목마가 문 옆구리에 네 번씩이나 부딪쳤다.

안에 숨어 있는 아카이아 용사들의 무기들은 요란한 소리를 내며 쟁그랑거렸다. 그러나 아테나 여신은 그들의 귀를 막아 아무 소리도 듣지 못하게 했다. 그들은 땀을 뻘뻘 흘리면서 목마를 끌고 들어가, 마침내 아크로폴리스의 아테나 신전 앞에 세워 놓았다.

이것을 본 순간, 위대한 점술가이며 안키세스의 동생인 라오콘이 외쳤다.

"무엇들을 하는 겁니까, 트로이 사람들이여? 아직도 교활한 오디세우스에 대해 못 들어 보셨습니까? 적군이 고향으로 돌아갔다고 믿으신단 말입니까? 저 목마 속엔 이빨까지도 무장한 아카이아 장수들이 잔뜩 숨어 있습니다. 내 말을 명심하십시오. '그리스 군을 조심하라. 설사 선물을 가져올 때라 해도!'"

 이런 말과 함께 그는 창으로 목마의 배를 푹 찔렀다. 그 서슬에 뼈대가 흔들리면서 안에 숨은 아카이아 장수들의 무기가 부딪쳐 쟁그랑거리는 소리를 냈다.

 겁에 질린 목소리들이 터져 나왔다.

 "태워 버리시오!"

"성벽에서 밀어뜨립시다!"

목마 배 속에 있던 용사들은 공포에 사로잡혔다. 겁쟁이 에페이오스는 흐느껴 울면서 목마를 만든 자신을 저주했다. 단 한 명, 네오프톨레모스만은 당황하지 않았다.

그는 오디세우스에게 목마 배 속에서 당장 뛰어나가 트로이 사람들에게 덤벼들자고 말했다. 그러나 오디세우스는 이런 젊은 혈기에 끌려가지 않고 단호하게 원래 계획한 대로 따랐다.

한밤중에 어둠을 틈타서 몰래 빠져나간다는 계획이었다. 당장 눈앞에 닥친 위험은 곧 지나갔다. 프리아모스 왕이 아무도 이 목마를 해쳐선 안 된다고 소리쳤던 것이다.

라오콘의 비참한 죽음

그러나 트로이 사람들의 소란은 가라앉지 않았다. 그런 중에 라오콘의 두 아들이 뱀에게 물려 죽었다는 소식이 들려왔다.

아폴론에게 제사를 드리던 두 아들이 바닷속에서 나온 엄청나게 큰 두 마리 뱀에게 물려 죽었다. 그 아버지가 달려갔으나 아무 소용이 없었다. 그들 세 사람은 모두 큰 뱀에게 물려 죽고 말았다. 이와 함께 목마를 둘러싼 소란도 비로소 잠잠해졌다.

이제 모든 것이 분명해졌다. 라오콘은 감히 아테나 여신에게 바쳐진 목마를 창으로 찌르는 불경죄를 저지른 대가로 벌을 받은 것이다.

더 이상 의심할 게 없었다. 전쟁은 끝났고 적군들은 돌아갔다. 아테나 성상이야 잃어버렸으면 어떤가? 이제 트

로이엔 언제까지나 그들의 도시를 지켜 줄 목마가 있는데 말이다.

이때 카산드라가 비명을 지르면서 달려왔다.

"이런 바보들 같으니. 대체 뭣들 하는 거예요? 저 목마는 우리를 멸망시키고 말 거예요! 트로이를 구하려면 저 물건을 태워 버리세요!"

아, 그러나 카산드라의 예언에 귀 기울일 자 그 누구란 말인가? 그녀의 예언은 아무도 믿어 주지 않을 운명이었으니!

승리의 축하연이 열렸다. 온 도시는 꽃으로 장식되고, 목마의 발치엔 장미 꽃잎이 양탄자처럼 수북이 뿌려졌다. 모두들 기쁨으로 날뛰는데 카산드라만 계속 고함을 질러 댔다.

"바보들아, 뭣들 하느냐? 트로이의 멸망이 눈앞에 다가왔는데!"

그러나 흥겨운 시민들의 반응이란, 이 참혹한 전쟁이 끝난 것을 함께 기뻐하지 않는 그녀를 가엾게 여기는 게 고작이었다.

대살육

 트로이 사람들은 기쁨에 겨워 하루 종일 잔치를 벌였다. 밤이 되자 진탕 먹고 마시느라 너무 피곤했던 나머지 모두 깊이 잠이 들었다.

 정신을 차리고 두 발로 서 있을 수 있는 사람은 단 한 명도 없었다. 카산드라의 비명 소리마저도 그토록 여러 시간 동안 헛되이 외치느라 지쳐 잦아들어 버렸다.

 마침내 침묵이 온 도시를 휩쌌다. 시논은 성벽에 난 틈으로 아킬레우스의 무덤으로 달려갔다.

 그는 머리 위로 높다랗게 횃불을 들고 무덤 꼭대기로 올라갔다. 그러고는 테네도스섬 반대쪽에서 기다리는 아카이아군에게 약속한 대로 신호를 보냈다.

 아가멤논도 또 다른 횃불을 밝혀 마주 신호를 보내왔다. 함대는 즉각 돛을 달았고 오래지 않아 트로이 해안에 당도했다. 병사들은 모두들 배에서 내려 도시를 향해 소리 죽여 다가갔다.

 똑같은 순간, 오디세우스는 에페이오스에게 말 아랫배쪽에 감춰진 문을 열라고 명령했다. 장수들은 밧줄을 타고 환한 달빛 아래 한 명씩 한 명씩 미끄러져 내려왔다.

완전히 무장한 영웅들은 살금살금 도심을 향해 내려갔다. 사방이 완전한 고요에 덮여 있었다. 개 한 마리 짖지 않았다. 일행은 지치고 술 취한 파수병들이 쿨쿨 코를 골고 있는 성벽에 이르렀다.

그들은 두 번 다시 깨어나지 못했다. 아카이아 장수들이 그들을 찔러 죽이고는 성문을 활짝 열었기 때문이었다. 밖에는 이미 아가멤논의 군대가 와 있었다. 이제 그들을 막을 것은 아무것도 없었다.

그들은 성문과 목마를 들이기 위해 무너뜨린 성벽을 통해 물밀듯이 쏟아져 들어갔다. 이내 무시무시한 대살육이 시작되었다. 잠든 가축 떼를 덮치는 탐욕스러운 사자들처럼, 아카이아 군대는 아무 의심 없이 잠든 도시를 덮쳤다.

고요함은 산산이 부서졌다. 미처 무기를 손에 잡기도 전에 무수한 트로이 용사들이 순식간에 살해당했다. 온 거리에는 신음 소리가 메아리쳤다. 여자들의 비명과 공포에 질린 아이들의 울음소리가 공기를 찢고 퍼져 나갔다.

그나마 조금이라도 시간이 있던 주민들은 벌떡 일어나

손에 잡히는 대로 아무 무기나 잡고 싸우러 나갔다. 불과 얼마 전까지 양고기를 굽던 꼬챙이라도 좋았다.

그러나 모든 것이 그들에게 불리했다. 이내 사방이 시체들로 가득 찼고, 거리는 아이들의 핏물이 강이 되어 흘렀다. 그 소름 끼치는 밤, 트로이는 죽음의 고통으로 몸부림쳤다.

네오프톨레모스는 궁전을 향해 내달렸다. 오디세우스와 메넬라오스가 그 뒤를 따랐다. 그들은 문을 박살 내고 뛰어 들어갔다. 늙은 프리아모스 왕은 저항도 하지 못한 채, 제우스 신의 신전에 숨어 있었다.

그러나 소용없었다. 왕을 붙잡은 네오프톨레모스는 그의 백발도 또 신분도 전혀 개의치 않고 궁전 계단에서 찔러 죽이고 말았다.

한편 메넬라오스는 복도를 뛰어다니면서 헬레네의 방을 찾아 헤맸다. 그녀의 방문 밖에서 그는 마침 지금의 남편인 데이포보스를 발견했다. 그를 보자 피가 거꾸로 솟구쳤다.

메넬라오스가 고함을 질렀다.

"이런 죽일 놈 같으니! 이제야말로 네놈이 저지른 짓의 대가를 몽땅 치르게 해 주겠다. 우리가 분쟁을 평화적으로 해결하기 위해 찾아왔을 때, 네놈은 '저자들을 죽여라!' 하며 소리를 질렀지. 게다가 트로이가 멸망할 날이 손꼽을 정도로 코앞에 닥친 것도 모르고 이 부정한 여자랑 결혼하다니!"

데이포보스는 창을 던지는 것밖에 다른 대꾸를 할 수 없었다. 그러나 창은 맞지 않았다. 적이 재빨리 다가왔다. 메넬라오스는 칼을 손에 잡고 그에게 덤벼들어 마룻바닥에 쓰러뜨렸다.

메넬라오스와 헬레네의 대면

메넬라오스는 지체하지 않았다. 시체를 넘은 그는 안쪽에 있는 내실로 뛰어 들어갔다. 헬레네도 죽여 버릴 작정이었다. 그는 이제 헬레네 앞에 섰다. 그녀가 그를 배반한 지도 20년이 지났다. 그중 10년은 피비린내 나는 공포의 세월이었다. 모든 것이 이 여자 때문이었다.

메넬라오스는 칼을 치켜들고 그녀를 죽일 준비를 했다.

그러나 헬레네는 자신의 모든 잘못을 뉘우치고 있었다. 남편에 대한 변함없는 사랑이 그녀에게 지금 무엇을 해야 하는지를 말해 주었다.

헬레네가 맨가슴을 드러내며 말했다.

"나를 죽여 줘요. 내 잘못이에요."

그 순간 메넬라오스는, 오래전 아프로디테가 헬레네의 마음을 흔들어 놓기 전의 아내를 기억해 냈다. 그러고는 칼을 칼집에 다시 집어 넣었다. 메넬라오스는 아무 말 없이 그녀의 손을 잡고 함대로 이끌었다.

한편 성안에서는 무시무시한 살육이 벌어지고 있었다. 프리아모스의 아들들은 남김없이 죽임을 당했다. 트로이의 모든 용사들 역시 마찬가지였다.

그 아내들과 아름다운 딸들은 아카이아 함대에 노예로 끌려갔다. 그중에는 헤카베 왕비와 카산드라 그리고 안드로마케도 있었다.

그들은 자신들을 구해 달라고 소리쳤으나 아무 소용 없었다. 그들의 애원을 들어주고 가엾게 여겨 줄 가족이나 친구 하나 남아 있지 않았다.

헥토르의 어린 아들 아스티아낙스 또한 살아남지 못했다. 행여라도 복수를 꾀하는 자가 없도록, 아카이아 군대는 프리아모스 왕의 자손 어느 누구도 살려 두지 않을 작정이었다.

로크리스의 아이아스, 즉 작은 아이아스는 아테나 신전으로 달아나 신들의 도움을 구하는 카산드라에게 몹쓸 짓을 했다. 카산드라가 여신상을 붙잡고 매달렸으나, 아이아스는 완력으로 그녀를 끌어냈다.

그 바람에 성상은 기단에서 쓰러져 산산조각 났다. 더 나쁜 것은 신성한 신전 안에서 카산드라를 욕보인 것이다. 그 뒤 1000년 동안 로크리스 사람들은 아이아스의 신성 모독 행위에 대해 두고두고 벌을 받아야 했다.

대학살이 끝난 다음엔 대 약탈이 시작되었다. 아카이아 군대는 닥치는 대로 약탈해 기다리고 있는 함대로 실어 날랐다. 프리아모스 궁전에서 값나가는 물건은 하나도 남지 않았다.

더 이상 약탈할 것이 없자 횃불로 대 파괴 작업을 시작했다. 하늘로 치솟는 불길이 트로이를 몽땅 집어삼켰다.

모든 것은 잿더미와 시꺼먼 폐허로 변했다.

헥토르 왕자의 빛나던 도시는 쓰라린 추억밖에 남지 않았다. 트로이의 오랜 역사는 이렇게 비극적으로 끝났다. 헤라와 아테나는 그들이 바라던 복수를 이루었다.

승자들은 트로이 사람들을 가혹하고 잔인하게 다루었다. 다만 다음 두 경우에는 그들도 공정성과 동정심을 보였다.

그들은 공정한 안테노르와 아직 전사하지 않은 네 아들은 해치지 않았다. 이들 중 한 명은 아카이아 군사들이 막 그의 목을 베려는 찰나 오디세우스에 의해 목숨을 구했다.

메넬라오스는 안테노르에게 가족과 베니키아 군대를 데리고 떠나도록 배를 한 척 내주겠노라고까지 했다.

베니키아 군대는 그가 '파프라고니아'라는 도시에서 트로이로 데리고 온 작은 보병대였다. 안테노르는 서쪽으로 방향을 잡아 마침내 아드리아해 머리 부분에 상륙했다. 그는 이곳에 도시를 세우고 새 트로이라고 이름 지었다. 이곳이 오늘날 베니스로 알려진 지역이다.

또 하나 인간적인 대접의 일화는 아이네이아스에게 보여 준 경우다.

아이네이아스는 눈먼 아버지를 등에 업고 어린 아들의 손을 잡고, 성문을 나가 트로이를 떠났다. 그의 앞과 뒤 온 사방에서 적이 에워싸고 있었다. 아이네이아스는 발밑만 내려다보면서 고개를 숙이고 걸었다. 만일 아카이아 군대가 덤벼든다면 달아날 길이 없었다.

"누굴 달아나게 내버려 두는 건가? 저자는 아이네이아스다!"

누군가가 소리치면서 칼을 뽑아 들고 그를 치러 달려왔다. 그때 가까이에서 한 목소리가 이를 막고 나섰다.

"부끄러운 줄 알게!"

목소리의 주인공은 디오메데스로, 전쟁 중에는 아이네이아스의 가장 무서운 적이었던 인물이다. 이렇게 해서 아이네이아스는 소중한 가족과 함께 아카이아 병사들 사이를 지나갔다.

그들은 아이네이아스를 해치지 않았을 뿐만 아니라 그를 위해 길을 내주기까지 했다.

이탈리아에 도착한 아이네이아스

아이네이아스는 이다산 쪽으로 걸어갔다. 그의 등 뒤에서는 일리아드가 불타고 있었고, 그것과 함께 거기 있던 모든 것들도 타 버렸다. 그에겐 이제 고향도 없었다.

해결 방법은 하나였다. 다른 고향을 찾는 것이었다. 그는 몇몇 살아남은 사람들을 이끌고서, 배를 타고 안테노르처럼 서쪽으로 나아갔다.

모험으로 가득 찬 기나긴 항해 끝에 그는 마침내 중부 이탈리아에 이르렀다. 거기 티베르강 가에 도시를 세우고 '라비니움'이라고 이름 지었다.

바다에서 조금 더 들어온 같은 강 안에, 나중에 세계를 지배하게 될 제국의 수도 로마가 세워졌다. 그 시민들은 자기 나라의 건국 시조가 아프로디테의 아들인 아이네이아스라고 자랑스럽게 말했다.

트로이를 약탈하고 불태운 아카이아군은 함대에 올랐다. 그들은 다시 한번 고향 땅을 볼 기쁨에 설레며 그리스로 향했다. 그들은 엄청난 보물을 싣고, 이제 그들의 노예가 된 건강한 트로이 여자 포로들과 아이들까지 끌고 가는 중이었다.

물론 남자들은 데려가지 않았다. 대살육을 피한 전사는 한 명도 없었기 때문이다.

아카이아 전사들은, 용감한 전사는 절대로 좋은 노예가 되지 못한다는 것을 잘 알고 있었다.

대부분의 영웅들에게 고향으로 돌아가는 항해는 결코 쉬운 일이 아니었다. 늙은 네스토르와 디오메데스, 그 밖에 몇몇 장수만 별 어려움 없이 그리스로 돌아갈 수 있었다.

카산드라에게 몹쓸 짓을 저지른 작은 아이아스는 아예 고향 땅에 도착하지 못했다. 아테나 여신은 그를 벌주려고 그의 함대를 에우보이아의 울퉁불퉁한 해안가에 실어다 놓았다. 어느 무시무시한 밤에 그들은 바위에 부딪쳐 산산조각 난 배와 함께 몽땅 가라앉고 말았다.

아가멤논 또한 같은 장소에서 난파당했다. 그래도 풍랑은 그를 바닷속으로 잡아당기진 않았다. 대신 미케네에 돌아갔을 때 아이기스토스에 의한 죽음이 기다리고 있었다.

다른 사람도 아닌 아내 클리타임네스트라가 쥐여 준 칼에 죽은 것이다. 아가멤논이 노예로 데리고 온 가엾은 카산드라를 죽인 사람 또한 그녀였다.

스파르타로 돌아가는 메넬라오스의 항해 역시 순탄하지 못했다. 불경스러운 말을 했다가 아테나 여신의 화를 샀기 때문이다. 그는 트로이를 정복하는 데 10년씩이나 걸렸으니 아카이아군이 아테나 여신에게 빚진 것은 하나도 없다고 말했던 것이다.

그 결과 메넬라오스와 헬레네는 먼 이국 땅에서 8년씩이나 고생했다.

그러나 마침내 스파르타에 돌아간 다음에는 말년을 끝까지 함께 보냈다. 그들이 죽자, 제우스는 저승의 뱃사공 카론이 그들을 어두운 하데스의 나라로 데려가지 못하게 했다. 대신 헤르메스를 보내 두 사람을 천국인 엘리시온으로 인도했다. 그때부터 메넬라오스와 헬레네는 그곳에서 행복하게 살았다.

그러나 트로이 원정을 떠난 영웅들 중에서도 오디세우스보다 더 길고 힘든 귀향을 한 사람은 없었다. 그 자신도 모르는 사이, 위대한 바다의 신이며 땅을 뒤흔드는 포세이돈을 적으로 만들었기 때문이다.

그 결과 오디세우스는 장장 10년 동안이나 바다 위를 이리저리 떠돌아다녀야 했다.

배와 동료들을 모두 잃은 다음에야 마침내 그는 고향 이타케로 돌아가게 된다.

영웅들 중에서도 가장 꾀가 많던 오디세우스. 그의 고통과 방황과 행적은 위대한 시인 호메로스가 또 다른 서사시 '오디세우스 이야기'에 모두 기록해 놓았다. 이 대서사시는 다음 권에서 읽어 볼 수 있다.

정재승이 추천하는
뇌과학으로 신화 읽기 《그리스 · 로마 신화》

제1권 키워드 권력
　제우스 헤라 아프로디테

제2권 키워드 창의성
　아폴론 헤르메스 데메테르 아르테미스

제3권 키워드 갈등
　헤파이스토스 아테나 포세이돈 헤스티아

제4권 키워드 호기심
　인간의 다섯 시대　프로메테우스　대홍수

제5권 키워드 놀이
　디오니소스 오르페우스 에우리디케

제6권 키워드 탐험
　다이달로스 이카로스 탄탈로스 에우로페

제7권 키워드 성장
　헤라클레스

제8권 키워드 미궁
　페르세우스 페가소스 테세우스 펠레우스

제9권 키워드 용기
　이아손 아르고스 코르키스 황금 양털

제10권 키워드 반전
　전쟁 일리아드 호메로스 트로이

제11권 키워드 우정
　오디세우스

제12권 키워드 독립
　오이디푸스 안티고네 에피고오니